U0695428

深化产业工人队伍
建设改革实务

共中央国务院关于深化产业工人队伍建设改革的意见』组织编写

邵月娥　李艾◎编著

人民日报出版社

图书在版编目（CIP）数据

深化产业工人队伍建设改革实务 / 邵月娥，李艾编
著. --北京：人民日报出版社，2025.5. --ISBN 978-
7-5115-8746-6

Ⅰ.D412

中国国家版本馆 CIP 数据核字第 2025JZ6455 号

书　　名：**深化产业工人队伍建设改革实务**
　　　　　SHENHUA CHANYE GONGREN DUIWU JIANSHE GAIGE SHIWU
作　　者：邵月娥　李　艾

责任编辑：刘天一
封面设计：陈国风

出版发行：人民日报出版社
地　　址：北京金台西路 2 号
邮政编码：100733
发行热线：(010) 65369527　65369846　65369509　65369510
邮购热线：(010) 65369530　65363527
编辑热线：(010) 65363105
网　　址：www.peopledailypress.com
经　　销　新华书店
印　　刷　北京柯蓝博泰印务有限公司

开　　本：170mm×240mm　　1/16
字　　数：250 千字
印　　张：16.25
版次印次：2025 年 7 月第 1 版　　2025 年 7 月第 1 次印刷

书　　号：ISBN 978-7-5115-8746-6
定　　价：69.80 元

序 言

产业工人队伍建设改革是习近平总书记亲自谋划、亲自部署、亲自指导的重大改革，是以习近平同志为核心的党中央着眼于巩固党的执政基础、实施制造强国战略、全面提高产业工人素质作出的重大决策部署，是进一步全面深化改革的重要内容。2017 年 2 月 6 日，习近平总书记主持中央全面深化改革领导小组第三十二次会议，审议通过《新时期产业工人队伍建设改革方案》（以下简称《改革方案》），产业工人队伍建设改革的序幕就此拉开。党的二十届三中全会审议通过的《中共中央关于进一步全面深化改革　推进中国式现代化的决定》（以下简称《决定》）强调要"建设一流产业技术工人队伍"，对新时代新征程深化产业工人队伍建设改革作出新部署、提出新要求。2024 年 10 月 12 日，中共中央、国务院印发《关于深化产业工人队伍建设改革的意见》（以下简称《意见》），明确提出 9 个方面、27 条重要举措。这是贯彻党的二十届三中全会精神作出的重大部署，充分体现了习近平总书记和党中央对工人阶级和工会工作的高度重视，对广大产业工人的关心关怀，为进一步深化产业工人队伍建设改革指明了方向，提供了遵循。

工会组织作为代表广大工人阶级利益的群众组织，要切实发挥牵头抓总作用，增强推进产业工人队伍建设改革的责任感、使命感，坚持全心全意依靠工人阶级的方针，按照政治上保证、制度上落实、素质上提高、权益上维护的总体思路，改革不适应产业工人队伍建设要求的体制机制，团结引导亿万产业工人开启全面建设社会主义现代化国家新征程，向实现第二个百年奋斗目标迈进。

本书共九章，第一至五章由李艾编写，第六至九章由邵月娥编写。由于编者水平有限，本书难免存在不足和疏漏之处，诚恳地欢迎广大读者批评指正。

目 录

第一章

深化产业工人队伍建设改革概述

当前，新一轮科技革命和产业变革蓬勃发展，全球治理体系深刻变革，国际力量对比深刻调整，单边主义、保护主义、霸权主义对世界和平与发展构成威胁。面对纷繁复杂的国际国内形势，面对新一轮科技革命和产业变革，必须以新质生产力推动高质量发展，这是全面建设社会主义现代化国家的首要任务。发展新质生产力必须有一支高素质的产业工人队伍作支撑，产业工人是工人阶级中发挥支撑作用的主体力量，是创造社会财富的中坚力量，是创新驱动发展的骨干力量，是实施制造强国战略的有生力量。与发展新质生产力的要求相比，产业工人队伍目前还存在技能素质总体不高、技术工人总量不足等问题，必须深化产业工人队伍建设改革，努力打造一支宏大的知识型、技能型、创新型的产业工人大军，为高质量发展提供有力人才保障和技能支持。

第一节　产业工人概述

一、产业工人

传统意义上的产业工人是指在现代工厂、矿山、交通运输等企业中从事集体生产劳动，以工资收入为生活来源的工人。随着社会发展，产业分工越来越细，目前的产业工人主要是指在第一产业的农业、林业、畜牧业、渔业，第二产业的采矿业、制造业、建筑业和电力、热气、燃气及水生产和供应业，第三产业的研发设计与其他技术服务，货物运输、通用航空生产、仓储和邮政快递服务，信息服务，节能与环保服务，批发与贸易经纪代理服务，生产性支持服务等生产性服务业中从事集体生产劳动，以工资收入为生活来源的工人。

二、产业工人的特征

(一) 基本特征

1. 产业工人的行业和领域分布日渐多元化。从产业行业分布来看，将近八成产业工人集中在第二产业中的制造业和建筑业，生产性服务业中的产业工人也逐渐增多；从所有制性质来看，产业工人分布在国有企业、集体企业、股份制企业、私营企业等不同所有制性质企业；从来源构成来看，农民工占六成左右，已经形成了以城市工人和农民工为主体的产业工人队伍，改变了原先以城市工人为主的结构组成。

2. 产业工人的整体素质不断提高。一是思想观念健康向上。产业工人思想道德观念较之以往发生明显变化，主流思想健康向上，对党和国家政策的认同感和满意度明显增强，自主意识、创新意识、法治意识以及学习意识逐步增强，并呈现出务实、活跃、多元的特征。"80后""90后"作为新生代产业工人，他们的受教育程度、文化素质相较于以往的工人群体有所提高，比较注重个人价值的实现与发展，权利意识、参与意识也比以往产业工人群体要强烈。二是职业技能素质逐步提升。各级工会通过劳动和技能竞赛、"五小"活动等各种方式，有效促进了产业工人职业技能素质的提升。

(二) 诉求特征

随着产业结构的变化和社会经济的发展，产业工人队伍的需求也在不断升级。从共性需求看，产业工人最关心的是工资收入以及收入与医疗教育住房等消费支出的差距问题。从个性需求看，不同所有制企业职工、不同身份职工的关注点各有不同：国有企业职工更加关心职业成长、精神文化以及改革发展等社会问题；小微企业职工更加关心就业岗位、安全卫生以及精神文化问题；农民工更加关心社会保障、基本公共服务以及社会公平问题；劳务派遣工更加关心同工同酬、身份转变和权益维护问题；困难职工更加关心医疗保障、退休养老、子女教育等问题。

1. 期盼提高收入待遇。绝大多数一线工人认为体面劳动首先应该体现在工资收入上。产业工人期盼在政策上尽量向所在行业和一线工人倾斜，让劳动者在体面劳动中获得尊严。

2. 民主参与意识逐渐增强。随着经济社会的发展进步和民主政治建设的不断推进，极大地激发了产业工人的自主性与积极性，产业工人的民主意识不断增强，积极追求个人的价值、利益和尊严，积极参与企业和社会事务管理，向决策层建言献策的愿望和能力日益提高，大多数产业工人有意愿参加本单位的民主选举、民主协商、民主决策、民主管理、民主监督。

3. 学习培训意愿普遍强烈。随着科技在社会发展中所起作用的增大，知识资源的重要性超过了劳动力资源，分配机制向知识、技术的拥有者倾斜越来越明显。产业工人越来越认识到知识日益成为生产力、竞争力和经济发展的重要因素，努力掌握新知识、增强新技能、不断提高自身素质的欲望增强。

4. 新生代农民工的诉求。新生代农民工最关心的问题是如何尽快融入城市，在城市留得下、待得住，希望公平享受到与城市职工、居民同样的住房、医疗、保险、养老等社会保障待遇，能够享受"同城同工同保"的待遇，在城市生活得有尊严，更有归属感。与上一代农民工相比，新生代农民工对职业的要求比较明晰，在当前体力劳动和智体结合的劳动力结构性短缺的背景下，他们的就业空间较为广阔，但需要在就业前和就业中进行更有针对性的职业培训和继续教育，帮助他们提高自身职业技能，转变观念融入城市生活。

第二节　产业工人队伍建设改革现状

一、产业工人队伍建设改革取得的成效

自《改革方案》实施以来，在以习近平同志为核心的党中央坚强领导下，在中央改革办具体指导下，全总认真履行牵头抓总职责，推进产业工人队伍建设改革协调小组各成员单位、参与单位按照任务分工履职尽责、积极推进、抓好落实，推动改革取得重要阶段性成效。

（一）统筹协调工作合力不断增强。组织领导机构不断健全，在国家层面，全总会同中组部、国家发展改革委、教育部、工业和信息化部等 8 部门作为成员单位，中宣部等 22 个部门作为参与单位组成推进产业工人队伍建设改革协调小组；在省级层面，各省（自治区、直辖市）等加强组织领导，制定实施方案。制度机制进一步完善，全总和协调小组组成单位推动以党中央、国务院以及部委名义出台改革相关文件 100 多个，全总牵头制定协调小组办公室工作机制、产业工人队伍建设改革评价考核机制、全国产业工会作用发挥机制、专题培训机制、发挥企业主体作用机制、分类指导机制等 6 项工作机制。试点工作扎实开展，2020 年、2021 年，针对改革重点任务和深层次矛盾问题，分两批共选取 25 个地方和企业开展全国层面的试点工作。通过试点，各地党委和政府对改革的认识普遍深化，工作力度持续增强，各级各类试点超过4000 个，取得了扎实成效。评价考核工作逐步深入，2022 年以协调小

组名义对 31 个省份推进产业工人队伍建设改革工作情况进行评价考核，进一步激发了各地推进改革的积极性主动性。

（二）产业工人理想信念更加坚定。推动印发中办、国办《关于加强和改进新时代产业工人队伍思想政治工作的意见》，制定实施方案，夯实制度保障。大力弘扬劳模精神、劳动精神、工匠精神，深入开展"中国梦·劳动美"主题宣传教育活动，截至 2024 年底，联合国家有关部门开展"劳模工匠进校园"行动、发布 5 届 50 名"大国工匠年度人物"、发布全国"最美职工" 110 名个人和集体等。健全保证产业工人主人翁地位的制度安排，在第十四届全国人大代表中，一线工人、农民代表占代表总数的 16.69%。中国工会十八大代表中工人代表占 26.7%，全国总工会十八届执委、主席团成员中劳模和一线职工比例分别为 24.1%、19.2%；郭明义、巨晓林、高凤林担任全国总工会兼职副主席，省级工会兼职副主席中劳模和一线职工有 70 人，占 58.3%。加大表彰激励力度，许振超被授予"人民工匠"国家荣誉称号；马毛姐、艾爱国、黄宝妹等 3 名产业工人党员被授予"七一勋章"。2020 年全国劳动模范表彰中，一线工人、企业技术人员占企业职工和其他劳动者的 71.1%；2018 年以来全国五一劳动奖章表彰中产业工人比例均超过 40%。

（三）产业工人技术技能不断提升。加强职业技能培训，全国总工会构建"1+1+N"工匠学院体系，目前已建设工匠学院 1000 家，计划 5 年内建设 1 万家；建设"技能强国——全国产业工人学习社区"，累计培训职工超 2 亿人次；联合国家有关部门共同开展农民工"求学圆梦行动"，帮助 240 多万职工提升学历和技能；实施高技能领军人才境外培训计划，组织产业工人积极参与"走出去"战略和"一带一路"建设。大力培养大国工匠，连续举办两届大国工匠创新交流大会，已选树大国工匠 112 名，带动培养省级工匠 9200 多名、地市级工匠人才 4.5 万名，创建 297 家全国示范性劳模和工匠人才创新工作室，各级各类创新工作室 10.5 万家。2024 年开始创新实施"劳模工匠助企行"专项行动，累计组织 3.2 万人次劳模工匠开展 1.7 万次活动，解决技术问题 2.9 万个，帮助 3.5 万人次职工提升技能水平。大力实施大国工匠人才培育工程，制定《大国工匠人才培育工程实施办法（试行）》和《大国工匠激励保障专项资金管理办法（试行）》，首次举办 200 名大国工匠参加的人才培训营。

（四）产业工人建功立业平台更加广阔。制定《劳动和技能竞赛规划（2021—2025 年）》，广泛开展劳动和技能竞赛，举办全国职工职业技能大赛、首届全国职工数字化应用技术技能大赛、首届全国"红旗杯"班组长大赛等。近 5 年来，联合国家有关部门举办国家级一类职业技能大赛 30 余项、9500 多万人次参加；各级工会组织 1.09 亿人次参加各级各类技能竞赛，帮助 297.2 万名职工通过比赛晋升技能等级。加大创新创效扶持力度，推荐一线产业工人参评国家科技进步奖等，2017年以来共推荐 8 名产业工人获得国家科技进步奖二等奖；4 名产业工人获全国创新争先奖状，推荐的发明专利项目获得中国专利奖金奖 1 项、银奖 2 项、优秀奖 39 项；会同国家有关部门开展 3 届全国职工优秀技术创新成果交流活动；职工创新补助资金支持力度由每年 640 万元提高到 1500 万元。启动全国"五小"等群众性创新系列活动，召开"五小"创新成果发布，带动全国 3733.9 万名职工参与"五小"活动，形成"五小"成果 337.5 万项。目前，正在积极推动创建"工会服务职工技术技能云"和"工会服务职工创新创造云"，充分运用人工智能技术，打造职工可及、可感的智能服务系统，其中"工会服务职工创新创造云"已经上线试运行。

（五）产业工人获得感、幸福感、安全感不断提高。着力维护产业工人劳动经济权益，积极发挥国家协调劳动关系三方作用，完善最低工资标准调整方案，推动企业开展工资集体协商，建立健全技术工人技能薪酬体系和创新创造激励机制。扎实开展职工就业质量状况调研，初步构建职工就业质量指标体系；建成全国首个公益性、智能化、直聘类就业服务平台"就业帮扶云"，扶持 32 万名劳动者实现创业，带动就业184 万人。全面推行工会劳动法律监督"一函两书"制度，与最高法、最高检建立劳动法律监督协同协作机制。加强企业职代会听取安全生产和职业健康专题报告工作，持续推进劳动安全卫生专项集体合同签订工作。加强新就业形态劳动者等重点群体维权服务，2021 年起，以货车司机、网约车司机等 4 个群体为重点，部署开展新就业形态劳动者入会集中行动，截至 2023 年底，全国发展新就业形态劳动者会员超过 1418万人。畅通新就业形态劳动者维权渠道，推动 12 家头部平台企业建立与工会、劳动者代表的协商机制，覆盖新就业形态劳动者 1780 万人。组织实施工会驿站双 15 工程和"新双 15 工程"，目前全国工会驿站已超过 18 万个，覆盖近 2 亿职工群众，每天服务 230 多万人次。

（六）关心支持改革的社会氛围日益浓厚。召开"产业工人队伍建设改革五周年"新闻发布会，开设"推进产业工人队伍建设改革进行时"等专栏，发布推进产业工人队伍建设改革倡议书，与国家有关部门共同指导推出电影、电视剧、电视专栏等展现产业工人风采的影视力作，在全社会引起热烈反响。加强典型培育和经验推广，选取 25 个地方和企业开展全国层面的产改试点，带动各级各类试点超过 4000 个，形成一批典型经验，编辑出版《产业工人队伍建设改革试点案例汇编》《产业工人队伍建设改革职工知识 50 问》等，发布产改创新案例 67 个。着力叫响做实大国工匠品牌，指导各地建设劳模工匠馆，设立工匠日，选树宣传"大国工匠年度人物"和"最美职工"，引导广大劳动者走技能成才、技能报国之路。社会参与产业工人队伍建设改革的热情高涨，据统计，2023 年中国民营企业 500 强中有 354 家实施产业工人队伍建设改革，占 70.8%。截至目前，全国技能劳动者超过 2 亿人，占就业人员总量的比例超过 27%；高技能人才超过 6000 万人，占技能人才的比例达到 30%，已成为实施制造强国战略、推动高质量发展的重要力量。

二、产业工人队伍建设改革存在的问题

一是思想认识有待提高。经过几年努力，各级各方面对改革重大意义的认识不断提高，推进改革达成了较为广泛的社会共识。但整体上看，对习近平总书记关于推进产业工人队伍建设改革重要指示精神的学习领会还需进一步深化，对贯彻落实党中央关于改革的部署要求还需进一步加强，特别是还要从全局和战略高度进一步深化认识，增强责任感使命感紧迫感，增强自觉性主动性创造性。

二是组织协调力度有待加大。按照党中央部署要求，这项改革在党中央领导下，由全国总工会牵头，各相关部门参与，成立了推进改革协调小组，各地在地方党委领导下也成立了领导小组或协调小组。协调小组和领导小组在推进改革中发挥了重要作用，但在统筹协调、研究谋划、监督考核、组织推进方面还需进一步加大力度。

三是有些政策制度落实不够。产改开展以来，中央层面和各地方围绕推进改革出台了一系列政策举措，总的来看得到较好落实。但有些政策制度落实不到位，需进一步加大推进力度。同时也要根据形势情况变化，不断研究制定和完善相关政策制度。

四是企业主体作用发挥不够。产业工人队伍建设改革的推进主体是企业，但部分企业在推进改革中的主体作用发挥不够。既有企业本身认识不足的问题，也存在体制机制障碍等一些客观制约因素。

产业工人队伍建设改革立足当下、着眼长远，永远在路上。踏上全面建设社会主义现代化国家新征程，提升职工生活品质、促进共同富裕，对深化这项改革提出了新的更高要求。需要各地各部门进一步提高思想认识，坚持全面推进、重点突破、制度保障，把这项改革往实里抓、往细处做，不断开创新局面。

第三节　深化产业工人队伍建设改革的根本遵循

党的十八大以来，习近平总书记关心关爱产业工人，高度重视产业工人队伍建设改革，多次就推进产业工人队伍建设改革、发挥产业工人作用发表重要讲话、作出重要指示，提出一系列新思想新观点新要求，为推进改革提供了科学指引，指明了前进方向。

一、明确提出产业工人队伍建设改革的目标要求。2018年10月29日，习近平总书记在同全国总工会新一届领导班子成员集体谈话时指出，产业工人队伍建设改革是党和国家一项具有战略性、全局性的重大决策部署，工会要牵头抓好贯彻落实，引导广大产业工人勤于钻研技术，练就过硬本领，加快建设一支宏大的知识型、技能型、创新型产业工人大军。2020年11月24日，在全国劳动模范和先进工作者表彰大会上习近平总书记强调，要推进产业工人队伍建设改革，落实产业工人思想引领、建功立业、素质提升、地位提高、队伍壮大等改革措施，造就一支有理想守信念、懂技术会创新、敢担当讲奉献的宏大产业工人队伍。2022年4月27日，习近平总书记在致首届大国工匠创新交流大会贺信中强调，各级党委和政府要深化产业工人队伍建设改革，重视发挥技术工人队伍作用，使他们的创新才智充分涌流。2023年10月23日，习近平总书记在同全国总工会新一届领导班子成员集体谈话时强调，要围绕深入实施科教兴国战略、人才强国战略、创新驱动发展战略，深化产业工人队伍建设改革，加快建设一支知识型、技能型、创新型产业工人大军，培养造就更多大国工匠和高技能人才。

二、明确强调了工人阶级和产业工人的重要地位作用。2022年4月27日，习近平总书记在致首届大国工匠创新交流大会贺信中强调，技术工人队伍是支撑中国制造、中国创造的重要力量。2022年10月17日，在参加党的二十大广西代表团讨论时习近平总书记指出，紧紧依靠工人阶级是必不可少的，工人阶级代表先进生产力。不能瞧不起产业工人，一定要看实际贡献。一定要转变观念，大力培养产业工人。党的二十大报告中指出，教育、科技、人才是全面建设社会主义现代化国家的基础性、战略性支撑。2023年10月23日，在同全国总工会新一届领导班子成员集体谈话时强调，要坚持全心全意依靠工人阶级的根本方针，充分调动广大职工群众的积极性、主动性、创造性，积极投身全面推进强国建设、民族复兴的伟大事业。2024年9月27日，习近平总书记回信勉励中国一重产业工人代表，希望他们坚守技能报国初心，弘扬劳模精神、劳动精神、工匠精神，苦练内功、提高本领，继续为建设制造强国、推动东北全面振兴贡献智慧和力量。

三、明确要大力加强对产业工人的思想政治引领。2018年习近平总书记在同全国总工会新一届领导班子成员集体谈话时指出，引导职工群众听党话、跟党走，巩固党执政的阶级基础和群众基础，是工会组织的政治责任。工会要适应新形势新任务，加强和改进职工思想政治工作，多做组织群众、宣传群众、教育群众、引导群众的工作，多做统一思想、凝聚人心、化解矛盾、增进感情、激发动力的工作，更好强信心、聚民心、暖人心，使广大职工在理想信念、价值理念、道德观念上紧紧团结在一起。要坚持以社会主义核心价值观引领职工。在党的二十大报告中提出，注重从青年和产业工人、农民、知识分子中发展党员。2023年习近平总书记在同全国总工会新一届领导班子成员集体谈话时强调，要加强思想政治引领，做好职工思想政治工作，教育引导广大职工坚定不移听党话、跟党走，确保工人阶级始终是我们党最坚实最可靠的阶级基础。

四、明确要重视发挥劳动模范和工匠人才的示范带动作用。2018年习近平总书记在同全国总工会新一届领导班子成员集体谈话时指出，工会要协同各个方面为劳动模范、大国工匠发挥作用搭建平台、提供舞台，为劳模、工匠传承技能、传承精神创造条件，培养造就更多劳动模范、大国工匠。2019 年 9 月，习近平总书记在对我国技能选手在第 45 届世界技能大赛上取得佳绩的重要指示中强调，要在全社会弘扬精益求精的工匠精神，激励广大青年走技能成才、技能报国之路。党的二十大报告中指出，加快建设国家战略人才力量，努力培养造就更多大师、战略科学家、一流科技领军人才和创新团队、青年科技人才、卓越工程师、大国工匠、高技能人才。2023 年习近平总书记在同全国总工会新一届领导班子成员集体谈话时指出，要大力弘扬劳模精神、劳动精神、工匠精神，发挥好劳模工匠示范引领作用，激励广大职工在辛勤劳动、诚实劳动、创造性劳动中成就梦想。2024 年 3 月 5 日，习近平总书记在参加十四届全国人大二次会议江苏代表团审议时强调，要实实在在地把职业教育搞好，要树立工匠精神，把第一线的大国工匠一批一批培养出来。

五、明确要努力提升产业工人技术技能素质。习近平总书记在全国劳动模范和先进工作者表彰大会上指出，劳动者素质对一个国家、一个民族发展至关重要。要适应新一轮科技革命和产业变革的需要，密切关注行业、产业前沿知识和技术进展，勤学苦练、深入钻研，不断提高技术技能水平。在致首届大国工匠创新交流大会贺信中强调，我国工人阶级和广大劳动群众要大力弘扬劳模精神、劳动精神、工匠精神，适应当今世界科技革命和产业变革的需要，勤学苦练、深入钻研，勇于创新、敢为人先，不断提高技术技能水平。2023 年 9 月 1 日，习近平总书记在给中国航发黎明发动机装配厂"李志强班"职工的回信中强调，要牢记使命责任，坚定航空报国志向，弘扬劳模精神、工匠精神，努力攻克更多关键核心技术，加快航空发动机自主研制步伐，让中国的飞机用上更加强劲的"中国心"，为建设航空强国、实现高水平科技自立自强积极贡献力量。

六、明确要用心用情做好产业工人维权服务工作。2018 年习近平总书记在同全国总工会新一届领导班子成员集体谈话时强调，哪里的职工合法权益受到侵害，哪里的工会就要站出来说话。2021 年 8 月 17 日，中央财经委员会第十次会议上指出，技术工人也是中等收入群体的重要组成部分，要加大技能人才培养力度，提高技术工人工资待遇，吸引更多高素质人才加入技术工人队伍。党的二十大报告中指出，全心全意依靠工人阶级，健全以职工代表大会为基本形式的企事业单位民主管理制度，维护职工合法权益。2023 年 4 月 30 日，习近平总书记在向全国广大劳动群众致以"五一"节日慰问时指出，各级党委和政府要充分激发广大劳动群众的劳动热情和创新创造活力，切实保障广大劳动群众合法权益，用心帮助广大劳动群众排忧解难。2023 年习近平总书记在同全国总工会新一届领导班子成员集体谈话时指出，工人阶级和广大劳动群众是社会财富的主要创造者，推动全体人民共同富裕取得更为明显的实质性进展，首先要体现在亿万劳动者身上。

第四节　深化产业工人队伍建设改革的重要意义

产业工人队伍建设改革，是习近平总书记着眼党和国家事业长远发展，亲自谋划、亲自部署的重大改革任务。深化产业工人队伍建设改革，是进一步全面深化改革的重要组成部分，是推进中国式现代化建设的必然要求，是落实以人民为中心的发展思想、贯彻全心全意依靠工人阶级根本方针的重要体现，对于巩固党长期执政的阶级基础和群众基础，进一步彰显产业工人的主人翁地位，激发广大产业工人投身党和国家事业的积极性主动性创造性，为全面建设社会主义现代化国家，实现党的第二个百年奋斗目标建功立业，具有十分重要的意义。

深化产业工人队伍建设改革，是巩固党长期执政的阶级基础和群众基础的迫切需要。工人阶级是我国的领导阶级，产业工人是工人阶级中发挥支撑作用的主体力量，是党最坚实最可靠的执政基础。不断深化产业工人队伍建设改革，加强对产业工人队伍的思想政治引领，健全完善保证产业工人主人翁地位的制度安排，坚定产业工人听党话、感党恩、跟党走的自觉信念，对巩固党的执政基础、扩大党的群众基础，有着极为重要的作用。

深化产业工人队伍建设改革，是进一步全面深化改革、推进中国式现代化的迫切需要。党的二十届三中全会对进一步全面深化改革、推进中国式现代化作出重大部署。全会通过的《决定》从深化人才发展体制机制改革的角度，对着力培养造就卓越工程师、大国工匠、高技能人才，提高各类人才素质，建设一流产业技术工人队伍提出明确要求。进一步全面深化改革需要强有力的人才支撑，产业工人作为创造社会财富的中坚力量，在推进中国式现代化建设中发挥着重要作用。深化产业工人队伍建设改革，培养造就一支宏大的高素质产业工人队伍，正当其时、意义重大。自 2017 年启动以来，产业工人队伍建设改革取得重要阶段性成效，全国技能劳动者超过 2 亿人，其中高技能人才超过 6000 万人，成为实施创新驱动发展战略、加快建设制造强国、推动高质量发展的重要力量。从现实需要看，我国高技能产业工人数量仍然不足，技能劳动者的求人倍率长期保持在 2 左右，技能型人才缺口高达 2000 万左右。提高产业工人技术技能素质，大力培养大国工匠、高技能人才，依然是深化产业工人队伍建设改革的重中之重。要站在以中国式现代化全面推进中华民族伟大复兴的全局和战略高度，培养更多大国工匠和各级工匠人才，引领带动一流产业技术工人队伍建设，为全面建设社会主义现代化国家提供有力人才保障和技能支撑。

深化产业工人队伍建设改革，是全面贯彻落实全心全意依靠工人阶级方针的充分体现。工人阶级是我国的领导阶级，是先进生产力和生产关系的代表，是坚持和发展中国特色社会主义的主力军。工人阶级作为最先进的阶级，与最先进的经济形式相联系，掌握先进技术知识最多，力量最集中，是我们党最坚实最可靠的阶级基础。产业工人是工人阶级中发挥支撑作用的主体力量。党和国家各项事业取得的新成就，都离不开工人阶级特别是产业工人的奋力拼搏和忠诚奉献。在革命、建设和改革各个历史时期，产业工人在党的领导下，勇担历史使命、走在时代前列，开拓进取、艰苦创业，为实现民族独立、国家富强和人民幸福建立了不朽功勋。新时代以来，广大产业工人坚定不移沿着习近平总书记指引的方向，围绕全面建成小康社会、实现第一个百年奋斗目标团结奋斗，为党和国家事业取得历史性成就、发生历史性变革作出了重大贡献。迈上新征程，全面建成社会主义现代化强国、实现第二个百年奋斗目标，仍然需要发展工人阶级先进性，仍然需要更好发挥产业工人主力军作用。要贯彻落实好全心全意依靠工人阶级的根本方针，充分调动产业工人的积极性主动性创造性，壮大产业工人队伍，不断巩固党长期执政的阶级基础和群众基础。

第五节　深化产业工人队伍建设改革的总体要求和目标任务

　　2024 年 10 月，中共中央、国务院印发《意见》，充分体现了习近平总书记和党中央对工人阶级和工会工作的高度重视，对广大产业工人的关心关怀，为进一步深化产业工人队伍建设改革指明了方向，提供了遵循。《意见》明确提出深化产业工人队伍建设改革的总体要求和主要目标任务。

　　深化产业工人队伍建设改革的总体要求。深化产业工人队伍建设改革，必须坚持以习近平新时代中国特色社会主义思想为指导，全面贯彻党的二十大和二十届二中、三中全会精神，深入贯彻习近平总书记关于工人阶级和工会工作的重要论述，坚持和加强党的全面领导，坚持全心全意依靠工人阶级的根本方针，深刻领悟"两个确立"的决定性意义，增强"四个意识"、坚定"四个自信"、做到"两个维护"，坚持系统观念、问题导向、守正创新，团结引导产业工人在中国式现代化建设中发挥主力军作用。

深化产业工人队伍建设改革的主要目标。要通过深化产业工人队伍建设改革，推动思想政治引领更加扎实，产业工人听党话跟党走的信念更加坚定，干事创业的激情动力更加高涨，主人翁地位更加显著，成就感获得感幸福感进一步增强；劳动光荣、技能宝贵、创造伟大的社会氛围更加浓厚；产业工人综合素质明显提升，大国工匠、高技能人才不断涌现，知识型技能型创新型产业工人队伍不断壮大。力争到 2035 年，培养造就 2000 名左右大国工匠、10000 名左右省级工匠、50000 名左右市级工匠，以培养更多大国工匠和各级工匠人才为引领，带动一流产业技术工人队伍建设，为以中国式现代化全面推进强国建设、民族复兴提供有力人才保障和技能支撑。

‖ 第二章 ‖

强化产业工人思想政治引领

　　党的二十届三中全会《决定》强调要"完善思想政治工作体系"。自产业工人队伍建设改革开展以来，中办、国办印发了《关于加强和改进新时代产业工人队伍思想政治工作的意见》，各级工会围绕意见要求、围绕强化产业工人思想引领做了大量卓有成效的工作，取得了一系列成绩。2021年，中共中央、国务院出台《关于新时代加强和改进思想政治工作的意见》，明确了新时代加强和改进思想政治工作的指导思想、方针原则、重要举措、方式方法和工作格局，进一步为加强产业工人思想引领提供了有力指导。工会工作做的是群众工作，实质上就是思想政治工作。新时代新征程，工会要强化政治担当、扛牢政治责任，强化产业工人思想政治引领，教育引导亿万产业工人坚定拥护改革、积极支持改革、踊跃投身改革，在进一步全面深化改革、推进中国式现代化中更好发挥工人阶级主力军作用。

第一节　强化产业工人思想政治引领的根本遵循

　　党的十八大以来，习近平总书记着眼巩固党长期执政的阶级基础和群众基础，高度重视加强对职工群众的思想政治引领，发表一系列重要讲话，作出一系列重要指示，这是强化产业工人思想政治引领的根本遵循。

习近平总书记2023年在同全国总工会新一届领导班子成员集体谈话时指出，各级工会要加强思想政治引领，做好职工思想政治工作，教育引导广大职工坚定不移听党话、跟党走，确保工人阶级始终是我们党最坚实最可靠的阶级基础。

党的群团工作的政治性，主要体现在工会、共青团、妇联等群团组织要承担起引导群众听党话、跟党走的政治任务，为夯实党执政的阶级基础和群众基础作出贡献上；引导职工群众听党话、跟党走，巩固党执政的阶级基础和群众基础，是工会组织的政治责任；如何把职工群众团结引导好，没有什么捷径妙招，关键是深入细致做好思想政治工作。

习近平总书记强调，工会要适应新形势新任务，加强和改进职工思想政治工作，多做组织群众、宣传群众、教育群众、引导群众的工作，多做统一思想、凝聚人心、化解矛盾、增进感情、激发动力的工作，更好强信心、聚民心、暖人心，使广大职工在理想信念、价值理念、道德观念上紧紧团结在一起。

习近平总书记强调，要推动党的理论创新成果进企业、进车间、进班组、进头脑，引领职工群众听党话、跟党走；要深入开展中国特色社会主义理想信念教育，培育和践行社会主义核心价值观；引导广大职工认清形势任务，增强中国特色社会主义道路自信、理论自信、制度自信、文化自信；要坚持以社会主义核心价值观引领职工；打造健康文明、昂扬向上、全员参与的职工文化。这是强化产业工人思想政治引领的战略举措。

要丰富内容形式，进行有特色、接地气的宣讲，把"大学习"课堂搬到工厂车间、生产一线、发展前沿，面对面做思想政治工作；要提高针对性实效性，根据不同职工群体的特点，采取职工喜闻乐见、寓教于乐的形式和对路管用的方法，不搞大水漫灌，采用启发式、案例式等方法，达到统一思想、提高认识的目的；要把解决思想问题同解决实际问题结合起来，既讲道理，又办实事。这是强化产业工人思想政治引领的科学方法。

习近平总书记的重要论述内涵丰富、思想深邃，科学回答了职工思想政治引领"为什么""干什么""怎么干"等一系列重大理论和实践问题，具有鲜明的政治性、思想性、针对性和可操作性，为做好新时代产业工人思想政治工作提供了根本遵循。各级工会要深入学习贯彻习近平总书记关于加强职工思想政治引领的一系列重要论述，以更加坚决的态度、更加有力的举措，把产业工人思想政治工作做细做实、让产业工人思想政治工作更富成效，筑牢亿万产业工人团结奋斗的共同思想基础。

第二节　持续强化产业工人队伍思想政治工作

2016 年 12 月 7 日，习近平总书记在全国高校思想政治工作会议上强调，"好的思想政治工作应该像盐，但不能光吃盐，最好的方式是将盐溶解到各种食物中自然而然吸收"。强化产业工人队伍思想政治工作要像摄入盐一样长期做、持久做。

一、当前产业工人思想政治状况存在的问题

改革开放以来，广大产业工人的政治素质和思想道德素质大大提高，他们拥护党、爱国家、爱岗位、重实干，站在改革开放和经济建设的第一线，为中国成为世界第二大经济体作出了突出贡献。当前，广大产业工人对中国特色社会主义的信念和信心坚定，具备正确的劳动观念，比较认同积极向上的劳动价值取向，产业工人队伍总体上呈现出积

极向上、努力进取的态势，全社会弘扬劳模精神、劳动精神、工匠精神的氛围不断形成。但是也要看到，由于受各种因素影响，少数产业工人主人翁意识淡化、自信心不足，缺乏对产业工人身份的认同感和自豪感。

（一）少数产业工人职业自豪感、荣誉感不强。有老师傅表示，以前成为"八级工"时，班组、车间、分厂甚至厂部都要举行隆重的仪式，自己、朋友和家人都会为此欢欣鼓舞，徒弟、同事甚至孩子都会视自己为榜样，现在有些工人说"自己都不好意思说自己是工人"，个别新生代产业工人对于工人身份欠缺自豪感。有的大学生毕业后，宁愿做快递员、送餐员、导购员，也不愿进企业、下车间工作。有的大学生即便去了企业，仍然"身在曹营心在汉"，工作不踏实，待两三个月、半年之后离职的比例较高。

（二）少数产业工人主人翁意识淡薄、企业归属感不强。个别产业工人没有将个人发展与企业发展充分联系在一起，没有觉得自己是企业的主人，存在"我只是来打工挣钱"想法的工人不在少数。在企业生产一线大量使用劳务外包人员（以下简称劳务工）已经成为一种较为普遍的做法，特别是在采矿、挖掘等劳动强度大、安全风险性高的岗位，"主力部队"基本上是劳务工。劳务外包人员的人事关系不在企业，身份和待遇上与正式工差异明显，导致其流动性强，很难建立起对企业的归属感。

（三）产业工人学习新技能、新知识的动力不足。产业工人的技能获得主要通过入职前教育（比如职业教育）、企业培训以及"传帮带"等途径。但是由于一线工人生产任务重，少有时间参加培训，或是培训内容大多针对管理人员和技术工人，对一线工人的覆盖面不大。从现状看，"传帮带"仍然是一线产业工人学习技能的主要方式。对于普通工人来说，他们主要通过自身的努力，跟随师傅在生产线上学习操作技能、积累工作经验，这一过程十分漫长，虽然技能等级有所提升，但待遇变化不大，获得感、成就感不明显，导致很多工人不愿意学技能。与此同时，受社会风气影响、工作生活压力所迫，大部分年轻工人很难做到数年如一日潜心钻研技能，从而很难真正学会师傅们的"独门武功"。

（四）产业工人建功新时代的着力点不清。当前，我国制造业正在加速向数字化、网络化、智能化发展，新一代信息技术、人工智能、生物医药、量子科技等战略性新兴产业不断发展壮大，人形机器人、脑机接口、6G 等未来产业正在加速布局建设。面对新形势新任务，不少工人对个人未来的工作岗位和职业发展等感到迷茫：新时代还需要产业工人吗？新时代需要什么样的产业工人？不少工人找不到与企业、社会发展的契合点。

少数产业工人思想政治状况存在上述问题，跟产业工人社会地位下降、工资待遇低、新业态下择业观的冲击等现实原因密切相关，要把解决思想问题和解决实际问题相结合，增强思想政治工作的针对性和实效性。

二、持续强化产业工人思想政治引领的实践路径

（一）着力推动新思想入脑入心。坚持马克思主义指导地位，坚持不懈用习近平新时代中国特色社会主义思想教育广大产业工人，着力在学懂弄通做实上下功夫，打牢产业工人团结奋斗的思想基础。建立健全企业班组学习制度，用好"学习强国""职工之家"等各种学习教育平台，开展"新思想、新理论、新宣讲"活动，用产业工人易于接受的形式和喜欢熟悉的话语体系推动新思想进企业、进车间、进班组。广泛运用广播、电视、报纸、期刊、网络等阵地，积极开展多形式、分层次、全覆盖的主题宣传，形成强大的主流舆论场，为广大产业工人的学习营造浓厚氛围。

（二）着力抓好主题宣传教育。弘扬民族精神和时代精神，充分利

用重大节庆、爱国主义教育基地、国家公祭仪式等，加强"五史"教育，加强爱国主义、集体主义教育，引导广大产业工人树立正确的历史观、民族观、国家观和文化观。紧紧围绕培养担当民族复兴大任的时代新人，把社会主义核心价值观融入产业工人的生产生活，体现到职业教育、精神文明创建、文化产品创作生产全过程。深入开展文明车间、文明班组、文明职工等创建活动，广泛开展学雷锋志愿服务活动，展示产业工人良好形象。

（三）着力解决产业工人关心关注的实际问题。及时回应产业工人关注的劳动就业、社会保障、收入分配、安全生产等热点问题，开通职工服务热线、维权课堂，把维护产业工人劳动就业权放在优先位置，让产业工人实现体面劳动、全面发展。建立和完善工资集体协商和集体合同制度，落实产业工人参与分配决定的权利，促进产业工人收入增长和经济社会发展同步、劳动报酬增长和企业劳动生产率提高同步。完善并落实产业工人教育培训、提高待遇、表彰奖励等方面的政策，组织技能人才岗位练兵和技能竞赛活动，深化职工技术创新，不断拓宽产业工人成长成才通道。进一步改善劳动环境和条件，强化安全教育培训，广泛开展"安康杯"竞赛之类的活动，加大职业危害防治力度。实施"农民工求学圆梦行动"，着力提高农民工素质，保障其作为用人单位职工、城镇常住人口的落户、住房、医疗等合法权益。关心青年产业工人婚恋、子女教育、职业发展等问题，切实维护女职工合法权益和特殊利益，及时做好困难产业工人的帮扶救助和解困脱困工作，不断增强他们的获得感、幸福感、安全感。

（四）着力丰富产业工人精神文化生活。发挥中华优秀传统文化、革命文化、社会主义先进文化的影响力和感染力，积极培育健康文明、昂扬向上、全员参与的职工文化。指导和支持各类企事业单位、行业协会和文化体育协会发挥作用，培育一批基层骨干职工文化队伍，建设一批职工文化示范基地，打造一批职工文化艺术活动品牌，推出一批颂扬产业工人的原创文艺作品。重视建设工地、海外企业等产业工人精神文化生活，组织文体工作者开展经常性的文化"送温暖"活动。高度重视人文关怀和心理疏导，在企业推广建立"心理驿站"和"员工帮助计划"等做法，积极开展心理健康教育。

（五）着力建设面向产业工人的网上家园。发挥新媒体与传统媒体协同优势，倾力打造线上线下互补、多层次广覆盖的思想政治引领舆论场。用好一批面向产业工人、有影响力的报纸、网站、移动互联网内容应用平台和公众号，使产业工人在主流媒体上有声音、有形象、有影响。建好工会服务职工一张网，实施工会报媒一体化，持续开展"网聚职工正能量，争做中国好网民"主题活动，综合运用微课堂、微电影、短视频等方式，打造产业工人喜闻乐见的正能量精品。推动企业加大内部网络建设，构建高效、互动、个性化的思想政治工作网络体系。做好重大活动和热点问题、突发事件的舆论引导。注重了解和分析产业工人的思想状况，健全"网上诉求、线下办理"的工作机制，牢牢把握互联网舆论领导权、主动权和话语权。

（六）着力整合优化思想政治工作阵地。各级党委和政府要发挥公共文化设施建设在产业工人队伍思想政治工作中的作用，鼓励图书馆、博物馆、文化馆、纪念馆、美术馆、文化站、科技馆、青少年宫、妇女儿童活动中心等设施，有针对性地开展形式多样的活动。推进各级工人文化宫建设，强化服务产业工人精神文化生活的主责主业功能。发挥劳模纪念馆、工会干部学校、职工学校、教育培训中心等工会阵地作用，开发产业工人思想政治教育系列课程，作为岗前和岗位培训重要内容。发挥村（社区）和各类园区党群服务中心作用，构建党建引领、共建共享、整体联动的产业工人思想教育新阵地。企业要加大投入力度，加强职工之家以及职工书屋、荣誉室、活动室等内部宣传思想文化阵地建设。支持和鼓励中等职业学校（含技工院校）、高等学校开展适合产业工人特点的思想政治教育和职业教育。

（七）着力营造崇尚劳动、尊重产业工人的社会氛围。大力宣传党中央对产业工人的关怀和推进产业工人队伍建设改革的决策部署，大力宣传落实全心全意依靠工人阶级方针的各项政策和实际成效，大力宣传产业工人为经济社会发展作出的重要贡献，大力宣传"劳动最光荣、劳动最崇高、劳动最伟大、劳动最美丽"的理念。发挥好劳动模范、优秀共产党员、世界技能大赛获奖者等模范人物的引领和激励作用，组织他们进企业、进社区、进学校开展巡讲活动。新闻媒体要把宣传产业工人、讲好产业工人故事作为重要职责，在重要版面、黄金时段推出系列报道，在影视作品、优秀栏目和公益广告中作出安排。宣传文化部门要在政策制定、资金支持、评审评优等方面更多向反映产业工人题材的文艺作品倾斜，通过"五个一工程"评选表彰等，激励广大文艺工作者创作更多反映产业工人时代风貌的优秀文艺作品。

产业工人思想政治工作是一项系统工程，需要构建党委领导下齐抓共管的工作格局。要强化"大思政"理念，树立"一盘棋"思想，推动建立健全由党委负责同志牵头主抓的产业工人思想政治工作联席会议制度，把做好产业工人思想政治工作作为落实党建工作责任制和意识形态工作责任制的重要任务，推动企业党组织主要负责人履行好第一责任人职责，充分发挥工会组织和社会力量作用，形成齐抓共管、整体推进的工作局面，在广大产业工人中凝聚起团结奋进的强大力量。

案例

浙江："班前十分钟"激活企业红色动能

在浙江，"守好红色根脉·班前十分钟活动"已成为各级工会加强新时代产业工人思想政治引领的有力抓手。"守好红色根脉·班前十分钟活动"是浙江省委宣传部与省总工会为切实加强新时代产业工人思想政治引领、有效助力共同富裕先行和省域现代化先行，谋划开展的一项重要创新举措，将高深的理论搬到最"接地气"的班前会上，用职工身边小事，讲活政治理论，讲好红色故事，润物无声中将党的理论内化于心。

目前，该活动已建立健全了省总工会统筹、各市和省产业工会推进、县（市、区）工会负责、镇街（园区）工会主抓、企业工会落实的五级联动工作机制，实现跨部门协同合作、联合推进；还规定了一系列常态化保障机制，包括联系指导制度、评价反馈制度、关心激励制度、责任落实制度，探索建立评价机制、星级领讲员评定机制，确保活动常态高效高质量开展。在具体实践中，通过选聘领讲骨干、着力建设专业化领讲队伍，精选主题化宣讲内容，讲活科学理论、讲深伟大梦想、讲好红色故事、讲透"三个精神"、讲明发展愿景等，不断为各类企业发展注入红色动能。

温州港集团有限公司根据企业特色创新的"'五色'宣讲直通车开进'班前十分钟'"就是"守好红色根脉·班前十分钟活动"的生动实践之一。作为浙江省海港集团"一体两翼多联"港口格局中浙南港口的区域性管理公司，如何突出班组红色基因传承和先进典型示范引领，温州港集团有限公司工会积极探索，搭建此项工作的平台和载体，综合凝练以"'红色精神'宣讲、'蓝色业务'宣讲、'绿色创新'宣讲、'橙色文明'宣讲、'青色廉洁'宣讲"为主要内容的"五色"宣讲，为基层班组注入新动力、新活力，有效推动产业工人队伍建设。

（一）开通"红色精神"直通车，把新理论变成"宣讲课"

主体上突出"领"和"引"。公司积极探索升级党员干部联系基层"1+N+X"工作机制，即实行一位公司领导班子成员联系一个职能部室、一家基层单位、一个一线班组，通过开展 N 项工作，拓展 X 项具体内容，丰富和明确联系的内涵，引导领导干部深入一线作宣讲、亮身份、作表率、当先锋，发挥党员的示范、带动和模范作用。

形式上突出"谈"和"宣"。开设"书记讲堂"，将一批政治素养高、理论水平高的党组织书记从"三会一课"主讲阵地转战"班前十分钟红色课堂"宣讲平台，立足实际、深入浅出，用群众语言讲政策理论、谈心路历程。持续发挥班组中党建网格员、政治宣传员的作用，让"微宣讲""微诵读"凝聚成"微力量"，转化为推动工作的实际行动和精神动力。

（二）开通"蓝色业务"直通车，把新知识变成"专业活"

主体上突出"前"和"后"。组织码头公司管理人员下沉到一线岗位跟班作业，让管理人员从"后方办公室"走到"前线班组"，发挥管理人员在形势认知上更加全面、政策把握上更加精准、业务能力上更加专业的优势，充分利用"班前十分钟"，直奔业务主题、形势任务，讲重点、讲要点、讲疑点，全面宣讲政策法规，指导业务技能，掌握一线动态。

形式上突出"跟"和"学"。2023年，公司对管理人员跟班作业工作进行全面升级，量化为"四个一"，即开展一次微调研，圆梦一个微心愿，做好一次微宣讲，开展一次微检查，在"班前十分钟"活动中，更加突出"四个一"的作用，通过"跟"让管理人员"入班""入格"，通过"学"让班员更清晰地知晓年度重点工作是什么，新目标新要求如何，怎么把握落实新规则，以此有效提升班员业务能力。

（三）开通"绿色创新"直通车，把新创想变成"动力器"

主体上突出"术"和"才"。劳模工匠、高技能人才是产业工人队伍中的榜样。利用"班前十分钟"提合理化建议、交流技术革新、畅想发明创造、分享"五小"成果，充分发挥先进典型的引领作用，不断凝聚一群人的力量，集聚一群人的智慧，发挥一群人的作用。

形式上突出"帮"和"带"。公司工会定期组织开展职工创新工作室"头脑风暴会"，2023年又结合"班前十分钟"开展"微研讨"活动，通过实际工作操练，技能传授，将工作中的难点、疑点及亮点提交班前会讨论分享，不断提升新入职员工业务技能水平，形成业务上的"好师徒"、工作上的"好帮手"。

（四）开通"橙色文明"直通车，把大道理变成"家常话"

主体上突出"青"和"团"。公司团委积极组建温港青年宣讲队、青年网络宣传队、温港青年理论学习小组，简称"温港青年两队一组"，通过"青年宣讲、青年网络宣传、青年理论学习"的方式，用家乡话、家常话讲好青春故事、奋斗故事、班组故事、文明新风故事，让理论更接地气，让宣讲更富朝气。

形式上突出"网"和"媒"。温港青年积极化身主播，活跃在屏幕上，让"线下+线上""网络视频+直播"的模式深入基层班组和一线，并在形式上融入艺术、融入文学，入情、入脑、入心，让宣讲教育变得"有意思""有心意"，有效活跃"班前十分钟"的氛围。

（五）开通"青色廉洁"直通车，把习惯事变成"规矩事"

主体上突出"严"和"实"。公司在开展清廉温港建设活动中，率先提出会前"三个一"微教育活动，2023年持续在"班前十分钟"中予以推广应用。会前"三个一"微教育，即每次利用班前会，学习"一个警示案例、一个重要制度文件、一个应知应会理论知识点"，内容可以是中央、省市层面的，也可以是本单位系统内部的，重点突出与本职岗位工作息息相关的警示案例、制度条款和应知应会知识。

形式上突出"小"和"微"。在"班前十分钟"推广的"三个一"微教育，突出"小""微"两字，适用面较广，针对性和实用性强，能迅速引起职工、班员的共鸣，是一种潜移默化的学习教育形式，进一步深化了广大职工对党规党纪、法律法规和警示案例的学习，把廉洁教育融入日常、抓在经常。

通过开通"五色"宣讲直通车，将职工思想政治教育作为一项经常性、基础性工作，不断丰富职工思想政治引领的内容和形式，针对一线班组、职工群体的多样性、差异性需求，精准施策、靶向发力，全方位、多渠道、立体式地推进"班前十分钟"活动，不断推进产业工人思想教育工作再上一个新台阶。

第三节　加强产业工人队伍党建工作

中国工人阶级队伍的成长壮大，与我们党的诞生、成长、壮大紧密相连、相辅相成。我们党从成立之日起，就把自己定为中国工人阶级的政党，目前，全国职工总数约 4.02 亿人，其中产业工人占职工队伍总数的半数左右，这样一支庞大的队伍，是党执政的坚实的阶级基础。加强产业工人队伍党建工作，意义重大。

一、加强产业工人队伍党建工作的重要意义

我们党是马克思列宁主义与中国工人运动相结合的产物。工人阶级的形成是建党的根本条件。新中国成立后，我国产业工人队伍不断壮大，思想道德素质和科学文化素质日益提高，大批优秀工人加入了中国共产党，有的成为先进模范人物，走上了国家重要领导岗位，工人阶级的先进性不断发展，党执政的阶级基础和群众基础日益巩固和增强。

当前，产业工人队伍肩负的使命更加光荣而艰巨，面对为实现中华民族伟大复兴的中国梦而奋斗的工人运动时代主题，产业工人队伍建设改革必须融入推进党的建设新的伟大工程中。把产业工人队伍建设好，使其主人翁地位充分体现出来、作用很好发挥出来，很重要的一个方面，就是要在党的建设中贯彻好全心全意依靠工人阶级方针，使产业工人在党的队伍结构中、在党的领导体制中、在党的组织体系中、在党的干部和人才队伍中，都占有重要地位、发挥关键作用。只有这样，才能切实巩固党执政的阶级基础和群众基础，才能加强和改善党的领导，才能保证党的先进性、纯洁性和原则性、战斗性。

二、加强产业工人队伍党建工作的现实路径

（一）加强企业党组织建设

近年来，企业中党的基层组织建设取得了重大进展，但还应该看到，有的企业中基层党组织软弱涣散问题依然存在。要督促企业梳理盘点，找出党的组织建设空白点，把支部建到项目上、建到班组上，以党建引领产业工人队伍建设改革。

1. 不断完善企业党组织体系，实现党的组织、党的工作和党员作用的全覆盖。强化基础保障，选优配强基层党组织书记，加强基层党组织书记培训，提高能力素质和履职本领，加强企业一线党员队伍建设，扩大党组织中技术能手、青年专家、优秀工人的占比，加强在产业工人中发展党员，注重把生产经营骨干培养成党员。完善党员日常教育管理机制，提高企业党组织的创造力、凝聚力和战斗力，建设一个能够团结带领职工群众推进企业改革发展的坚强战斗堡垒。

2. 增强企业党建工作活力，深化学习型服务型创新型党组织建设，开展富有吸引力感召力的党组织活动。在车间、班组中严格落实"三会一课"等党内政治生活。充分发挥车间班组党组织作用和工人党员的先锋模范作用，运用身边事例、现身说法，强化互动交流、答疑释惑，增强党组织的吸引力和感染力，教育引导工人党员进一步坚定理想信念，勇于担当作为，建设一支经得起困难和风险考验、在企业改革发展稳定中发挥先锋模范作用的产业工人党员队伍。

3. 打造企业党建品牌。把推进党支部标准化、规范化建设纳入重要议事日程，健全标准化建设考评体系，打造项目化特色化品牌，把党建重点任务和解决企业发展瓶颈结合起来，用足用活载体，突出精准发力。实现党建和发展相融合，相互助力。

（二）加强新经济组织、新就业群体党建工作

随着经济社会快速发展，新经济组织、新社会组织日渐壮大，以平

台经济为代表的新业态蓬勃发展，新就业群体大量涌现。这些领域中有大量的产业工人存在，做好新经济组织、新就业群体党建工作，是加强产业工人队伍党建工作的重要内容。

要优化组织设置，扩大党的组织覆盖。凡有3名以上正式党员的新经济组织、新社会组织，都应按规定分别设立党委、党总支、党支部。行业特征明显、管理体系健全的行业，可依托相关管理部门或行业协会商会建立行业党组织，行业党组织对会员单位党建工作进行指导。在新经济组织、新社会组织相对集中的各类街区、园区、商务楼宇等区域，可以打破单位界限统一建立党组织，或者依托区域党建工作站建立党组织。规模小、党员少的新经济组织可以本着就近就便原则，联合建立党组织。采取行业、企业、属地三方携手，沿着能触及新就业群体的工作链条和线下节点，在互联网平台企业集聚区，建立区域性或综合性党组织，在平台企业、网点、站点，以及产业园、物流园、众创空间、商务楼宇、城市社区，分别建立新就业群体党组织。

要采取多种方式，扩大党的工作覆盖。聚焦组织覆盖"空白点""薄弱点"，做好动态排查摸底，建立党建数据库，定期更新、动态管理，形成常态化研判、组建工作机制。对没有党员或者仅有个别党员暂不具备建立党组织条件的，通过选派党建指导员、确定党建联络员、建立工会和共青团组织等方式，积极开展党的工作，宣传贯彻党的政策，凝聚服务职工群众，培养入党积极分子，为建立党组织创造条件。加强对出资人、经营管理人员和一线骨干员工的思想引导和政治吸纳，着力把优秀人才培养成党员、把党员中的优秀人才培养成经营管理骨干。重视对新建立党组织的跟踪指导服务，防止边建边散。

通过"两个覆盖"，把新经济组织、新就业群体中的产业工人最大限度地纳入到党组织中来。

(三) 持续解决国有企业党员空白班组问题

一线班组是企业最基本的组织，是基层党组织发挥战斗堡垒作用的关键,是执行党的路线、方针、政策的重要阵地。

要实行国有企业党员"空白班组"清零行动,建立"空白班组"帮扶制度,每个"空白班组"应该确定一名正式党员作为帮扶人,对"空白班组"骨干员工进行重点引导、教育,鼓励"空白班组"员工向党组织靠拢。坚持标准与程序并行、顶层设计与分类指导并举、数量与质量并重,把产业工人中的优秀技术能手、高层次人才、青年专家等更多地吸收到党组织中来。

要健全工作机制,压紧压实发展党员工作责任,将产业工人发展党员工作列为国企党建工作责任制考核、党组织书记抓基层党建述职评议考核的重要内容,强化党建带团建,加强党支部标准化规范化建设,建立健全完善的责任链条,层层落实责任、层层传递压力。通过班组里的"关键少数",引导更多产业工人向党组织靠拢。

加强产业工人党建工作是强化产业工人思想政治引领的前提条件和重要内容,提高党组织的组织力、凝聚力、号召力、战斗力,把更多优秀产业工人包括新经济组织、新就业形态中的产业工人,吸纳到党组织中来,把更多生产经营骨干培养成党员,有利于团结引导广大产业工人坚定不移听党话跟党走。

案例

党建 工建 产改一体化推进 引领产业工人"永远跟党走"

2022 年 06 月 30 日 来源:无锡市总工会

红豆集团初创于 1957 年,现有近 3 万名工会会员,产品从最初的针织内衣,发展到纺织服装、橡胶轮胎、生物医药、园区开发商业地产四大领域,居中国民营企业五百强前列。集团公司党委是全国先进基层党组织,中组部向全国发文推广了红豆集团党建工作经验。2020 年 1 月 3 日,红豆集团作为民营企业,入选国家层面第一批产业工人队伍建设改革试点单位,承担"加强非公企业党建工作,探索在非公企业开展党建工作的方式方法"项目的试点工作。

在深入推进产业工人队伍建设改革试点工作中，红豆集团通过实施"四铸四有工作法"，探索出了红豆加强职工思想政治工作的"红豆经验"，即，一是以思想引领铸魂，确保产业工人政治有方向；二是以素质提升铸匠，确保产业工人事业有希望；三是以精致服务铸爱，确保产业工人生活有保障；四是以身心关爱铸家，确保产业工人情绪有释放。其中，强调党建在产业工人思想政治建设工作中的引领作用。

强化党建引领，筑牢政治根基。红豆集团推行党组织领导班子和管理层双向进入、交叉任职，确保党组织有效参与决策和管理。11 名红豆集团党委委员全部进入董事会、监事会、经理层，党委书记兼任董事局主席，集团子公司总经理全为党员，119 个三级企业负责人 95% 是党员，党员总经理和党员厂长全部担任党总支、党支部书记，形成了"党员当家最放心"的用人格局。目前，集团党委副书记兼任工会主席、党务干部兼任工会干部。把高级人才、技术能手、优秀职工吸引到党组织中来，近 3 年来，共有 300 多名一线优秀产业工人发展成为党员。

在产业工人中，评选表彰先进，强化典型的引导作用。红豆集团每年评比选树优秀党务工作者、优秀共产党员、标兵、先锋等 12 类先进典型。2021 年，红豆集团党委和工会对标"学党史、悟思想、办实事、开新局"要求，结合"庆百年、报党恩、争先锋"主题活动，评选 100 名"党员先锋"进行表彰和事迹宣传，如来自一线员工的全国劳模郭军伟，组建 26 人团队的劳模创新工作室；"80 后"王昌辉，从销售员成长为上市公司总经理。通过评选表彰先进活动，彰显"劳动最光荣、劳动最崇高、劳动最伟大、劳动最美丽"风采。

突出思想教育，坚定理想信念。红豆集团党委把产业工人队伍建设改革的宣传工作牢牢抓在手上，利用红豆集团党建网、红豆电视台、《红豆报》等宣传载体，借力主流新闻媒体和新媒体编发宣传文章，引领产业工人学习贯彻习近平新时代中国特色社会主义思想，筑牢坚定不移听党话、一心一意跟党走的思想政治基础。制作《建功新时代》产改宣传片、产改宣传画册，推行产改进车间、进班组、进宿舍"三进"活动，在集团各种会议上大力宣传党的各项方针政策。

加大对一线产业工人的政策宣讲力度，在红豆大学开设"微讲坛"，在车间开展"微宣讲"，在班组组织"微分享"。从百年党史中汲取信念力量，通过学习重点教材、观看红色影视、举行大型晚会、听专题讲座等形式，在线下开展了《从党史中汲取奋进力量》《从百年党史中汲取初心力量》《"民营企业永远跟党走"的红豆实践》等党课。

突出文化塑造，凝聚思想共识。将文化素养提升融入产业工人队伍建设改革中，把社会主义核心价值观、中华优秀传统文化与红豆企业文化融为一体。红豆集团持续举办"红豆七夕节"活动，通过诗歌朗诵会、民俗论坛、笔会、晚会、征集最美爱情故事等多种形式，已形成独具特色的企业文化。熏陶产业工人形成更健康的家庭观、婚恋观。把党建文化转化为群众文化，编写《红豆弟子规》，让产业工人"愿意听、听得懂、记得牢、有实效"，进而实现思想提升。建好用好"红豆书屋"，2022 年以来采取推荐优秀书目、开展读书征文、组织读书分享会等形式，引导职工多读书、读好书、好读书，在春风化雨、潜移默化中提高综合素养。

第四节　大力弘扬劳模精神、劳动精神、工匠精神

"民族的精英""人民的楷模""共和国的功臣"，习近平总书记多次这样称赞、褒奖劳动模范和先进工作者。翻开新中国的史册，"边区工人一面旗帜"赵占魁、"兵工事业开拓者"吴运铎、铁人王进喜、"铁路小巨人"巨晓林、"金牌焊工"高凤林、"当代神农"袁隆

平……一大批忘我奉献、鲜活灵动的劳模形象浮现在眼前。他们用自己勤劳的双手和不懈的奋斗绘就了精彩人生，铸就了民族伟业；他们的精神，激励着一代又一代劳动者与祖国同成长、与时代齐奋进。2020年11月24日，习近平总书记在全国劳动模范和先进工作者表彰大会上发表重要讲话，号召工人阶级和广大劳动群众大力弘扬劳模精神、劳动精神、工匠精神，在全面建设社会主义现代化国家的新征程上创造新的时代辉煌、铸就新的历史伟业。

一、劳模精神、劳动精神、工匠精神的深刻内涵

习近平总书记指出："在长期实践中，我们培育形成了爱岗敬业、争创一流、艰苦奋斗、勇于创新、淡泊名利、甘于奉献的劳模精神，崇尚劳动、热爱劳动、辛勤劳动、诚实劳动的劳动精神，执着专注、精益求精、一丝不苟、追求卓越的工匠精神。"这段重要讲话对于社会各界认识、理解和把握"三个精神"，具有极为重要的理论意义和指导意义。

第一，劳模精神的内涵是"爱岗敬业、争创一流、艰苦奋斗、勇于创新、淡泊名利、甘于奉献"。其中，"爱岗敬业、争创一流"体现的是劳动模范的本色和追求；"艰苦奋斗、勇于创新"体现的是劳动模范的作风与品质；"淡泊名利、甘于奉献"体现的是劳动模范的境界与修为。可以说，"爱岗敬业、争创一流"彰显了劳模对国家、社会、职业的高度责任感、使命感和舍我其谁的主人翁精神。"艰苦奋斗、勇于创新"彰显的是劳动模范是辛勤劳动、诚实劳动、创造性劳动的积极实践者，他们踏踏实实、奋发图强、勇于挑战、敢为人先，在实现中华民族伟大复兴的历史征程中埋头苦干、求真务实、创新创造。"淡泊名利、甘于奉献"彰显的是劳模先进心甘情愿、默默坚守、身心投入，不追求声名和个人私利。虽然劳模精神内涵的所指随着历史变迁、语境变化而被赋予相应的时代元素，但劳模精神所体现出的理想信念、价值

追求和精神指向始终如一、从未改变。

第二，劳动精神的内涵是"崇尚劳动、热爱劳动、辛勤劳动、诚实劳动"。其中，"崇尚劳动"是树立正确的劳动价值观，充分认识到"劳动最光荣、劳动最崇高、劳动最伟大、劳动最美丽"，劳动创造物质财富和精神财富，劳动创造美好生活，劳动不分贵贱，尊重普通劳动者。"热爱劳动"是培养正确的劳动态度，促进劳动者能够自觉劳动、积极劳动、主动劳动。"辛勤劳动"是对劳动过程及其强度的充分肯定，表明要充分遵循劳动的客观规律以及要达到的劳动强度，体力劳动要付出辛劳和汗水，脑力劳动也要付出智慧和心血。"诚实劳动"是对劳动者品德的客观规定，表明劳动要踏踏实实、求真务实、真抓实干、实事求是。"崇尚劳动、热爱劳动、辛勤劳动、诚实劳动"，包含了劳动价值观、劳动态度、劳动过程、劳动品德四个方面的丰富内涵。基于此，劳动精神就是正确的劳动观、劳动态度、劳动过程、劳动品德；通俗地讲，就是四个"干"——想干、爱干、苦干、实干。

第三，工匠精神的内涵是"执着专注、精益求精、一丝不苟、追求卓越"。其中，"执着专注"是精神状态，是时间上的坚持、精神上的聚焦；"精益求精"是品质追求，是质量上的完美、技术上的极致；"一丝不苟"是自我要求，是细节上的坚守、态度上的严谨；"追求卓越"是理想信念，是理想上的远大、目标上的高远。"执着专注、精益求精、一丝不苟、追求卓越"，包含了精神态度、品质追求、自我要求、理想目标四个方面的丰富内涵；通俗地讲，就是会干、巧干、干好、干完美。实际上，工匠精神是在劳动精神内涵之上的进一步跃升，也就是实现了从崇尚劳动、热爱劳动、辛勤劳动、诚实劳动，到可持续劳动、高效劳动、科学劳动、创造性劳动、完美劳动，就是从想干、爱干、苦干、实干，到会干、巧干、干好、干完美。

二、弘扬劳模精神、劳动精神、工匠精神的重要意义

习近平总书记深刻指出："劳模精神、劳动精神、工匠精神是以爱

国主义为核心的民族精神和以改革创新为核心的时代精神的生动体现，是鼓舞全党全国各族人民风雨无阻、勇敢前进的强大精神动力。"

　　劳模精神、劳动精神、工匠精神是中国共产党人精神谱系的重要内容，是党的光荣传统和优良作风在劳动生产领域的具体体现和继承发扬。具体而言，劳模精神、劳动精神、工匠精神是马克思主义劳动观的生动体现，是我国优秀传统劳动文化的时代结晶，植根于党领导中国人民的长期奋斗实践。劳模精神、劳动精神、工匠精神是一面跨越时空、永不褪色的鲜艳旗帜，是动员广大人民群众顽强奋斗、拼搏进取的精神灯塔，在新时代焕发出勃勃生机。

　　劳模精神、劳动精神、工匠精神强化劳动价值取向。习近平总书记强调，工人阶级和广大劳动群众是社会财富的主要创造者，推动全体人民共同富裕取得更为明显的实质性进展，首先要体现在亿万劳动者身上。大力弘扬劳模精神、劳动精神、工匠精神，营造"劳动光荣、知识崇高、人才宝贵、创造伟大"的社会风尚，有助于引导全社会牢固树立起马克思主义劳动观，端正以辛勤劳动为荣、以好逸恶劳为耻的价值取向，切实发挥劳动作为推动历史前进根本力量的重要作用。

　　劳模精神、劳动精神、工匠精神提升劳动技能水平。党的二十大报告指出："加快建设国家战略人才力量，努力培养造就更多大师、战略科学家、一流科技领军人才和创新团队、青年科技人才、卓越工程师、大国工匠、高技能人才。"全面建成社会主义现代化强国、实现第二个百年奋斗目标，必然依靠勤于劳动、善于劳动的高素质劳动者支撑。大力弘扬劳模精神、劳动精神、工匠精神，发挥劳动模范与大国工匠的引领、带动和培育作用，有助于激发更多劳动者特别是青年一代学习技能、磨砺技艺、见贤思齐的内在动力，瞄准技术变革和产业优化升级的方向，专注突破技术瓶颈，走技能成才、技能报国之路。

三、以劳模精神、劳动精神、工匠精神引领产业工人

　　产业工人既是物质财富的创造者，也是劳模精神、劳动精神、工匠

精神的重要践行者、引领者、传承者。在产业工人中大力弘扬劳模精神、劳动精神、工匠精神，能够进一步凝聚力量，形成辛勤劳动、诚实劳动、科学劳动和创造性劳动的良好社会氛围。

（一）推动各级党委、政府贯彻落实尊重劳动、尊重知识、尊重人才、尊重创造的方针

重视劳模工匠，关心爱护劳模工匠，完善劳模工匠政策，提升劳模工匠地位，落实劳模工匠待遇，营造关心关爱劳模工匠的良好社会氛围，为劳模工匠发挥骨干带头作用创造良好环境和条件。推动党和国家加强对劳模工匠评选表彰的统筹安排，建立省、市各个层级的劳模工匠表彰奖励机制，把道德修养、职业技能作为核心要素。逐步探索国家层面大国工匠技能认证制度，推动将"大国工匠"的评选表彰上升到国家功勋荣誉表彰层级。提高劳模工匠的职业荣誉感，让更多的劳模工匠人才当"明星"、上"舞台"、成"主角"。在劳动模范、五一劳动奖章、青年五四奖章、三八红旗手等评选工作中，加大对产业工人的宣传力度。

（二）加强劳动教育和劳模工匠事迹宣传，让"三个精神"（劳模精神、劳动精神、工匠精神）薪火相传蔚然成风

积极推动各级宣传部门规范对劳模工匠的宣传方式、宣传内容、宣传阵地，形成宣传劳模工匠制度化、立体化的格局和体制机制。推动打造品质精良的劳模工匠公益宣传片，明确规定公交车、地铁站点等公共场所宣传劳模工匠的公益广告比例。推动将"三个精神"体现到精神文明创建和精神文化产品创作、生产、传播全过程，加强劳动主题、劳模工匠主题的文艺作品创作，讲好劳模故事、劳动故事、工匠故事，唱响"咱们工人有力量"时代主旋律，唱响新时代劳动者之歌。

（三）把劳模精神、劳动精神、工匠精神纳入大思政课工作体系

推动劳动教育、职业精神和职业素养融入人才培养全过程，贯通大中小学各学段，贯穿家庭、学校、社会各方面，纳入"大思政课"体

系建设，引导大中小学树立正确的劳动观、世界观、人生观、价值观。打造具有工会特点的劳动教育平台，发挥新时代工匠学院、"技能强国——全国产业工人学习社区"作用，形成广大职工持续学习成长的"快车道"。持续开展"劳模大讲堂"、劳模和大国工匠进校园活动，打造劳模工匠导师、辅导员、宣讲员等"劳模工匠+"品牌，建设劳模工匠广场、公园、绿道等主题设施，叫响劳模工匠发布活动、颁奖典礼、巡回宣讲、创新交流等活动品牌。

人民创造历史，劳动开创未来。在亿万产业工人中大力弘扬"三个精神"，把民族复兴的宏伟蓝图变成每个人的思想自觉、行动自觉，一定能有效助力强国建设、民族复兴的伟业。

案例

江苏海安：让劳模工匠成为最亮的"星"

2024 年 05 月 13 日　来源：中工网

"大家好，我们劳模工匠助企行纺织行业协作组，今天走进工厂开展技能服务……"5 月 6 日，海安市举办 2024 年"致敬劳动者"红五月主题宣传暨"中国梦·劳动美·科创城"第九届劳动者大舞台活动，活动现场，反映全国纺织行业技术能手、江苏工匠、南通市劳模、南通双弘纺织有限公司党员张勇的情景剧《金牌》赢得一致叫好。

素质赋能打造成长擂台

根据全市重大工程、建设项目和劳模工匠、产业工人需求，海安市总工会每年积极为劳模工匠、产业工人搭建"技能+学历"双提升成长擂台，不断激励产业工人在比学赶超中提升素质，引导产业工人由"工"到"匠"实现蜕变。

"海安每年开展区镇层面职工职业技能竞赛、每三年组织市级层面技能大赛，让我们普通劳动者也能晋级提升。"海安市某配送服务有限公司外卖送餐员兼站长陆明亮就是其中的"幸运儿"，平时刻苦敬业的他，参加全省首届网约配送员职业技能竞赛荣获第一名，被授予江苏省五一劳动奖章。

在此基础上，海安市总工会出台"双提升"奖补政策，每年40多项技能竞赛均给予资金补助、对100名职工在职学历提升给予学费全部补贴、职工科技创新成果（操作法）给予评选奖励等。此外，开展海安名匠评选，推荐劳模工匠当党代表、人大代表、政协委员，不断提升劳模工匠政治待遇。

舆论造势提供宣传平台

"听众朋友们，今天邀请到节目现场、电波连线的劳模工匠嘉宾是全国五一劳动奖章获得者陈新军……"今年5月1日，海安市总工会、海安市融媒体中心联合打造的人物访谈节目《榜样的力量——我身边的劳动者》专栏节目播出，为"五一"营造了浓郁的致敬劳动者氛围。

《榜样的力量》自开播以来，一期一主题，已邀请了近50名劳模工匠作为电台嘉宾，围绕劳模直播带岗、科技创新、匠心传承、倡导文明、巾帼风范等近20个话题展开交流。常态化开展"中国梦 劳动美——致敬劳动者"为主题的报纸、电视专栏宣传40多期。

积极构建多媒体联动宣传矩阵。两年来，通过海安市总工会微信号、视频号、微博等网络平台，陆续宣传推介50多个劳模工匠集体和个人，传播劳模工匠正能量，让劳模工匠在"线上线下"的舆论宣传中感受"星"荣耀。

活动引导搭建展示舞台

南通市劳模、江苏某科技有限公司工会主席王利伟积极参加志愿服务，与学生、职工对话劳模精神。今年被推荐荣获"海安好人"称号，她开心地说："我真正感受到劳模的时代价值！"

海安在连续举办了九届以"中国梦 劳动美"为主题的劳动者大舞台活动的同时，推荐劳模工匠走上海安春晚的舞台。以劳模精神、职工文化为媒介，以劳模工匠为原型创作文艺作品，短视频《致匠心》、小品《火花》等获全国职工短视频、小品大赛优秀作品奖。

"劳模工匠进校园、思政教师进企业"活动让劳模工匠深入人心。省劳模、李堡镇总工会副主席徐春明多次应邀到中小学、企业作宣讲，为本土企业带岗带货等。

目前，海安党政重视、工会"搭台"、部门联动，让劳模工匠当"明星"已成为常态。"我们将坚持用劳模精神引领风尚、用劳动精神鼓舞干劲、用工匠精神凝聚力量。"海安市总工会党组书记、主席杨海燕表示，将在党建引领下，进一步发挥"娘家人"作用，为劳模工匠排忧解难，让他们更安心、更专心为新质生产力发展添砖加瓦、再立新功。（冯婧）

‖ 第三章 ‖

发展全过程人民民主，保障产业工人主人翁地位

我国是工人阶级领导的、以工农联盟为基础的人民民主专政的社会主义国家，国家一切权力属于人民。人民民主是社会主义的生命，是全面建设社会主义现代化国家的应有之义。全过程人民民主是社会主义民主政治的本质属性，是最广泛、最真实、最管用的民主，是全链条、全方位、全覆盖的民主。深化产改的过程中，必须坚持发展全过程人民民主，扩大产业工人有序政治参与，保证产业工人依法实行民主选举、民主协商、民主决策、民主管理、民主监督，坚持产业工人主体地位，充分体现产业工人意志、保障产业工人权益、激发产业工人创造活力。

第一节　落实产业工人参与国家治理的制度

近年来，为落实产业工人参与国家治理，各级党委、政府和工会组织做了大量工作，各地在推选党代表、人大代表和政协委员人选时注重推荐产业工人；在开展劳模、工匠人才评选时，进一步提高产业工人比例；在推荐评选全国五一劳动奖章工作中重点向产业工人倾斜；等等。产业工人主人翁地位更加彰显。进一步深化产改要落实党中央部署要求，持续推动提高优秀产业工人在党代表、人大代表、政协委员及群团

组织代表大会代表中的比例，引导产业工人依法行使民主权利，有序参与国家治理。

一、保障产业工人参与国家治理的重要意义

中国共产党自成立之日起，就把自己定为工人阶级的政党，坚持全心全意依靠工人阶级的根本方针，始终重视保障工人阶级主人翁地位。进入新时代，习近平总书记对保障以产业工人为代表的工人阶级主人翁地位提出明确要求。2015 年 4 月 28 日，习近平总书记在庆祝"五一"国际劳动节暨表彰全国劳动模范和先进工作者大会上指出，我们一定要发展社会主义民主，切实保障和不断发展工人阶级和广大劳动群众的民主权利。

我国工人阶级是近代以来在中国社会变革大潮中成长起来的先进阶级，在新民主主义革命、社会主义革命和建设、改革开放和社会主义现代化建设中发挥了主力军的重要作用，无论什么时候都必须全心全意依靠工人阶级，充分发挥工人阶级的主力军作用。习近平总书记强调，"不论时代怎样变迁，不论社会怎样变化，我们党全心全意依靠工人阶级的根本方针都不能忘记、不能淡化，我国工人阶级地位和作用都不容动摇、不容忽视""全心全意依靠工人阶级不能只当口号喊、标签贴，而要贯彻到党和国家政策制定、工作推进全过程，落实到企业生产经营各方面"。

保障产业工人参与国家治理是调动产业工人积极性、主动性、创造性的要求。习近平总书记参加党的二十大广西代表团讨论时指出，我们的现代化既是最难的，也是最伟大的。从这个角度看，紧紧依靠工人阶级是必不可少的，工人阶级代表先进生产力。我国工人阶级从来都具有走在前列、勇挑重担的光荣传统，工人阶级和广大劳动群众始终是推动我国经济社会发展、维护社会安定团结的根本力量。进入新时代以来，工人阶级发自内心拥戴核心、忠诚核心、捍卫核心，坚定拥护"两个

确立"、坚决做到"两个维护",成为党执政的坚实依靠力量、强大支持力量、深厚社会基础;在经济建设主战场,工人阶级立足岗位、创新创造,担当作为,取得了不平凡的业绩,展示了工人阶级的时代风貌。新征程上,要实现强国建设、民族复兴的伟业,必须充分调动包括产业工人在内的广大工人阶级的积极性、主动性、创造性,形成万众一心、众志成城的磅礴力量,始终以国家主人翁姿态建功新时代、奋进新征程。

二、保障产业工人参与国家治理的主要措施

(一)落实保障产业工人主人翁地位的制度安排

1. 做好产业工人代表(委员)相关工作。进一步增加产业工人在党的代表大会代表和委员会委员、人民代表大会代表、政协委员、群团组织代表大会代表和委员会委员中的比例,实行产业工人在群团组织挂职和兼职。

2. 建立代表(委员)工作站。搭建党代表、人大代表、政协委员、工代会代表中的职工代表(委员)履职平台,组织代表(委员)赴企业视察调研,听取一线职工意见和建议。

3. 加强代表(委员)履职培训。组织开展党的代表大会代表和委员会委员、人大代表、政协委员、群团组织代表大会代表和委员会委员中的产业工人教育培训。加强代表(委员)调查研究能力、提案议案撰写能力,组织沟通协调能力的培训,提高代表(委员)履职能力。

(二)落实人民团体协商

人民团体协商,是人民团体就涉及群众切身利益的实际问题,特别是事关特定群体权益保障的,加强与政府相关部门的协商,积极参与政协组织的协商活动。与其他协商渠道相比,人民团体协商主要具备三个方面的优势。一是协商主体具有广泛的代表性。经过多年发展,我国人

民团体的组织网络体系囊括从中央到村居的各个层面，代表着广大职工、青年、妇女、科学家、商人等各行各业各界群众的利益。二是协商内容具有丰富性。人民团体协商的议题范围广泛，涵盖经济社会发展重大问题和涉及群众切身利益的实际问题。三是协商成果具有包容性。人民团体协商尊重群众各种不同的意见，促使协商成果既反映多数人的愿望，又吸纳少数人的合理主张，有助于吸收、调和、平衡人民群众的多样化利益需求，让多元利益矛盾经由理性协商而达成共识，在不同领域取得了显著的实践成果。

面对产业工人队伍建设新形势新任务，需要进一步落实人民团体协商制度。

1. 完善人民团体组织结构。建设立体化、多层次、多面向的组织体系，进一步扩大组织影响力、覆盖面、包容度，全方位提升参与协商民主的能力，从而利用自身的独特优势巩固、拓展联系群众的广度和深度，广泛吸纳产业工人参与，为产业工人发声。

2. 加强对产业工人队伍建设改革的研究。通过完善调研、走访、培训、交流的常态化机制，通过谈心会、座谈会、联谊活动等方式，调查、了解产业工人的思想动态和利益诉求，利用自身的组织优势和政治优势为产业工人利益诉求有序、畅通表达建立制度化平台和渠道。关注产业工人队伍建设改革中的重点、难点，提出对策建议。

3. 加强对协商结果的运用。强化各级党委对人民团体协商的领导，规划引领人民团体围绕产业工人队伍建设改革开展协商，推动人民团体团结动员群众围绕中心任务开展协商，推动协商结果的运用，让人民团体愿协商、敢协商。

（三）积极参与政协界别协商

中华全国总工会是中国人民政治协商会议第一届全体会议上，以团体形式列入全国政协界别的八大团体之一，主要由工会组织和职工代表组成，旨在代表广大职工的利益和诉求，参与国家政治协商和民主监督。工会要充分利用政协这个平台，积极参与界别协商，组织工会界别委员开展提案撰写、视察考察、专题调研等工作，及时反映产业工人队伍建设改革中存在的困难和问题，更好地保障产业工人主人翁地位。

第二节　完善企业民主管理制度

企业民主管理制度是保障产业工人知情权、参与权、表达权和监督权的重要制度，在保障产业工人主人翁地位中发挥了重要作用。党的二十大报告指出："全心全意依靠工人阶级，健全以职工代表大会为基本形式的企事业单位民主管理制度，维护职工合法权益。"面对产业工人队伍建设改革的新形势新任务新要求，要将民主管理与企业改革发展任务更加紧密地联系起来、与企业经营管理活动更加有效地结合起来，积极探索民主管理的新途径新方法新举措，调动产业工人以主人翁的姿态投入企业的各项建设和管理中去。

一、完善企业民主管理的意义

（一）调动产业工人的积极性。完善企业民主管理制度，搭建产业工人和企业方沟通联系的桥梁，有利于企业方广泛听取意见和建议，增强决策的合理性和有效性，有利于产业工人及时反馈诉求并得到回应，极大地调动产业工人的积极性主动性创造性。

（二）提升产业工人的归属感。完善企业民主管理制度，扩大产业工人参与的广度与深度，使产业工人感受到被尊重和重视，这种参与机制能够提升产业工人对企业的归属感，从而更好地将个人发展与企业发展融合在一起，为企业的发展贡献力量。

（三）保障产业工人的合法权益。完善企业民主管理制度，丰富产业工人参与渠道、方式和效果，涉及产业工人切身利益的重大事项必须依法依章程经职工代表大会审议通过，有利于更好地维护产业工人的民主权利、劳动权益等合法权益。

（四）构建和谐劳动关系。产业工人是企业高质量发展的主力军，通过广泛和深度地参与民主管理，有利于构建劳资两利的劳动关系，实现企业和产业工人的双赢。

二、完善企业民主管理的主要措施

（一）健全职代会制度

职工代表大会是职工民主参与企业管理的基本形式，是工会组织依法履行促进企业发展、维护产业工人权益职责的重要抓手。健全职代会制度，是全心全意依靠工人阶级、保障产业工人对企业实行民主管理的具体体现；是扩大产业工人有序参与、加强基层民主政治建设、健全充满活力的基层群众自治制度的重要组成部分；是实现源头维护产业工人合法权益、构建和谐劳动关系的重要途径。

1. 分类推进职工代表大会制度深入发展。发挥国有企业党组织领导作用，实现国有及国有控股企业职工（代表）大会制度全覆盖；加强对非公企业民主管理工作的宣传和指导，大力推进非公有制企业职代会制度建设。强化区域性（行业）职代会制度建设，不断延伸民主管理触角，确保各种类型企业的产业工人有参与平台。

2. 切实加强企业职工代表大会制度规范化建设。依法规范职代会审议建议权、审议通过权、民主选举权、评议监督权等职权；依法规范职代会组织形式、届期、职工代表构成等组织制度和联席会议、提案工作等工作制度；依法规范职工代表选举、巡查等制度，确保产业工人代表的参与比例和参与效果。

3. 切实提高职工代表大会制度质量效果。推动将职代会制度写入企业章程，融入企业法人治理结构，推动形成科学合理平衡的企业治理机制，实现企业民主决策、科学决策。职代会审议通过、审查同意和决定的事项在企业能够得到严格执行，使产业工人代表的意见建议通过职代会决议等形式进入企业决策层形成决策，切实将职代会制度优势转化为企业治理效能。

（二）坚持和完善职工董事、职工监事制度

职工董事制度、职工监事制度，指有限责任公司和股份有限公司（以下简称公司）通过职工代表大会（或职工大会，以下简称职代会）民主选举一定数量的职工代表，分别进入董事会、监事会，代表职工源头参与公司决策和监督的基层民主管理形式。职工董事制度、职工监事制度在完善公司法人治理结构，构建和谐稳定劳动关系，促进企业和产业工人共同发展等方面发挥了积极作用。推动依法建立和规范职工董事制度、职工监事制度，是民主管理工作一项重要的任务。

1. 依法推进公司建立职工董事制度、职工监事制度。各级工会应当依据公司法等规定，推动和督促国有及国有控股公司率先依法建立职工董事制度，引导和支持混合所有制公司、非公有制公司的董事会设立职工董事，同时要督促设立了监事会的各类公司都依法建立职工监事制度。切实保证职工董事、职工监事候选人条件和人数比例，依法规范职工董事、职工监事产生的程序。

2. 依法规范职工董事、职工监事履行职责规则。依法明确职工董事、职工监事的职权、义务和责任，职工董事、职工监事依法享有与公司其他董事、监事同等权利，在董事会、监事会研究决定公司重大问题时，职工董事、职工监事应充分发表意见，履行代表职工利益、反映职工合理诉求、维护职工和公司合法权益的职责与义务，并承担相应责任。

3. 正确处理职工董事、职工监事与公司相关组织机构的关系。职工董事、职工监事接受公司党组织的思想政治领导，通过董事会、监事会集体向股东会负责，参与并服从董事会、监事会的决策，与公司行政

部门应互相尊重、互相支持。职工董事、职工监事直接向公司职代会负责。公司工会应为职工董事、职工监事履职提供高效服务。

（三）深化厂务公开

厂务公开是把企业重大决策、生产经营管理的重要问题，涉及职工切身利益的问题以及与企业领导班子建设和党风廉政建设密切相关的问题，根据有关法规和制度，通过职工代表大会、厂务公开栏等多种形式，向企业广大职工公开，使职工及时了解厂情，更好地参与企业决策、管理和监督。厂务公开是推进基层民主管理，有效落实职工群众知情权、参与权、表达权、监督权的重要制度，在保障产业工人主人翁地位方面发挥着重要作用。

1. 深化厂务公开的体系建设。把厂务公开的运行方式与职责明确相结合。在制定厂务公开实施办法时，明确厂务公开领导小组成员的职责，厂务公开办公室要定期向领导小组成员汇报厂务公开开展情况及厂务公开过程中的焦点、难点、热点问题；进一步规范厂务公开规章制度和运行机制，建立健全各项制度等，为厂务公开工作顺利推进提供制度保障。

2. 深化厂务公开的内容。一是产业工人关心的热点问题。把涉及职工权益的问题作为公开的重点，将工资分配方案、奖惩方案、"五险一金"情况等内容向职工公开。二是公司管理的难点问题。坚持主动性、针对性、预防性的原则，突出对投资招标、大宗物资采购、建设工程比质比价等内容的过程公开监督。三是公司决策的重点问题。公开决策主体、决策内容、决策方式、决策程序以及监督检查和责任追究等事项，强化公开机制，使厂务公开落到实处。

3. 深化厂务公开的方式。一是规范职代会平台，强化厂务公开的运作。职代会是厂务公开的基本形式和主要载体，集体合同、工资专项合同、女职工特殊保护专项合同、薪酬分配办法等必须提交职工代表大会进行审议，广泛听取职工的意见。二是借助现代信息平台，拓宽厂务公开的渠道。除用足用好广播、电视、报纸、期刊、专栏进行厂务公开外，还充分利用信息技术如微信平台等实行网上公开，便于职工了解相关情况。三是建立职工代表巡视平台，促进厂务公开落实。坚持每季度组织一次职工代表主题巡视活动，有针对性监督检查职代会决议的落实情况、集体合同和工资专项合同的履约情况、收入分配制度的落实情况、职工劳保情况等，保障产业工人各项权益的落实。

（四）数智赋能保障产业工人民主参与

互联网是职工民主参与的重要载体，也为企业民主管理创新发展注入新动能。要引导广大企业结合实际情况，利用互联网、大数据等方式进一步丰富产业工人参与民主管理的方法和途径，把线上工作形式作为线下工作形式的有益补充，探索推进新业态企业民主管理的新形式。

1. 探索实行网上职代会。对因客观情况，或遇突发性、临时性、紧急性事项无法召开现场职代会的，可通过召开网络职代会履行相应民主程序。召开网络职代会要坚持标准不降、程序不减、职权不变、环节不少的"四不原则"，充分发挥职代会职能。

2. 创新产业工人民主参与的方式。可通过 App、小程序、企业论坛等方式，搜集产业工人的意见和建议，并予以及时反馈和解决。可通过线上方式征集合理化建议、职工代表提案等，让产业工人为企业发展献计献策。通过微信公众号、OA 等平台广泛宣传企业民主管理成效。

3. 严格数据使用规范。提高技术安全性，采取数据加密和访问控制措施，减少信息泄露风险，为职工在网络系统中存储意见建议和投票表决信息提供安全保障，减少职工顾虑，提高民主管理质效。

案例

加强和改进民主管理　助力企业高质量发展

2022 年 10 月 19 日　来源：大众日报

位于潍坊市坊子区的潍坊裕川机械有限公司，以"民主治企"为目标，通过强化工作体系、规范制度支撑、创新实施路径，让广大职工知企情、参企政、监企政，不断提高民主管理水平，助力企业实现高质量发展。具体路径如下：

坚持"三个强化"，构筑常态化工作体系

强化组织领导，坚持高位推动。公司建立了以行政领导为组长，工会主席为副组长、各部门主要负责人为成员的厂务公开领导小组，明确在党委统一领导下，总经理是厂务公开民主管理"第一责任人"。将民主管理作为激发职工劳动热情和创造活力、弘扬"三种精神"、发挥主力军作用的重要途径，作为维护职工合法权益、构建和谐劳动关系的有效措施，放到工作全局中去谋划、部署、落实，定期听取汇报、研究问题、提出要求，形成了"党委领导坚强有力、行政主体主动到位、工会组织协调认真、纪委监督检查有序、职工参与积极热情"的良好局面。

强化考核监督，推动责任落实。成立由行政、纪检、工会等组成的企业民主管理监督检查小组，把职工群众知情率和满意度作为考量工作的重要指标，职代会每年至少召开一次，遇有急要事随时召开；厂务公开工作每半年进行一次民主测评；工会与行政沟通协商机制每季度召开一次协商会议，及时解决职工关注的"大事小情"。监督检查小组每季度进行重点抽查，年终全面检查，测评、检查结果作为考核各级负责人的重要依据，并与奖惩任免挂钩。通过考核兑现和问责，倒逼有关领导和部门不断深化认识、改进工作，进一步提高企业民主管理水平。

强化源头管控，确保工作实效。将提升职工代表素质和履职能力当作提高民主管理质效的重要手段，坚持标准，严格执行职工代表推荐选举制度，真正选举出那些懂职工、精业务、敢发言、善监督、职工信任的职工担任代表。同时建立起职工代表评价体系，提出具体目标任务和考核标准，采取述职与评价相结合的方式，通过述职把职工关心的难点热点问题、贯彻落实职代会决议的情况等摆在职工面前，由所在工会小组每月对职工代表进行评价考核，考评结果进行公示。对不能履行代表职责、职工不满意的代表限期整改或建议撤换，促使他们增强使命感、责任感。每年底结合职工代表变动情况和当年工作绩效、履行职责等情况，反馈到代表所在车间、部室，对表现优秀、绩效突出的职工代表进行表彰奖励。

突出"三个重点"，提供规范化制度支撑

规范职代会制度。以此作为职工参与企业民主决策、民主管理、民主监督的基本制度，做到"三个规范"：一是规范代表产生。按照职工代表中一线职工和科研人员比例不低于80%的要求，在职工代表换届选举前，按照各种岗位职工代表比例要求将名额分配到各车间、部室，确定31名职工代表的构成，并根据实际情况设置了当选职工代表的基本条件和优先条件。二是规范会议召开。为充分发挥职代会"议大事、作决策、定方向"的重要作用，每年在职代会正式会议前都召开预备会议、职工代表进行培训，审议通过筹备工作报告和有关事项的报告，把事关企业发展的重大决策、生产经营的重要问题、与职工切身利益相关的重要事项、企业领导廉洁自律情况等提交职代会审议，做到不审议不出台、不通过不实施，采取无记名投票表决方式，充分体现职工意愿。例如经过职代会审议通过，先后出台《补充养老保险》《员工子女上大学资助》《困难职工帮扶》《大病救助》《退休职工走访慰问》等多项制度，直接惠及广大职工。三是规范会后落实。一般在职代会闭幕后3日内公开会议决议、决定，采取文件传达、公告栏宣传、网上公示等方式，让职工知道表决结果和评议情况，做好大会提案、决定、决议落实的监督检查工作，将执行目标、落实措施及完成时限落实到责任部室，强化监督，保证时效。真正让职工充分拥有了知情权、参与权和决策权，最大限度地保障职工的根本利益。近年来，企业职工稳定率一直保持在97%以上。

完善厂务公开制度。将厂务公开作为做好民主管理工作的重中之

重，突出抓好三个环节。一是科学确定公开内容。广度上向企业生产经营、人才管理、福利政策及党风廉政建设等诸多领域延伸。重点上突出生产经营管理方面的重大问题，包括年度生产经营目标及完成情况、财务预决算、大额资金使用、工程项目招投标、机械设备采购等。深度上及时发布职工切身利益事项，包括每年80人以上的职称晋升、每年不低于5%的工资薪酬调整、每人每年不少于5500元的职工福利、创新大赛优胜者和工艺改进及科研成果奖励、据实交纳职工社会保险等内容全部公开，接受监督。二是创新公开模式。打造双向沟通渠道，实现公司管理层与职工的零距离沟通，有效消除了职工与企业间的矛盾隔阂。形式上由发布公开向互动公开深化，综合利用微信公众平台、视频号、厂务公开栏、短信公众平台、合理化建议、提案办理回复等多种形式，有效拓宽了公开渠道，真正实现了厂务公开无"死角"，职工参与方式更加灵活多样。时间上由定期公开向常态化公开深化，阶段性工作、热点、重点问题及时公开，做到及时、准确、高效。层次上向开放式公开深化，不断完善网络公开流程，设立厂务公开意见箱、总经理接待日、工会主席信箱、举报电话等多种形式、多渠道，使厂务公开层次深化到班组、个人，时效性、覆盖面大幅提升，民主管理深度和广度不断拓展。三是做好结合文章。将厂务公开与改革发展结合起来，把企业的改革、经营、管理、稳定等各项工作决策的确定、计划的制订、实施的过程全程向职工公开；将厂务公开与推进企业文化建设结合起来，把"打造百年企业"的企业愿景、"诚信为本"的经营理念、发展目标、改革创新举措等进行公开，使广大职工都能在一个共同价值观的引领下，形成强大精神动力；将厂务公开与形势任务教育相结合，将企业发展过程中遇到的难点和矛盾进行公开，让每一名职工树立荣辱与共的信念，画好"同心圆"，增强凝聚力和内生动力。

规范工会与行政沟通协商制度。为切实做好职代会闭会期间的企业民主管理工作，公司加强工会与行政沟通协商机制建设。通过多渠道征集、反馈问题，确定协商议题。始终把工资分配制度、奖金、津贴、补贴等分配办法以及职工年度平均工资水平及增长幅度等职工最关心、最现实、最直接的利益问题作为协商重点，尽力找准双方的利益平衡点，确保沟通协商为企业和职工都带来实实在在的利益。职工工资在协商的基础上，按照职代会决议，确定"两个高于"的目标，即职工平均工资高于全区同行业职工平均工资，一线职工平均工资高于公司基层管理者平均工资。从 2017 年开始，一直严格执行职工工资每年 5%—20% 的增长机制。对职工建议、诉求，能够及时解决的，当场拍板，提出办理时限，将协商结果、整改意见反馈给职工，接受监督。不能及时解决的，职能部门负责人现场解答，形成的处理意见须现场征得职工满意。有些诉求会直接上报董事长，董事长召集工会与相关部门再次沟通协商，直至问题解决，职工满意度测评一直保持在 100%。

创新"三项举措"，探索多样化实施路径

首先，提升职工代表履行能力。通过定期举办培训班、召开职工代表座谈交流会、外出参观考察等方式，不断对职工代表进行民主管理法规和有关知识培训，组织学习《工会法》《劳动法》《山东省职工代表大会条例》《山东省厂务公开条例》等民主管理、职工权益保护法律法规，增强他们的责任意识、法规意识、履职意识。充分利用职工书屋、职工大讲堂等平台进行专项培训，让职工代表了解民主管理的基本内容，明晰自身职责、权利和义务，提高表达和沟通能力，不断增强职工代表参政议政水平。

其次，创新形式，畅通渠道，搭建职工参与平台。一是坚持开展职工代表巡视，职工代表巡视小组由公司党政工负责人牵头，有关业务部室负责人和职工代表组成。巡视内容主要包括现场管理、安全生产、两堂一舍管理、环境卫生、经济指标完成情况、经营措施落实情况等，采取听汇报、看资料、查现场等方式，检查职代会决议和提案落实情况等，让职工代表及时了解企业发展状况和职工需求，为参与管理、参与决策、参与监督创造条件。二是坚持开展职工代表质询活动，由公司工会负责组织，围绕合同签订、薪酬分配、劳动关系等涉及职工切身利益的事项进行沟通交流，对职工代表提出的一些重大事项和问题召开专题会议，研究解决方案，逐一抓好落实。三是坚持抓好提案督办工作，职代会结束后，工会对职工代表提案进行整理分类、登记编号、督促办理，提案办结后及时进行反馈，开展满意度测评。每年开展优质提案评选活动，对优秀提案人进行表彰奖励。投资 80 多万元的职工停车场 9000 平方米硬化改造、餐厅重新整修、澡堂升级改造、门禁更新、安装丰巢快递柜、设立职工书屋、车间增设通风设施、与村委合办幼儿园等项目，都是落实职工代表提案的结果。

最后，强素提能，发挥企业工会职能作用。裕川公司工会组织从自身特点出发，坚持做到"三有"：有"能"，有良好的理论水平，有良好的沟通协调能力，善于在"说"上下功夫。一方面，对上协调好与公司老板和高层领导的关系，做好相关的工作汇报和反映，取得领导的关心和帮助。另一方面，主动与行政和相关部室协调沟通，取得对问题的理解和认同，赢得他们的配合和支持。既保持上传下达，又保证下情上达，使工会工作和谐发展。有"为"，不断增强"听"的能力，了解掌握职工的工作、生活和最关心、反映最强烈、要求最迫切的热点问题，做到件件有回应、事事有着落，积极为他们提供服务。有"位"，精准工作定位，既充分发挥党委行政联系职工群众的桥梁纽带作用，又主动作为，当好党委行政的参谋助手。立足企业实际，超前思考，针对企业发展的关键措施，职工群众关注的难点热点问题，提前进行对策研究，力争提出切合实际、可操作、成效明显的实施方案，力求参到点子上、谋到关键处。通过扎实有效的工作，不断增强企业工会组织的号召力、影响力、吸引力。（大众日报客户端记者：张鹏　通讯员：刘睿）

第三节　健全劳动关系协商协调机制

随着经济体制改革不断深化，企业所有制形式、劳动组织形式、劳动者就业形式日益多样化，劳动关系利益主体日趋复杂化、多元化，迫切需要加快建立健全适应经济发展要求的劳动关系调整机制。党的二十大报告强调，"防范化解重大风险，保持社会大局稳定"，并且将"完善劳动关系协商协调机制"作为保障劳动者权益、化解劳动关系风险、维护社会稳定的重要措施。我国的劳动关系协商协调机制，贯穿于我国革命、建设、改革和发展的各个历史阶段，它是社会主义市场经济条件下协调劳动关系的有效途径，对于维护劳动关系双方的利益，最大限度地保护、调动和发挥广大职工，包括产业工人的积极性，促进劳动关系的和谐稳定，推动国民经济持续快速健康发展，都具有重要的意义。

为此，《意见》强调，要从全面落实劳动合同制度，推进集体协商和集体合同制度；建立健全各级协调劳动关系三方委员会，发挥国家协调劳动关系三方机制、地方政府和同级工会联席会议制度作用；完善基层劳动关系治理机制，提升劳动关系公共服务水平等方面着手，进一步健全劳动关系协商协调机制。

一、全面落实劳动合同制度，推进集体协商和集体合同制度

（一）全面落实劳动合同制度

劳动合同是劳动者与用人单位确立劳动关系、明确双方权利和义务的协议。我国从 20 世纪 80 年代中期开始进行劳动合同制度改革试点，

1995 年 1 月 1 日施行的劳动法正式确立了劳动合同制度。2008 年 1 月 1 日施行的劳动合同法是对劳动合同制度的进一步完善。劳动合同在保护劳动者包括产业工人的各项劳动保障权益中发挥着关键作用。劳动合同一方面可以从形式上确立劳动关系，从而为劳动者获得劳动报酬、休息休假、社会保险等各项法定权益奠定了基础；另一方面又从内容上具体约定了劳动者的工资、工作内容、工作时间等权益，从而为劳动者实现和保障自身的权益提供了依据。深化产改过程中，要根据劳动法、劳动合同法等法律法规的规定，进一步落实劳动合同制度，切实保障产业工人合法权益。

1. 建立推行劳动合同制度的长效机制。大力推进劳动就业用工信息申报制度建设，进一步加强企业和产业工人签订劳动合同的动态管理；推行劳动合同签收制度，指导企业在劳动合同签订后，及时将劳动合同书交由产业工人签收，以提高签订劳动合同双方的意识，增强劳动合同的履约率；推动企业建立工会组织，通过企业工会主动参与企业招用工、劳动合同签订全过程，指导产业工人订立劳动合同，对劳动合同的履行实施监督。

2. 强化劳动合同制度的基础作用。突出基础运用，将企业与产业工人劳动合同签订情况作为用人单位申请劳务派遣经营许可、劳动者申请失业保险金等社会保障业务的重要参考；突出考核运用，将企业落实产业工人劳动合同制度情况作为企业参评劳动关系和谐单位的重要内容，并加大考核比重；突出灵活运用，对不足一个月或完成一定工作任务的用工，简化劳动合同内容，支持企业与产业工人签订简易劳动合同，促进企业灵活用工。

3. 强化劳动保障监察执法。劳动保障监察机构通过日常巡视检查、举报专查和专项检查等手段，加强对企业与产业工人签订劳动合同情况的执法检查，并对违反相关法律法规的企业依法进行惩处。

（二）推进集体协商和集体合同制度

集体协商是职工代表（一般是工会）与企业或者企业代表就直接涉及职工切身利益的劳动报酬、工作时间、休息休假、劳动安全卫生、保险福利等事项进行平等协商，在协商一致的基础上签订集体合同的行为。集体协商制度是构建中国特色和谐劳动关系，维护职工包括产业工人与用人单位合法权益的有效机制，也是推进中国特色协商民主建设的重要内容，各地要进一步完善集体协商和集体合同制度。

1. 规范集体协商的内容和环节。集体协商双方应就劳动报酬、保险福利、劳动安全卫生等多项内容进行平等协商，重点开展技术工人薪酬激励专项集体协商。签订集体合同及工资专项集体合同、劳动安全卫生专项集体合同、女职工权益保护合同、技术工人薪酬激励专项集体合同。要把工资集体协商作为协商的重中之重来抓，以开展工资集体协商工作为主要措施，进一步扩大集体协商制度的覆盖面。用人单位在开展集体协商工作时，要依照协商程序和协商工作标准来规范协商行为，按照上级工会预审、职代会通过、人社部门审查备案、向全体职工公示等的流程，建立健全协商前、协商中、协商后各环节轨迹资料归档制度，提高集体协商的规范性和实效性。

2. 完善集体协商要约制度。集体协商的一方向另一方提出协商要约，是集体协商的一项规范性程序和制度性安排，各级工会要主动进行协商要约。各级工会组织和人社部门要加强对集中要约行动的部署和指导，通过制订工作方案、举行启动仪式和召开动员会等形式，加大协商要约宣传力度；通过集中要约与动态要约、定期要约与灵活要约相结合的方式，提高要约的针对性、实效性。对企业或企业代表组织拒绝或拖延另一方集体协商要求的，人社部门应责令其限期改正。

3. 健全职代会审议制度。按照劳动合同法、工会法等规定，经集体协商达成一致的集体合同草案，必须经职工代表大会或职工大会讨论、审议后通过方可生效，同时向全体职工公布；协议期内合同变更、解除，其调整方案须提交职工代表大会或职工大会审议。各用人单位及工会组织，应建立健全职代会审议制度，确保集体协商行为的规范性和合法性。

4. 拓展集体协商的行业和领域。要扩大集体合同覆盖面，加快推进各类改制企业、非公企业和外商投资企业的集体协商工作，重点推动新业态领域、行业性、区域性集体协商，重点维护新就业形态劳动者合法权益，拓展集体协商工作领域，确保集体协商的知晓率和参与率，最大限度地维护产业工人的合法权益，促进企业正常生产经营和发展。

5. 建立集体合同实施情况评价制度。以职代会为载体，建立无记名测评、问卷调查和个别访谈等为主要形式的民主测评机制，每年定期开展集体协商质效评议活动，将集体协商工作程序、协商内容、集体合同履行情况、职工方协商代表履职情况等作为评价重点，组织企业代表和职工代表进行满意度测评，及时跟踪评估协商过程和实施效果。

6. 建立健全集体合同数据库。按照属地管理的原则，各级工会组织和人社部门要建立健全集体合同数据库，将协商单位基本情况、签约时间、合同时限、质量等级等方面的基础信息录入数据库，并跟踪核实集体合同签订、履行情况，及时更新数据信息，实现动态管理。

二、发挥各级协调劳动关系三方机制作用

协调劳动关系三方机制是政府、工会和企业方面代表，按照一定的组织形式和规则程序，就劳动关系重大问题开展协商、沟通、合作，共同促进劳动关系和谐稳定的一种制度安排，是劳动关系协调机制的重要组成部分。我国的工会法、劳动合同法、劳动争议调解仲裁法均提出县级以上人民政府劳动行政部门会同工会和企业方面代表，建立健全协调劳动关系三方机制，共同研究解决劳动关系和劳动争议的重大问题。《中共中央　国务院关于构建和谐劳动关系的意见》明确提出要健全协调劳动关系三方机制。

2001 年 8 月 3 日，国家协调劳动关系三方会议成立暨第一次会议在北京召开，标志着我国开始在国家层面建立正式的三方协商机制。由当时的劳动和社会保障部、中华全国总工会、中国企业联合会/中国企业家协会三方组成。三方各自确定相对固定的机构负责人作为三方会议成员，不定期召开会议。之后逐步建立起国家、省级、地市级、县级和街道（乡镇）五级三方机制组织体系。目前，全国共有各级三方机制组织 2 万多个，已有 20 多个省（区、市）成立了协调劳动关系三方委员会。一些地方的三方机制吸收了发展改革、财政等政府部门参加。各级三方不断完善三方机制职能，充分发挥政府、工会和企业代表组织共同研究解决有关劳动关系重大问题的重要作用，在参与劳动立法、推动劳动合同与集体合同制度实施、调处重大劳动争议、开展和谐劳动关系创建活动等方面做了大量工作，为构建和谐劳动关系发挥了不可替代的独特作用。深化产业工人队伍建设改革，要充分发挥各级协调劳动关系三方机制作用，把推进产业工人队伍建设改革列入重要议程，研究解决涉及产业工人切身利益和发展的相关事项。

（一）建立健全协调劳动关系三方委员会

把建立和健全协调劳动关系三方委员会纳入同级党委、政府工作议程，作为促进企业发展、构建和谐社会的重要工作来抓，进一步明确政府的主导作用，强化组织领导，将协调劳动关系三方委员会作为决策机构，形成由政府牵头多方协同的领导机制，进一步压实各部门工作责任，推动协调劳动关系各项工作有效落实。进一步强化各有关部门间的沟通协调，凝聚工作合力，本着共同协商、合力推动的原则，加强对工作的调度和督促检查，并充分调动各方的工作积极性，协调解决劳动关系领域重大情况和问题。要把产业工人面临的突出问题和产业工人队伍建设改革中的薄弱环节纳入协调劳动关系三方委员会的协调内容，助力改革深入推进。

（二）健全三方机制工作制度

建立政府分管领导参加同级三方协商会议活动的制度，各级政府每年不少于一次或定期听取三方机制工作情况汇报，督促劳动关系三方认真履行各自的职责，指导产业工人比较集中的企业开展和谐劳动关系构建，依法维护产业工人合法权益。按时召开三方协商会议。每年有工作计划、工作部署、工作检查，促进工作的规范化、制度化。为更好地发挥协调功能，县级市以上协调劳动关系三方可以成立办公室，负责沟通情况、交流信息等日常工作，办公室设在劳动保障行政部门。各级政府要从办公条件、活动经费等方面给予保障。

（三）健全地方政府和同级工会联席会议制度

联席会议是各级政府与同级工会按照一定程序组织召开、相互通报相关重要工作情况、研究解决涉及职工群众和工会工作中重要问题的专门会议。建立联席会议制度，是推进社会主义民主政治建设的一项重要制度安排，是政府与工会协商解决共同关心的重要问题的有效工作机制。通过推动完善联席会议制度，工会组织及时向政府反映职工意见呼声，政府及时了解和回应职工意愿和重要关切，有助于保护调动和发挥广大职工的主人翁积极性创造性，对于巩固党执政的阶级基础和群众基础，增进党和政府与职工群众的血肉联系，具有重要意义。通过健全联席会议制度，将产业工人队伍建设改革纳入议题，可以有效推动产业工人队伍建设改革的各项措施落地见效。

1. 积极主动作为，充分发挥政府主导作用。各地总工会要及时主动地向同级地方党委、政府汇报，争取党委加强对联席会议工作的领导和政府对联席会议制度建设的重视支持并发挥主导作用。要积极配合政府着力推动健全联席会议的配套制度，包括建立健全会议召开制度、议题调研制度、沟通协调制度、工作督查制度和情况反馈制度等，促进联席会议制度建设规范化制度化。

2. 加强组织领导，积极主动做好工作。各地工会要把推动完善联席会议制度摆上重要议事日程，并作为年度重点工作纳入工会工作及考核机制之中。主要领导要亲自挂帅，主持重要议题调研、亲自为主要问题进行沟通、协调联席会议重要事项。要积极参与做好联席会议筹备工作，积极主动地向政府通报联席会议议题及会议筹备情况，加强会前与政府及相关部门沟通协调，就联席会议议题及议定事项进行充分酝酿协商，力争达成一致意见。要推动协调联动工作机制、督查落实机制和激励约束机制建设，积极协调、主动配合，及时向政府反映落实情况，协调解决落实中遇到的困难和问题，促进议定事项全面落实。

3. 加强调查研究，提出高质量的议题。联席会议的核心内容是议题，而议题质量的高低直接关系到会议的成效。各地工会要紧紧围绕地方党委和政府工作大局，加强对地方经济社会发展情况和职工队伍状况包括产业工人队伍状况的调查研究，把产业工人最关心最直接最现实的利益问题和面临的最困难最操心最忧虑的实际问题作为重点调研课题，坚持走群众路线，深入基层工会、企业和职工中，了解掌握第一手资料，提出有理有力有据的有可行性的议题建议，使工会的主张能得到政府的认可和支持。要重视培训工作，为工会干部学习掌握劳动法律法规、劳动保护、社会保障等相关法律法规和政策精神创造条件。

三、完善基层劳动关系治理机制

基层劳动关系治理是国家治理体系的重要组成部分，是构建和谐社会的基石，是畅通协调劳动关系的"最后一公里"。当前，我国正处于经济社会转型的关键时期，劳动关系领域面临着新的挑战和机遇。基层作为劳动关系治理的前沿阵地，也是产业工人最为集中的场所，其治理效能直接关系到产业工人的切身利益、企业的健康发展以及社会的和谐稳定。加强基层劳动关系治理，既是维护产业工人合法权益的必然要求，也是推动经济高质量发展的重要保障，更是实现国家治理体系和治理能力现代化的关键环节。

（一）基层劳动关系治理的重要意义

1. 基层劳动关系治理直接关系到产业工人的切身利益。产业工人集中在基层，劳动纠纷、劳动争议也最容易发生在基层，加强基层劳动关系治理能够有效、及时地预防和化解劳动纠纷、劳动争议，最大限度回应产业工人诉求，最大限度维护产业工人合法权益，促进劳动关系的和谐稳定。

2. 基层劳动关系治理能够为企业创造稳定的发展环境。通过建立健全劳动关系协调机制，可以有效减少劳资矛盾，提高员工的工作积极性和创造力，从而提升企业的生产效率和竞争力。基层劳动关系治理的完善还能够帮助企业更好地应对市场变化，实现可持续发展，最终实现让产业工人共享企业发展成果的双赢局面。

3. 基层劳动关系治理是社会和谐稳定的重要保障。劳动关系是最基本的社会关系之一，基层劳动关系的和谐直接影响到整个社会的和谐稳定。加强基层劳动关系治理能够有效预防和化解社会矛盾，让产业工人安心工作、舒心工作、幸福工作，促进社会和谐稳定。

（二）完善基层劳动关系治理的路径

1. 完善法律法规体系。这是加强基层劳动关系治理的基础。要加快修订完善劳动法律法规，及时回应新型劳动关系带来的法律问题，为新就业形态劳动者权益维护提供法律依据，为基层劳动关系治理提供有力的法律支撑。同时要加强普法宣传，提高产业工人和用人单位的法律意识。

2. 创新治理机制。这是提升基层劳动关系治理效能的关键。鼓励基层治理改革创新，倡导各地探索新方式新方法，如"新时代六尺巷工作法"、新时代"枫桥经验"等，创新劳动关系基层治理。要建立健全基层劳动争议预防调解机制，探索建立多方参与的治理新模式。

条件成熟的地区要加强劳动关系治理数字化平台建设，以数字赋能劳动关系基层治理，运用信息化技术优化劳动关系各项业务流程，并全面对接当地的智慧城市、智慧社区建设，有效提升劳动关系治理水平和效能。

3. 提升治理能力。这是确保治理效果的根本。要加强基层劳动保障队伍建设，提高工作人员的专业素质和服务能力。要加大投入，改善基层工作条件，完善工作保障机制。要加强部门协作，形成治理合力。

基层劳动关系治理是一项系统工程，2023 年 1 月，人力资源社会保障部、中华全国总工会、中国企业联合会/中国企业家协会、中华全国工商业联合会联合印发《关于推进新时代和谐劳动关系创建活动的意见》，明确企业、工业园区、街道（乡镇）创建和谐劳动关系的内容和创建标准，其实质也是聚焦基层劳动关系治理。基层劳动关系治理是健全劳动关系协商协调机制的重要内容，是保障产业工人主人翁地位的重要举措，需要政府、企业、产业工人和社会各界的共同努力，进一步推动健全完善机制，促进其更好发挥作用。

案例

聚焦和谐劳动关系建设　实现企业职工和谐双赢

——比亚迪汽车工业有限公司和谐创建典型经验

2022 年 12 月 14 日　来源：中华人民共和国人力资源和社会保障部网站

2006 年 8 月，比亚迪汽车工业有限公司于深圳市坪山区成立，是国家高新技术企业，是国内新能源汽车领域龙头企业。公司自成立以来，始终坚持以和谐促发展的理念，着力构建和谐稳定的劳动关系，实现了企业高质量发展与职工职业发展双赢。公司是集研发试制、整车生产、销售于一体的汽车基地。近年来，比亚迪积极开展和谐劳动关系创建活动，不仅提升了企业自身创新发展的软实力和竞争力，还将成功经验在比亚迪集团内复制推广，进而形成示范效应，引领全国新能源主导产业行业的健康发展。2019 年以来，未发生重大劳动关系群体性、突发性事件，企业和谐劳动关系创建成效显著。

一、全面实行劳动合同制度，全方位保障职工权益

实现劳动合同全覆盖。公司严格落实劳动合同制度，设专人负责劳动合同的签订、变更等相关事宜，劳动合同内容全面，签订程序合法，签订率达 100%。

试点推进电子劳动合同。2022 年 1 月，启动电子劳动合同试点，提升劳动管理精细化水平，满足远程规范用工需求。

实现全员劳动合同制用工管理。自 2022 年 5 月 1 日起，将全部劳务派遣员工转为与公司直接签订劳动合同的职工，不再安排劳务公司输送人员，实现全员劳动合同管理。

二、健全培训机制及晋升渠道，助推职工全面发展

开展职业培训与人才培养。搭建多层次学习型组织，持续有序开展岗位培训，覆盖技术、营销等四大领域，采取线上直播、拓展活动等多种创新形式。拥有超过百门的自主研发课程和超过千门的网络课程，同时与诸多顶尖高校、专业学院建立合作关系，内外部讲师库与课程库建设相结合提升培训效果。

拓展校企合作新模式。2019 年，公司与深圳职业技术学院（现深圳职业技术大学）共建比亚迪应用技术学院（校外实训基地），打造产教融合型标杆企业，联动事业部积极开展定向班等人才共育项目，与深圳职业技术学院合作共建技术研发平台，成立研究中心，建设高端研发平台，利用双方资源，研发相关领域前沿技术，进行技术研究、开发等工作。

推进产学研一体化。高频率开展研发人员技术研讨活动，积极与各高校开展合作，培养高学历人才。与山东大学、中国科技大学等高校开展校企合作，创建校企合作产学研一体化的模式，真正形成"名企带名校、名校促名企、校企齐育人"的良性互动发展模式。

三、建立全链条工资福利保障机制，提升职工幸福感

建立激励性薪酬体系，实现劳有厚得。根据不同岗位、技术高低、贡献大小等因素，建立职工工资增长机制，2019 年以来，企业在岗职工平均工资高于全市在岗职工平均工资，职工薪酬增幅每年保持 10% 以上。

设立医疗保障基金，实现病有良医。1998 年，比亚迪公司设立医疗基金，职工可按照要求报销医疗费用，有效缓解职工经济压力。同时，享受医疗基金的职工仍可参加医疗基金管委会组织的各项活动。在职职工参加医疗基金覆盖率达 99%。

建立住房保障机制，实现住有宜居。为减轻职工购房压力，积极推进职工住房保障工作，先后在深圳、惠州分别投资兴建亚迪村、亚迪二村等福利房，售价为市场价格的一半，惠及一万多个家庭，实现职工"住有所居"，解决职工住房的后顾之忧，大大提高了职工生活质量和水平。

四、打造"造物先造人"文化，实现人企高质量发展

打造工匠文化。工匠品质是核心，公司建立《比亚迪公司工匠精神建设管理规定》，以技能大赛为抓手，每年进行金徽、银徽、铜徽工匠评选，强化职工"热爱、专注、尽责、创新"的工匠精神，促进职工养成"匠心品质、精益求精"的工匠精神。

打造品质文化。公司积极开展品质文化建设，健全常态化建设机制，通过"造物先造人"等主题文化建设，努力塑造和提升比亚迪的品质形象。设立质量奖励基金，由 CQO 统一管理和发放，奖励范围覆盖品质文化、体系、产品和服务质量优秀项目、个人。

打造关爱文化。一是创办亚迪学校，实现学有优教。为解决职工子女教育问题，自 2003 年起，投资创办亚迪学校，秉承"一切为了孩子的发展"的办学理念，坚持素质教育的发展方向，探索独具特色的办学之路。二是设立心理辅导中心，保障员工身心健康。组织职工到三甲医院体检，协调社康医院入驻各个工业园，建立职工综合文体中心，保

障职工身心健康。三是建立员工通勤保障机制，保障员工出行安全。提供免费乘车云巴服务，开通福利村点对点免费班车，上线职工拼车App，园区首组红绿灯投用，多渠道保障职工出行需求、同行安全。（供稿单位：广东省协调劳动关系三方机制办公室）

第四节　加强对产业工人主人翁地位的宣传引导

根据宪法规定，我国是工人阶级领导的、以工农联盟为基础的人民民主专政的社会主义国家，国家的一切权力属于人民，人民依照法律规定，通过各种途径和形式，管理国家事务，管理经济和文化事业，管理社会事务。产业工人不仅仅是劳动力的提供者，更是企业和社会发展的积极参与者，是国家的主人翁。加强对产业工人主人翁地位的宣传引导，不仅能提升产业工人的工作积极性，激发产业工人的创造力和责任感，还能增强他们对企业和社会的认同感和使命感，增强其干事创业的热情。

（一）加强产业工人主人翁地位宣传的意义

1. 加强产业工人主人翁地位宣传引导是全心全意依靠工人阶级根本方针的要求。习近平总书记强调："在当代中国，工人阶级和广大劳动群众始终是推动我国经济社会发展、维护社会安定团结的根本力量""必须全心全意依靠工人阶级、巩固工人阶级的领导阶级地位""不论时代怎样变迁，不论社会怎样变化，我们党全心全意依靠工人阶级的根本方针都不能忘记、不能淡化，我国工人阶级地位和作用都不容动摇、不容忽视""全心全意依靠工人阶级不能只当口号喊、标签贴，而要贯彻到党和国家政策制定、工作推进全过程，落实到企业生产经营各方面""各级党委和政府要把全心全意依靠工人阶级的根本方针贯彻到经济、政治、文化、社会、生态文明建设以及党的建设各方面"。产业工人是工人阶级中发挥支撑作用的主体力量，加强产业工人主人翁地位宣传引导是我国社会主义制度的要求。

2. 加强产业工人主人翁地位宣传引导是发展新质生产力的要求。发展新质生产力是推动高质量发展的内在要求和重要着力点，发展新质生产力需要高素质的劳动者、更高技术含量的劳动资料、更广范围的劳动对象，三者缺一不可，更高素质的劳动者包括以大国工匠为代表的一流产业技术工人，加强产业工人主人翁地位的宣传引导，有助于激发产业工人的积极性主动性创造性，激发产业工人提高技术技能水平、提高创新创造水平，从而助力新质生产力的发展，助推强国建设、民族复兴的伟业。

3. 加强产业工人主人翁地位宣传引导是弘扬劳模精神、劳动精神、工匠精神的要求。习近平总书记指出："实现中华民族伟大复兴的中国梦，根本上要靠包括工人阶级在内的全体人民的劳动、创造、奉献""在全社会弘扬劳动精神、奋斗精神、奉献精神、创造精神、勤俭节约精神，培育时代新风新貌"。加强产业工人主人翁地位的宣传引导，可以树立劳动光荣、技能宝贵的价值理念，激励更多人，尤其是青年崇尚劳动、热爱劳动，形成"劳动最光荣、劳动最崇高、劳动最伟大、劳动最美丽"的良好社会风尚。

（二）加强产业工人主人翁地位宣传引导的具体措施

1. 加强对产业工人主人翁地位宣传引导工作的领导。各地产业工人协调小组要把产业工人主人翁地位宣传引导纳入整体工作安排，摆上重要议事日程。要着力挖掘本地区产改工作亮点，有重点、有特色、多形式地开展宣传活动。举办各地区重要会议、庆祝"五一"国际劳动节大会等重大会议活动时，邀请产业工人代表出席；开辟公共服务绿色通道，为大国工匠等各级工匠人才在出行、就医等方面提供便捷条件。

2. 充分发挥媒体的宣传引导作用。要高度重视和运用中央和地方主流媒体的社会影响力，主动邀请新闻媒体参与涉及产改的重要会议、重大活动，积极争取新闻媒体对优秀产业工人典型、重大事项的宣传。要推动传统媒体和新媒体组合发力，利用电视、广播和报纸加大对产业工人先进事迹和典型人物的报道力度，通过专题节目、纪录片等形式，生动展现产业工人的劳动风采和贡献。利用微博、微信、抖音等新媒体，借助短视频、直播等互动性强的方式，增强宣传的吸引力和影响力。指导企业内部加强对产业工人队伍建设改革的宣传，如利用厂报、宣传栏、内部网站等，定期发布产业工人的优秀事迹和成长历程，激励产业工人奋进新征程，建功新时代，营造尊重产业工人的氛围。

3. 培育先进企业文化。指导基层企业要树立"以人为本"的管理理念，培育尊重一线工人和崇尚劳动、崇尚劳模、崇尚工匠的企业文化。通过举办各类技术技能培训、技能评价等，赋能产业工人成长。通过建立各类激励机制，激发产业工人的工作热情和创造力；通过开展各类关心关爱活动，增强产业工人的归属感和凝聚力等，在企业形成尊重劳动、关爱产业工人的良好氛围，彰显产业工人的主人翁地位。

案例

辽宁省总工会打造"班组天地"栏目
做实做细产业工人宣传传播品牌

2024 年 11 月 29 日　来源：辽宁省总工会网站

辽宁省总工会注重传统媒体和新媒体融合，于 2022 年策划推出"班组天地"品牌栏目，宣传典型经验做法，推动工会宣传工作向基层一线延伸。

一是激发细胞活力，打造"班组天地"宣传品牌。辽宁省总工会整合《辽宁工人报》、《当代工人》、微信公众号等工会媒体资源，聚焦企业发展的基石——班组，精心策划推出"班组天地"栏目，以"互联网+报刊"的形式，每周刊发典型做法，每季度制作一期专版，立体化呈现企业班组的劳动故事、创新故事、奋斗故事。

二是分享鲜活事迹，展现新时代辽宁工人风采。"班组天地"以各级工会评选的工人先锋号先进集体为报道对象，讲述了"这群老把式手上都有厚厚的茧""创新之心'焊'出自动之花""'三提三降'万炉复吹创纪录"等企业班组的先进典型事迹，充分展示了新时代企业班组对劳模精神、劳动精神、工匠精神的践行与诠释。

三是打造创新引擎，激发职工创新创造潜能。"班组天地"宣传品牌现已成为辽宁班组建设交流平台，成为辽宁产业工人学习切磋的平台，也成为社会关注企业、了解职工的直通平台。通过对辽宁全面振兴新突破三年行动火热实践中涌现出的爱岗敬业、不断进取、甘于奉献的优秀班组的集中报道，让产业工人感受到了工会组织的关怀和温暖，进一步推动产业工人队伍建设改革走深走实。(作者：admin)

第四章

完善产业工人技能形成体系

素质是立身之基，技能是立业之本。在新一轮科技革命和产业变革浪潮中，技能已成为一国经济增长的重要引擎。产业工人队伍技能提升与人才红利释放、劳动生产率提高、产业转型升级、综合国力提升息息相关。党的二十大报告指出，要加快建设国家战略人才力量，努力培养造就更多大师、战略科学家、一流科技领军人才和创新团队、青年科技人才、卓越工程师、大国工匠、高技能人才。党的二十届三中全会审议通过的《决定》进一步强调要"建设一流产业技术工人队伍"。完善产业工人技能形成体系，提高产业工人技术技能水平，这是产业工人自身成长发展的迫切需要，也是我国实现高质量发展的内在要求。

第一节　产业工人队伍技能形成体系概述

一、产业工人技能形成体系

产业工人技能形成体系指建立和完善包括技能投资制度、技能供应制度、技能评价和资格认证制度、技能使用制度、社会合作制度等在内的保障产业工人技能形成的制度体系。2017 年 4 月，中共中央、国务院印发的《改革方案》提出"构建产业工人技能形成体系"，2024 年中共中央、国务院印发的《意见》中再次要求"完善产业工人技能形成体系"。中央多次聚焦产业工人技能形成体系，旨在有效干预产业工人技能形成过程，形成有利于提高产业工人队伍技能水平的体制环境，为以中国式现代化全面推进强国建设、民族复兴伟业提供强大的技能支撑和人才保障。

二、完善产业工人技能形成体系的意义

完善产业工人技能形成体系能够为工人生存和发展提供最坚实的保障。产业工人技能形成既包括熟练掌握生产和工作中所必需的劳动技能，也包括在生产活动中思考和创新的能力。创新型社会的发展离不开技术创新与理念发展，产业工人技能的形成意味着传统工业化生产中的以劳动为主的生产模式被打破，机器生产将工人从流水线上解放下来，投入对技术发展和更新的深入思考中。在此过程中，工人需要通过技能与知识的快速学习完成知识体系更新，社会整体受教育水平提高的同时也会带来更多高素质高校毕业生投入生产。在此条件之下，工人群体内部也将形成崇尚创新与学习的风气，通过从业者的努力提高产业整体生产效率和创新水平，创造更多产业附加值，在附加值回馈至自身的过程中，提高个人收入水平和生活质量。

完善产业工人技能形成体系是产业转型升级的基础。产业结构转型升级在原有产业链成熟、科学技术创新不断融入产业化生产的过程中进行，产业工人技能形成能够将现代化的科学理念融入生产实践之中，解决从科学技术创新走向生产实践的"最后一公里"，进而推动产业结构升级发展。产业工人技能形成既推动我国现代化产业的转型升级，也为中国制造业走向世界打下良好的基础。在产业结构升级发展的过程中，产业工人技能形成也将进一步促进中国制造品牌的丰富。中国制造品牌世界影响力的进一步扩大，必然伴随着产品质量、理念等不同维度的同

步发展，这就需要产业工人技能的进一步养成。完备的产业工人技能体系能够为工业生产带来更多创造力，无论从产品的设计体系还是生产技能流程来说，产业工人技能形成让工业生产不再局限于流水线与单一化，赋予了其创造过程中的创新性可能，进一步提高了产品质量，撕掉中国制造的传统标签，获得更广泛的国际影响力。

第二节　推动现代职业教育高质量发展

党的二十届三中全会通过的《决定》对深化教育综合改革作出系列部署，提出"加快构建职普融通、产教融合的职业教育体系"，对职业教育改革发展提出了新的更高要求，为新时代新征程职业教育高质量发展提供了根本遵循，指明了前进方向。职业教育，指为了培养高素质技术技能人才，使受教育者具备从事某种职业或者实现职业发展所需要的职业道德、科学文化与专业知识、技术技能等职业综合素质和行动能力而实施的教育，包括职业学校教育和职业培训。职业教育是国民教育体系和人力资源开发的重要组成部分，肩负着培养多样化人才、传承技术技能、促进就业创业的重要职责。推动现代职业教育高质量发展是完善产业工人技能形成体系的重要措施，对于发挥我国人力和人才资源巨大优势、深化产业工人队伍建设改革具有重要意义。

一、我国职业教育发展现状

党和国家高度重视职业教育发展。改革开放以来，我国先后召开了八次全国职业教育工作会议，制定并实施了多项推进职业教育发展的重大举措，使我国职业教育出现了前所未有的良好发展态势。党的十八大以来，特别是《国家职业教育改革实施方案》（以下简称"职教20

条"）出台以来，职业教育迎来大改革大发展的新阶段，中国职业教育面貌发生了历史性、格局性变化。2021 年 4 月召开了新中国成立以来的首次"全国职业教育大会"，习近平总书记对职业教育工作作出重要指示，强调"加快构建现代职业教育体系，培养更多高素质技术技能人才、能工巧匠、大国工匠"；2022 年 4 月 20 日，第十三届全国人民代表大会常务委员会第三十四次会议通过《职业教育法》修订，自 2022 年 5 月 1 日起施行，这是该法颁布 26 年来首次"大修"。2025 年 1 月，中共中央、国务院印发了《教育强国建设规划纲要（2024—2035 年）》，文件要求"加快建设现代职业教育体系，培养大国工匠、能工巧匠、高技能人才"。

建成世界规模最大的职业教育体系。截至 2023 年，我国共有职业学校（含技工学校）1.1 万多所，在校生近 3500 万人，每年培养超过 1000 万名毕业生，形成了中职、高职专科、职业本科完整的学校职业教育层次，建成世界规模最大的职业教育体系。这一世界规模最大的职业教育体系，有力地支撑了我国成为全世界唯一拥有全部工业门类的国家。

深化产教融合形成新格局。2021 年教育部印发了新版《职业教育专业目录》，推动专业升级和数字化改造，提高职业教育适应性。2024 年教育部又对高职专业布局点进行了较大调整，新增专业点 6068 个，撤销专业点 5052 个，为产业发展提供更加精准的人才支持。目前，我国职业教育共开设 1400 余个专业，设置 12 万多个专业点，覆盖了国民经济社会发展的各个主要领域。近年来，现代制造业、战略性新兴产业和现代服务业 70% 以上的新增一线从业人员来自职业院校，职业院校已经成为培养大国工匠、能工巧匠、高技能人才的主阵地。

对世界职业教育发展的塑造力增强。从"引进来"到高质量"走出去"，中国职业教育国际合作实现重大转变。目前，全国 27 个省份的 200 多所职业院校与 70 个国家和地区合作设立了 400 多个办学机构和项目，涌现出了鲁班工坊等一批职业教育国际合作品牌，"中国—东盟职业教育联合会""未来非洲职业教育合作计划"等合作机制，构建起了更为紧密的中外职业教育共同体。实践证明，中国职业教育"走出去"为合作国家培养了一大批经济社会发展急需的技术技能人才，分享了中国职教先进的教学模式、专业标准和设备资源，成为中外经贸合作和人文交流的新载体。

二、职业教育在产业工人队伍建设改革中的重要作用

（一）为技能人才提供基础技能培训

通过校企合作、产教融合等活动，职业院校可以为学生提供在生产一线真实工作环境中进行实训的机会，帮助学生掌握标准化生产技能，锻炼流水线作业的合作能力，从而满足现代化工业体系大规模培养技能型人才的需求，为技能人才培养打好基础。

（二）培养高素质技能型人才

高素质产业工人既要技术高超，更要素质过硬。职业教育是一个综合培训的过程，既注重实践能力的锻炼，也注重思想道德、文化素质、科学素质等的培育。在实际教学中还会融入社会公德、职业道德、家庭美德的教育，致力于培养专业技术高超、综合素养优异的产业工人。

（三）职业教育是产业工人队伍的后盾

职业教育肩负着培养"工匠队伍"的重大责任和神圣使命，是带动一流产业技术工人队伍建设的源头活水。通过强化职业教育的"造血功能"，可以源源不断地为产业工人队伍输入新鲜"血液"，提升我国产业竞争力。

（四）构建合理的技能形成体系

随着中国式现代化建设的推进，单纯的操作技能很快就会更新换代，在此视域下，职业教育需要建立覆盖更广泛、形式更多样、运作更

规范的职业教育培训体系，增强职业教育的实效性和针对性。通过政府补贴培训、企业自主培训和市场化培训相结合的机制，形成政府、企业、社会多元投入的培训资金渠道，构建线上线下完善的在职培训网络。

三、推动职业教育高质量发展的主要措施

（一）加快构建职普融通、产教融合的职业教育体系

1. 以职普融通拓宽学生成长成才通道。职普融通是成就高质量教育体系的制度性安排。要在普通中小学开展职业启蒙教育、劳动教育。推动中等职业教育与普通高中教育融合发展。加强优质中等职业学校与高等职业学校衔接培养。加强教考衔接，优化职教高考内容和形式。鼓励应用型本科学校举办职业技术学院或开设职业技术专业。稳步扩大职业本科学校数量和招生规模。

2. 塑造多元办学、产教融合新形态。产教融合是职业院校基本的办学模式，深化产教融合关键是创新治理模式，探索符合教育规律、产业规律的有效模式。深入推进省域现代职业教育体系新模式试点，落实地方政府统筹发展职业教育主体责任。建强市域产教联合体、行业产教融合共同体，优化与区域发展相协调、与产业布局相衔接的职业教育布局。推动有条件地区将高等职业教育资源下沉到市县。鼓励企业举办或参与举办职业教育，推动校企在办学、育人、就业等方面深度合作。健全德技并修、工学结合育人机制，在产业一线培养更多大国工匠。

（二）培育一批行业领先的产教融合型企业

鼓励有条件的企业深度参与院校专业规划、教材开发、教学设计、课程设置、实习实训，实行校企联合招生、开展委托培养、订单培养和学徒制培养，促进企业需求融入人才培养各环节。要进一步充实战略性新兴产业领域的产教融合型企业。央企、特大型国有企业要体现担当作

为，带动引领产业发展，加强对院校办学的资源对接和支持。

（三）提升职业学校办学条件和教学能力

1. 持续改善基本办学条件。进一步加强区域统筹，创新制度条件，鼓励各方力量投入职业教育，加大资金、政策、土地等资源投入力度，提升职业院校基本办学条件。加快推动职业学校办学条件全面达标。

2. 建设优质教学资源。围绕国家重大战略和区域发展战略需求，聚焦现代制造业、现代服务业、现代农业等国家亟须发展的重要专业领域，实施职业教育教学关键要素改革，系统推进专业、课程、教材、教师、实习实训改革，建设集实践教学、真实生产、技术服务功能于一体的实习实训基地。

3. 打造高水平教师团队。实施现代职业教育质量提升计划、职业学校教师素质提高计划，支持大国工匠、高技能人才兼任职业学校实习实训教师。邀请知名专家、业界精英、优秀教师组建高水平教师团队，重点打造一批国家级、省级高水平教师团队。

4. 提高技术技能培训能力。落实职业教育育训并重法定职责。围绕国家急需的重点领域，重点打造一批行业急需、企业认同、员工满意的高水平技术技能服务平台和金牌培训项目，面向新业态、新职业、新岗位，广泛开展技术技能培训；重点打造一批金牌服务团队和产教融合实训基地，承担企业和科研机构的产品试制、技术孵化、设计中试等任务。

📘 案例

安徽省推动职业教育高质量发展

2024 年 05 月 21 日　来源：安徽省教育厅

教育是民族振兴和社会进步的基石，职业教育是面向大众、面向社会、面向实践的教育。办好职业教育、培养大批高素质应用技术人才，是提高劳动者技能素质、促进青年就业创业的重大民生工程，也是推动产业结构优化升级、提升国际竞争力的重要途径。近年来，安徽省委、省政府聚焦党的二十大关于职业教育的新部署新要求，坚持将职业教育摆上经济社会发展的重要地位，列入重要议事日程，提高政治站位，加强统筹规划，完善工作机制，采取有力措施，促进了职业教育的快速发展。

目前，全省共有职业学校 320 所（高职 75 所、中职 245 所）；在校生 145.2 万人（高职 79.2 万人、中职 66 万人），年均输送各类技术技能型人才近 50 万人，为全省经济社会高质量发展提供了技能人才支撑。2022 年，因职业教育改革成效明显，获得国务院督查激励。

一、高位推动更加有力

近年来，安徽省委、省政府高度重视职业教育，采取一系列卓有成效的举措，加快推进职业教育发展。一部立法：2022 年，安徽省率先颁布省级实施《职业教育法》办法，为推动职业教育高质量发展提供法律保障。两次会议：2021 年召开全省职教大会，为安徽职教"十四五"规划稳健开局；2024 年召开全省职业教育改革与发展大会，对全省职教改革发展作进一步部署。三项制度：建立省领导直接联系职业院校和技师学院制度，市领导联系职业院校制度也随之建立；职业教育发展情况每年纳入对市级政府、县级党政领导干部履行教育职责考核；省政府定期对职业教育改革发展成效明显地方实施督查激励。四份文件：印发《关于整省推进职业教育一体化高质量发展加快技能安徽建设的意见》，在全国率先开展部省共建技能型社会试点，聚焦完善体制、健全体系、提升质量、优化服务，实施六大工程、四大行动；印发《关于推动现代职业教育高质量发展的实施意见》，提出"打造安徽职业教育品牌"等 19 条政策意见；出台《关于加快职业教育改革发展服务现代化美好安徽建设的意见》，就加快职业教育发展、深化产教融合作出安排；出台《关于加快推进职业院校现代产业学院建设的实施方案》，推动全省职业院校以实施"九个共同"育人模式改革为主要路径，联合"链主"企业、龙头企业、产业链核心配套企业，加快布局建设一批高水平现代产业学院。四份重要文件架构了安徽职教发展的远景蓝图与近期重点任务。

二、职教改革更加深入

安徽职业教育敢闯敢为，率先在全国开展八项重大改革。一是率先开展"市统筹县整合"管理体制改革，扩大市级政府统筹权，夯实市县政府发展职业教育的主体责任。二是率先开展中职学校布局结构调整，推进职业教育资源整合。各县集中力量办好一所上规模、高水平的优质学校。2016—2023 年，全省共撤并转中职学校 183 所，校均办学规模由 2033 人增加至 2693 人，增幅达 32%。三是率先统一规范各类中职学校类别名称，并在学费标准、编制标准和职称评聘等方面实现政策统一，激发中职学校的办学活力。四是率先建立全省统一的中职网上招生录取平台，将各级各类中职学校、技工学校招生录取全部纳入平台，打破生源封锁，规范招生管理。五是率先会同教育部出台意见，推进技能型社会建设，出台职业教育服务地方十大产业系列政策，研制了职业教育资源与重大产业匹配战略方案，推进实施混合所有制办学、高职专业学院、产业教授制度、职业启蒙教育等多项改革。六是率先开展中职学校办学条件达标工程，提前两年全面实现中职学校办学条件达标。七是率先全面开展升级版中职学校分类达标示范建设，引领中职学校办学水平提升。八是率先出台了全国首部省级老年教育地方性法规和职业教育法实施办法，将老年教育纳入省委、省政府推动的暖民心工程，高位推动实施"老有所学"行动。

三、职教体系更加完善

有序推进"职教高考"，按照"顶层设计，分步实施，重点突破，整体推进"的思路，统筹推进职业院校分类招生、综合评价、多元录取试点，基本形成纵向衔接、立交互通的机制，并逐年完善。同时，不断优化招生院校结构，逐步扩大试点规模。分类考试招生已成为高职院校招生主渠道，应用型本科高校对口招生也由 2014 年之前的 5 所院校、800 名计划增加至 2024 年的 20 所院校、6400 余名计划，中职毕业生升学通道更加通畅。高职"双高"计划持续推进。立项 31 所"双高计划"学校、25 所"双高计划"专业群建设单位。构建纵向贯通的职业教育体系，中职与高职"3+2""五年一贯制"不断深化，151 所中职与 61 所高职开展五年制贯通培养。2023 年安徽省首批认定高职专业学院 20 个、高职中专分校 68 个，打通构建中高职纵向贯通的职业教育人才培养体系"最后一公里"。本科职业教育稳步发展。经积极争取，已有 5 所高职院校升格为职业本科院校且纳入了"十四五"院校设置规划。

四、产教融合更加紧密

对接产业布局优化学科专业结构，一体化设计中职、高职、本科不同层次专业，持续建立健全专业动态调整机制，2023 年中、高职专业布点达 2809 个、3471 个，职业学校专业链基本全覆盖产业链。对接十大全省新兴产业，制定《安徽职业教育服务十大新兴产业高质量发展实施方案》《安徽省职业教育资源与重大产业匹配战略方案》《安徽高校服务新一代信息技术产业人才培养行动方案》《安徽省"十四五"职业教育专业设置管理工作方案》，加快专业优化布局及升级改造。创新企业兼职教师评聘机制，首批选聘产业教授 301 名。遴选省级 319 家产教融合型企业，合肥市、科大讯飞分别入选国家首批产教融合试点城市和企业。成立 61 家职教集团，培育建设 9 家全国示范、18 家省级示范性职教集团。遴选 281 家省级校企合作示范企业和示范学校，立项建设 39 个特色产业学院，71 所中职学校开设订单班，149 所学校开展现代学徒制试点。举办 11 届职业教育校企对接活动。以产业园区和行业龙头企业为依托，立项培育建设 12 个省级市域产教联合体、37 个行业产教融合共同体，其中合肥、芜湖 2 个产教联合体获批首批国家级市域产教联合体（全国共28个）。培育建设开放型区域产教融合实践中心40个、校企合作典型生产实践项目50个。校企合作不断深化，合作企业2900家，开展"订单培养"7.1万人，校企联合开展生产技术攻关1211项，职业院校为企业培训职工32.4万人次。省教育厅等十二部门印发《关于支持和规范发展混合所有制职业院校的指导意见（试行）》，力求破除制约产教融合和校企合作实质性推进的障碍，进一步激发办学活力。省教育厅联合省经信厅等单位依托"羚羊"工业互联网平台上线"羚羊科产"板块，搭建全省统一的产学研综合性网络平台，为制造业领域的科技创新成果供需双方提供全方位的对接服务。

五、示范建设更加有效

坚持"两手抓"，一手抓条件达标。将中职办学条件不达标整改作为中央和省委巡视反馈问题整改政治任务，强化分类施策，按照"四个一批"（扩建一批、整合一批、转办一批、关停一批）的达标路径，由省委高位推进办学条件达标工作。建立会议调度、明察暗访、工作通报、专项督查、文件部署、系统周报、督导激励等工作机制，夯实市、县政府的统筹责任。同时，建立达标工作销号制度，实施市级县级验收、省级第三方两轮逐项核查，做到达标一个、销号一个、巩固一个。通过布局调整、加大投入、人才引进等，全省中职学校生均校园面积增长7.51%，生均校舍建筑面积增长17.29%，生均仪器设备值增长50.35%，专任教师新增12.76%，中职办学条件实现全面达标。一手抓示范建设，全面实施中职学校分类达标示范建设和"双优计划"，制定省级升级版中职学校办学标准，在占地面积、校舍建筑面积、生均仪器设备值、专业教师占比、在校生规模等方面都大幅提高了要求。示范建设产生强大的拉动效应，极大地激发地方政府和学校的积极性，学校整体水平显著提升，一批设施设备先进、内涵快速提升、专业匹配产业、类型特色鲜明的中职学校相继涌现。目前已认定三批A类校40所、B

类校 144 所。

六、内涵提升更加显明

扎实推进"三教改革",组织中职三科统编教材使用培训,入选"十四五"首批职业教育国家规划教材 82 种,入选职业教育国家在线精品课程 35 门,首批立项建设省级"十四五"职业教育规划教材 291 种。实施职业教育"六百工程",首批建设江淮职教名师、技能大师、校企合作双链长、在线专业精品课程、课程思政典型案例、教学创新典型案例等 297 个。推进"岗课赛证"融合发展,2023 年,全国职业院校技能大赛赛点从 3 个增加到 5 个,获国赛一、二等奖 120 项,其中,中职组一等奖获奖数较上年增长 160%,创历届新高;获全国职业院校技能大赛教学能力比赛一等奖 7 项,综合排名位列全国第三,获得最佳组织奖,其中,中职组一等奖 5 个,同比增长 150%,稳居全国第一方阵;获职业教育国家级教学成果奖 17 项,其中,中职组获奖成果数量是上届的 3 倍,位居全国第七,与浙江省持平,与湖南省并列中部第一;1+X 证书制度提质扩面,累计 47 万人次参与 272 种证书考核,呈现出院校覆盖面广、报考人数规模大、考核证书种类全等发展态势。深化教育教学改革,遴选专业教学资源库 51 个,示范性虚拟仿真实训基地 70 个,信息化标杆学校 55 所,一流核心课程 60 个,优质教材 60 本,具有较高国际化水平的职业学校 12 所,具有国际影响力的职业教育标准、资源、装备 22 个。25 所学校获批国家职业院校数字校园建设试点校。

七、服务能力更加强劲

服务区域经济发展更加有力。2021—2023 年,直接就业的毕业生(不含升学、入伍等)中,78.5% 的高职专科毕业生、72.3% 的中职毕业生留在省内就业,为安徽省经济社会高质量发展提供了技能人才支撑。服务重点领域指向更明。出台《安徽职业教育服务十大新兴产业高质量发展实施方案》,构建"一产一链、一地一群、一企一校"的职业教育与十大新兴产业融合发展生态。2023 年，全省职业学校服务十大新兴产业相关专业在校生已达 57 万人，年均输送相关专业技术技能人才逾 20 万人；职业院校面向包括养老服务、家政服务在内的各类民生领域群体开展职业技能培训超 90 万人次。立项建设 21 个汽车类现代产业学院，服务新能源汽车产业专业点 2267 个，占比 38.1%。服务乡村振兴成效显著。中、高职设置涉农专业点 452 个，支持职业院校积极配合相关部门面向新型职业农民、农民工、退役军人、社区居民等各类城乡新增劳动力，开展各类职业技能培训，推进提升职业能力，2023年培养培训涉农技能人才逾 20 万人次。

第三节　加大复合型技术技能人才培养力度

在全球产业链重构和数字经济崛起的背景下，技术的发展，特别是信息技术的发展对现代产业工人提出了新的、更高的要求。现代化企业的产业工人需要全面了解智能化生产，对复杂生产流程进行整体把握，完成综合性的工作任务。为了培养大量高素质复合型技术技能人才，《意见》提出了技能中国行动、职业教育现场工程师专项培养计划和青年技能人才锻造行动等措施，推进工学一体化技能人才培养，努力建立健全产业工人终身职业技能培训制度。

一、加大复合型技术技能人才培养的意义

（一）加大复合型技术技能人才培养是提高产业工人素质的需要

复合型人才不仅需要掌握技术技能，还需要有创新精神、管理经验和合作精神等。产业工人队伍建设改革的目标之一是"产业工人综合素质明显提升，大国工匠、高技能人才不断涌现，知识型技能型创新型

产业工人队伍不断壮大"。复合型技术技能人才的培养从技术技能掌握、管理经验积累、组织合作能力提升等多方面入手，结合以创新能力、质量、实效为导向的技能人才评价体系，符合产业工人综合素质提升的需要。

（二）加大复合型技术技能人才培养是适应市场需求的需要

伴随数字经济和人工智能的迅猛发展，以及传统产业智能化改造、数字化转型逐步推进，越来越多的企业对高技能、复合型人才的需求增加。深圳市公共就业服务中心定点监测数据、问卷调查和企业走访调研显示，2025 年第一季度，深圳企业用工稳中有升，其中一线工人、技能人才、高端技术人才、跨学科复合型人才需求增长明显。从产业类型来看，半导体与集成电路、软件与信息服务、"文化+科技"、智能制造、新能源、新材料等深圳重点发展产业领域用工需求旺盛。这是对复合型技术技能人才需求的市场缩影。

（三）加大复合型技术技能人才培养倒逼职业教育高质量发展

更好地服务建设现代化经济体系和实现更高质量更充分就业需要，是新时代赋予职业教育的新使命。随着新一轮科技革命、产业转型升级的不断加快，职业教育在人才培养的适应性、吻合度、前瞻性上还存在一定差距。加大复合型技术技能人才培养，倒逼学校加快人才供给侧结构性改革，有利于增强人才培养与产业需求的吻合度，促进职业教育高质量发展。

二、加大复合型技术技能人才培养的措施

（一）健全产业工人终身职业技能培训制度

职业技能培训是全面提升产业工人就业创业能力、缓解技能人才短缺的结构性矛盾、提高就业质量的根本举措。健全产业工人终身培训的理念，使产业工人从劳动预备开始，到实现就业创业并贯穿职业生涯全

过程，都有机会接受企业和政府提供的职业技能培训，对提高产业工人的技术技能水平、培养复合型技术技能人才有重要的意义。

1. 完善终身职业技能培训体系。完善终身职业技能培训政策和组织实施体系，加大政策执行力度，完善以政府补贴培训、企业自主培训、市场化培训为主要供给，以公共实训机构、职业院校（含技工院校，下同）、职业培训机构和行业企业为主要载体，以就业技能培训、岗位技能提升培训和创业创新培训为主要形式，构建资源充足、布局合理、结构优化、载体多元、方式科学的培训组织实施体系；做好公共财政保障，多渠道筹集经费，建立政府、企业、社会多元投入机制；围绕传统制造业、农民工等重点群体，广泛开展就业技能培训；充分发挥企业主体作用，全面加强企业职工岗位技能提升培训；适应产业转型升级需要，着力加强复合型人才培训；强化工匠精神和职业素质培育。

2. 深化职业技能培训体制机制改革。健全职业技能培训市场化社会化发展机制，加大政府、企业、社会等各类培训资源优化整合力度，提高培训供给能力；建立技能人才多元评价机制，建立与国家职业资格制度相衔接、与终身职业技能培训制度相适应的职业技能等级制度；建立职业技能培训质量评估监管机制，对培训机构、培训过程进行全方位监管；建立技能提升多渠道激励机制，支持产业工人凭技能提升待遇，建立健全技能人才培养、评价、使用、待遇相统一的激励机制。

3. 提升职业技能培训基础能力。加强职业技能培训服务能力建设，创新培训内容和方式；加强职业技能培训教学资源建设，加快职业标准开发工作；加强职业技能培训基础平台建设，逐步形成覆盖全国的技能实训和创业实训网络。支持高技能领军人才更多参与国家科研项目。发挥高技能领军人才在带徒传技、技能推广等方面的重要作用。

（二）大力实施技能中国行动、职业教育现场工程师专项培养计划、青年技能人才锻造行动，全面推进工学一体化技能人才培养模式

1. 实施技能中国行动。以坚持"党管人才、服务发展、改革创新、需求导向"为原则，围绕"完善'技能中国'政策制度体系""技能提升""技能强企""技能激励""技能合作"五大行动，突出需求导向目标，培养更多高素质产业工人，培养更多技能人才和大国工匠，持续推动技能中国行动。

2. 实施职业教育现场工程师专项培养计划。面向重点领域数字化、智能化职业场景下人才紧缺技术岗位，遴选发布生产企业岗位需求，对接匹配职业教育资源，以中国特色学徒制为主要培养形式，在实践中探索形成现场工程师培养标准，建设一批现场工程师学院，培养一大批具备工匠精神，精操作、懂工艺、会管理、善协作、能创新的现场工程师。重点关注校企联合实施学徒培养、推进招生考试评价改革、打造双师结构教学团队、助力提升员工数字技能等任务，进一步优化人才供给结构，加快培养更多适应新技术、新业态、新模式的高素质技术技能人才、能工巧匠、大国工匠。

3. 实施青年技能人才锻造行动。着眼为党育人、为国育才使命，以培养创新型、应用型、技能型人才为目标，延伸服务培养链条、健全技能竞赛体系、打造创新创效项目、完善典型宣讲机制，以青年职业素养提升、青年职业技能竞赛、青年技能人才典型示范为主要抓手，努力锻造一批政治合格、能力突出的青年高技能人才、能工巧匠、大国工匠，为建设制造强国、质量强国、技能中国贡献青春力量。

案例

中铁国资发挥央企办学主体作用　构建技能人才培养新模式

2025 年 02 月 10 日　来源：技能中国

中国铁路工程集团有限公司（以下简称中国中铁）作为国家基础

设施建设领域的主力军，发挥特大型央企的办学主体作用，积极参与构建以行业企业为主体、技工院校为基础、政府推动与社会支持相结合的技能人才培养体系，打造了新型技能人才培养模式。

2019 年，中国中铁将包括 5 所技工院校、1 所干部培训中心在内的职教培训机构交由全资子公司中铁国资资产管理有限公司（以下简称中铁国资）集中统一管理，后者成为唯一以职教培训为主业的央企二级子公司。2021 年 7 月，中国中铁获批国家首批产教融合型企业试点建设单位。2022 年 4 月，中国中铁组建涵盖所有二级企业及所属院校的中国中铁产教融合联盟，首次制订了职业教育五年规划，开创了中央企业组建产教融合集团的先河，提出了将所属院校打造成为"一基地三平台"即项目关键管控与关键作业人员培养输出基地、项目关键管控及关键作业人员的技术技能提升培训平台、专业技术人员知识更新的继续教育培训平台、分包队伍关键管控人员的规范作业培训平台的顶层设计。

强思政

中铁国资及所属技工院校坚持党建引领创特色，推进党建工作与业务工作深度融合，健全党委领导下的校长负责制，持续深化"一党委一品牌、一支部一特色"的党建品牌创建活动，成功孕育了中铁国资"先锋·新资态"、中铁干部管理培训中心"育智·宏图"、兰州铁路技师学院"兰·立方"等一系列具有影响力的党建品牌，创建了具有中铁特色的现代技工院校制度。

中铁国资及所属技工院校结合企业特色文化，开辟思政教育新路径，将劳模精神、劳动精神、工匠精神融入教育教学，推动思政课建设内涵式发展，编印了《传承和弘扬中国中铁"开路先锋"文化读本》，广泛开展"劳模工匠进校园"活动，开创了汇集时代特征、中铁精神与地方特色的思政课建设新路径。

中铁国资及所属技工院校健全教师选拔培养制度，着力培养高素质

"四有"好老师，建立集体备课、示范课堂、教学竞赛、科学研究"四位一体"思政课教师日常培育机制，形成了"老中青传帮带、赛训课三融合、齐备课手拉手、教学研赶上游"的良好局面。

优布局

中共中央办公厅、国务院办公厅印发的《关于加强新时代高技能人才队伍建设的意见》提出："发挥职业学校培养高技能人才的基础性作用。优化职业教育类型、院校布局和专业设置。"中国中铁产教融合联盟设立的院校发展与专业建设专业委员会，指导所属技工院校不断优化专业布局。

铁路工程建设是一个关系国家安全、国计民生的公共服务行业，是交通强国战略的重要内容。技工院校的专业设置与中国中铁主业发展密切相关，中铁国资旗下各院校设有高速铁路、铁道工程、城市轨道交通、道桥与桥梁工程技术、铁路四电、盾构技术等80多个专业，其中入选人社部工学一体化改革试点专业15个，专注于培养"两铁一路"运营、施工、勘察设计、维护和管理等多个领域内的技术技能人才。

近年来，随着传统产业转型升级提速，中铁国资旗下各院校聚焦建筑业工业化、数字化、绿色化、智能化技术升级，重点围绕节能低碳技术、绿色施工等中国中铁"第二曲线"新兴业务，对院校的专业设置进行了优化与调整。构建了项目"四类人员"培训课程体系，服务国家重大战略工程，2023年选派优秀教师送教上高原铁路，其中贵州铁路技师学院提供了凿岩台车操作工等急需紧缺技能人才培训服务。战略性新兴产业成为优化布局的又一关键领域。中铁国资紧跟无人驾驶、人工智能、低空经济等产业的发展步伐，致力于数智融合关键技术的创新服务，持续健全相关专业的人才培养体系。郑州铁路技师学院加入新能源智能网联客车行业等产教融合共同体，2024年11月分别与上汽集团、宇通集团签订校企合作框架协议，加大新能源汽车领域技能人才培养的布局力度，与航天时代飞鹏集团共建无人机专业人才培养培训基地。兰州铁路技师学院加入了全国人工智能行业等产教融合共同体。

稳就业

加快建设现代职业教育体系，健全终身职业技能培训制度，中国铁路工程集团有限公司从破解"有活没人干"入手，解决"有人没活干"的问题，对于着力破解结构性就业矛盾、推动高质量充分就业具有深远的意义。

中铁国资及其下辖的技工院校始终秉持就业优先战略，深入实施"一把手"工程，精心构建"稳就业"的良好生态，不断创新"精准化"服务模式。中国中铁产教融合联盟设立的职业培训与就业创业专业委员会负责统筹相关工作。2024年末，其技工院校在校生规模达2.5万人，招生人数持续增长，年度招生规模达1.2万人，毕业去向落实率97%以上，专业对口就业率保持在90%以上，显示出技工教育的强劲发展势头和对社会需求的积极响应。

在"稳就业"工作中，中铁国资重视发挥产教融合的优势。该公司积极借助校企合作的力量，推动就业工作，技工院校组建了2个产业学院，并通过合作办学、订单班、学徒制等多种模式，使校企合作培养比例高达67%，合作企业接纳学生实习的比例也达到了86%。同时，其所属职业（技工）院校强化前置就业指导，将就业创业课程与职业规划教育深度融合于人才培养方案之中，并积极推进中国中铁"开路先锋"文化走进校园，与思政课程紧密结合，从而进一步完善学生就业的全景式指导体系，支持毕业生多渠道、新业态就业。

除了促进在校生就业，中铁国资更是以农民工群体为工作重心，不断探索和拓宽培训模式，以期进一步提升服务就业的综合能力。

2024年，该公司技工院校承办国家铁路局新时代铁路建设产业工人安全技能培训系列示范班，目前培训总规模已有2000多人次。落实国家"新八级工"制度，深入实施职业技能等级认定提质扩面行动，拓宽技能等级评价工种范围，广泛开展产业工人岗前培训、技能研修、继续教育等活动，有力服务人人持证上岗，促进技能人才知识更新与企业技术创新、工艺改造、产业优化升级等要求相适应。

以贵州为例，在贵州省人社厅的政策和资金支持下，中铁国资所属贵州铁路技师学院在前期调研的基础上，确定以铁路工程建设中混凝土工和钢筋工两个关键工种为授课内容，从农民工中招收有就业意愿和符合条件的学员参加培训，在为期一个月的培训结束之后，这些学员取得相应的职业资格证书和国家铁路局颁发的安全培训结业证明，并直接奔赴黄百铁路的工作岗位。

第四节　落实企业培养产业工人的责任

企业是产业工人发挥作用的主要平台，也是产业工人队伍建设的主体，是产业工人队伍建设改革工作的具体执行者、落实者。深化产业工人队伍建设改革，必须充分调动企业的积极性和主动性，同时，企业更是产业工人队伍建设改革的直接受益者，拥有一支稳定、良性发展的产业工人队伍，将为企业发展提供充足可靠的人力资源保障，也可为企业树立良好的社会形象，增强综合竞争力。2025 年 1 月，人力资源社会保障部等 8 部门联合印发《关于推动技能强企工作的指导意见》，进一步发挥各类企业技能人才培养主体作用。

一、企业在培养产业工人方面有天然优势

（一）企业培训最贴近实际生产需求

一是培训内容和岗位需求精准匹配。企业能根据自身生产流程、技术要求和岗位缺口，设计有针对性的培训内容，确保员工技能与岗位需求无缝对接。二是企业培训可以快速响应技术变革需求。企业在实际生

产中对行业技术趋势最为敏感，可迅速捕捉先进技术并及时调整培训内容，帮助产业工人掌握最新技术，培养出能满足自身技术创新突破和行业转型升级需要的产业工人，这直接关系到企业的生产效率、产品质量和核心竞争力。

（二）企业培训拥有资源与设施优势

企业一般都有专项培训预算，有政府培训补贴，可以保障培训的资金投入。在实践平台上，企业拥有生产线、实验室、模拟操作设备等资源，员工可在真实或仿真环境中进行实操训练，提高培训质量。在培训资源上，企业有自己的培训计划、培训课程、培训团队等，还可以与职业院校、技工学校等合作，通过"走出去，请进来"等方式，联合培养产业工人。或者与上下游企业开展行业通用技能培训，提升产业工人多岗位适应能力。

（三）企业培训模式多样

除了有系统化、专业化的培训，企业还可以开展其他多种多样的培训。如"师带徒"培养模式，由经验丰富的技术骨干发挥"传帮带"作用，加快新生代产业工人成长；"劳模工匠人才创新工作室"模式的培养，由劳模工匠等先进技术人物领衔，带领工作室成员提升技能；还可以通过轮岗、项目实践等方式实现在岗培训，边干边学，促进理论与实践相融合。

（四）企业培训有自己的系统评估，可以及时反馈培训结果

通过理论考核、实际操作、劳动竞赛等多种方式，企业可以及时了解培训效果，并对培训内容进行调整，促进培训效果契合技术发展新要求、契合企业发展新要求。

二、落实企业培养产业工人责任的主要措施

企业在培养产业工人方面有天然优势，但是目前企业在产业工人培

养方面的作用表现不是十分明显。一是很多企业对自己的责任认识不清。一说到培养产业工人，大家更关注政府部门的顶层设计，对企业作用发挥强调不够。二是大型骨干企业承担社会培训责任动力不足。目前高技能人才的培养经费纳入政府人才工作经费，但是对于产业工人队伍整体培训，特别是依托大型骨干企业建立现代化产业人才培训基地，或者承担了职业教育部分职责的企业培训，政府支持力度还不够。三是部分企业存在"培养人但是留不住人"的顾虑。因此，要从完善培养体系、发挥大型企业带动作用、保障培训经费等方面落实企业培养产业工人的责任。

（一）构建以企业为主体、职业学校为基础，政府推动、社会支持、工会参与的技能人才培养体系

1. 激发企业内生动力，把技能人才培养作为加强企业人才队伍建设、提高核心竞争力的重要措施。积极培育产教融合型企业，引导企业完善技能人才培养的体制机制。大力推行中国特色企业新型学徒制，通过名师带徒、技能研修、岗位练兵、技能竞赛、技术交流等形式，多渠道培训培养技能人才。

2. 大力发展技工教育，引导技工院校坚守定位，保持特色，加大高级技工培养比重，提高技能人才培养的专业化水平，实现高质量特色发展。同时，鼓励各类职业院校适应国家需求，把主要精力和资源用于高技能人才培养。创新培养模式，大力推行工学一体化人才培养，推行"产教评"相结合，在深度产教融合的基础上，实现技能人才的有效供给。

3. 充分发挥政府、社会、工会在产业工人培养中的作用。政府相关部门要继续完善政策法规，加大政策执行力度，通过财政拨款、税收优惠等措施调动企业、社会培养产业工人的积极性；充分发挥社会组织、公益组织等在培养技术工人方面的作用；工会要充分运用自身资源和借助社会力量，加大对技能人才的培养和培训。

（二）鼓励大型企业制定技能人才发展战略，健全产业工人培训制度，积极开展公共职业技能培训

1. 制定技能人才发展战略。技能人才是企业发展的核心竞争力，面对职业教育与实践存在脱节、"想招的人招不到，招到的人用不上"等问题，企业必须依靠自身培养人才。要根据企业发展需要、技能人才培养规律等情况，从培养、评价、使用、激励等各方面制定科学完善的技能人才发展战略，并作为企业发展头等要事来抓。

2. 健全产业工人培训制度，根据产业发展趋势、市场需求、工人成长需要，主导制订有针对性的培训计划，开展导师带徒、劳动和技能竞赛、系统化培训等各类活动，在干中学，学中干，推动产业工人培养体系规范化。

3. 积极开展公共职业技能培训。大型企业要充分发挥产业链"链主"作用，积极开展公共职业技能培训，打造更多技能培训平台，激发职工创新创造活力。

（三）企业按规定足额提取和使用职工教育经费，确保60%以上用于一线职工教育和培训

鼓励企业充分认识职工教育培训的重要性，明确职工教育培训内容和要求，因地制宜开展培训，建设职业技能培训基地，形成以市场化培训为主导、行业企业自主培训为主体的职业技能培训供给体系。与此同时，企业可以积极与职业院校、培训机构合作，以订单式培养、工学交替等模式，达成知识与技能的有效衔接。按规定足额提取和使用职工教育经费，保证60%以上的经费用于一线职工教育培训，允许用于企业建立职业学校（含技工院校），切实为企业发展培养人才，注入强劲动力。

（四）发挥工会系统、行业协会、社会培训机构作用，帮助中小企业开展技能培训

工会要充分发挥自身优势，搭建沟通交流、技能竞赛和权益保障平

台。行业协会要凭借自身对行业趋势的精准把握，为企业和产业工人提供专业指导并组织专项培训活动。社会培训机构要利用多样化培训方式和丰富资源，与企业、工会等密切配合，为产业工人提供多元化的学习途径与服务。

案例

让产业工人"有位子、有面子、有票子"

2025 年 02 月 12 日　来源：中工网—工人日报

钣金工人崔强杏最近在公司里又"火"了一把：在第 20 届"振兴杯"安徽省青年职业技能大赛上，以崔强杏为主创人员的安徽天康集团参赛项目荣获研发创新类银奖。

在崔强杏看来，自己的快速成长得益于企业重视人才培养的浓厚氛围，尤其是从 2018 年开始实施的"百人培育计划"。

安徽天康集团位于滁州市天长市，有职工 6000 多名。"百人培育计划"就是在集团内选拔 100 名左右有学历、有担当、有思路、有作为、有工龄的年轻一线职工，通过 2—3 年的锻炼和培养，使其具备进入集团重要岗位或参与重大研发项目的能力，从而为集团的持续发展增添活力。

"百人培育计划"实施方案主要包括人才的选拔、培养、考核和进出 4 个方面。在人才选拔上采取个人自荐、部门推荐、集团人事部门参与、集团分管领导审核的原则，在公示后正式确认进入"百人培育计划"。

崔强杏 2013 年入职安徽天康集团，逐步成长为车间骨干。崔强杏通过个人报名和部门推荐于 2019 年入选集团第二批"百人培育计划"。进入"百人培育计划"以后，他被任命为车间见习副主任，承担车间智能化工艺技改任务。这期间，他多次被派往与集团有合作关系的企业、大专院校和科研院所学习进修，并通过成人高考取得机械设计制造及自动化专业本科学历。他还连年被授予集团"先进科技工作者"称号。2022年，崔强杏通过集团"百人培育计划"考核，被任命为集团电气制造部钣金车间主任。

据悉，对于列入"百人培育计划"的职工，集团实行人力资源部和所在部门双重管理模式，建立专门的考核档案，并从"给担子、给位子、给面子、给票子、给本子"5个方面进行培养。

"所在部门要给入选'百人培育计划'人员设定明确的任务、课题和目标，指定他们独立完成或者牵头完成，所在部门要专门为入选人员设置副主任（科长）、见习副主任（副科长）岗位，这就是'给担子'和'给位子'。"凡是集团对外申报项目和推荐各类奖项荣誉时，要给"百人培育计划"人员留空间、留名额，让他们走向台前，这是"给面子"。

该集团还设立董事长人才基金。"百人培育计划"人员项目实施完成并取得显著成效的，可以申请董事长人才基金。"百人培育计划"人员每人每月还可获得200元津贴，这是"给票子"。"百人培育计划"人员所在部门每年应安排他们不少于两次，累计不少于1周的外出学习机会，集团人力资源部每年为他们组织不少于两次的集团思想政治培训班或者知名专家学者讲座，这是"给本子"。

列入"百人培育计划"的人员既可进也可出。每年考核结束后，对于不能胜任、不能完成相关任务的给予劝退，并按程序增补新人。对于已经提拔到集团副部级领导岗位或者享受高级职称的人员，将自动离开"百人培育计划"名单，另作考核。

此外，安徽天康集团要求"百人培育计划"人员积极为集团发展建言献策，每年在创新创研新产品、新工艺及节能降耗等方面提出不少于5条的合理化建议或者方案。

"百人培育计划"的实施，让一批有能力的职工走上集团重要岗位。同时集团还实施"强兵计划"和"学优计划"，通过组织职工技能培训和参与各类技能比赛，造就多层次的人才梯队。截至目前，集团获得各类职称人员 700 余人，其中高级职称 10 人、中级职称 215 人，2000 余人取得各类职业技能证书。（工人日报—中工网记者：陈华　通讯员：吴意坚）

第五节　促进产业工人知识更新和学历提升

当前，随着以数字化、智能化和绿色化为主要特征的新型工业化持续推进，许多传统行业都在重塑，产业工人队伍建设正面临新形势新任务。特别是由生成式人工智能技术驱动的新一轮科技革命和产业变革，正推动生产方式向数字化、智能化转型，相应地需要产业工人完成技能置换、重组与创新，以更好适配人工智能时代的生产工作。这就需要产业工人在"技能+知识"方面实现双重提升，从而突破原有经验思维的局限，不断拓宽视野格局，形成更系统的创新思维和创新方法。

一、促进产业工人知识更新和学历提升的主要意义

（一）提升产业工人素质的需要

经过努力，产业工人的素质普遍提高，但是与快速发展的科技革命和产业革命相比，我国的产业技术工人还存在总量上缺口较大，结构上不尽合理、技术技能水平还不够高等问题，促进产业工人知识更新和学历提升，能够有效解决上述问题，提升产业工人综合素质。同时，产业工人通过学历提升可以突破职业天花板，向技术岗位和管理岗位晋升，提高收入与社会地位。

（二）提高企业竞争力的需要

我国目前正经历从传统制造业向高端制造、服务经济、数字经济

等领域的转型。企业要在转型中站稳脚跟，提高竞争力，必须有一支稳定的掌握数字化工具、数据分析等技能的产业工人队伍。通过知识更新和学历提升，产业工人能更高效操作自动化设备、可以优化生产流程，进一步减少资源浪费等，同时，还可以参与技术研发，推动企业创新。

(三) 维护社会稳定的需要

工业机器人、物联网等技术的普及代替了一部分机械性、重复性的岗位，但对技术维护、系统管理等岗位的需求激增。通过知识更新和学历提升，让产业工人学习编程、设备运维等技能，帮助其树立"终身学习"的理念，完善知识更新机制，保障产业工人持续适应变化，避免因技术升级陷入失业困境，同时，缓解就业的结构性矛盾，实现高质量就业。

二、促进产业工人知识更新和学历提升的主要措施

(一) 实施产业工人继续教育项目

1. 鼓励更多高等学校、开放大学开设劳模和工匠人才、高技能人才学历教育班、高级研修班。各类高等学校、开放大学在人才培养方面已形成成熟完善的做法，并结合各自学校的特点，有针对性地开发了自己的特色专业、特色课程等，如国家开放大学依托办学体系，与行业、企业和工会系统等广泛合作，配合启动了"新型产业工人培养和发展助力计划"试点，充分利用现代信息技术助力产业工人开展学历与非学历继续教育学习，切实推动了新时代产业工人学历与技能的提升。要进一步鼓励更多高等学校和开放大学优化招生规则，开设劳模和工匠人才、高技能人才学历教育班、高级研修班。

2. 举办劳模工匠创新培训营。大国工匠和高技能人才是实现高水平科技自立自强、推进高质量发展的有力支撑和保障，为更好发挥劳模

工匠的示范引领作用，增进劳模工匠之间的交流互动，碰撞出更多创新的火花，各级工会要积极谋划，科学安排，举办各类劳模工匠创新培训营。在培训形式上，可与各类高等院校、职业院校、技工学校、企业等合作，以线上线下相结合的方式开展培训；在培训内容上，针对劳模工匠的需求，突出"引领力、实践力、创新力、攻关力、传承力"的要求，开设具有吸引力的课程，设置互动环节，加强劳模工匠之间的交流互动；在培训安排上，突出多样化，理论与实践相结合，提高创新解决问题的综合能力。

3. 持续深化劳模工匠、高技能人才境外培训和国际交流活动。通过境外培训和组织交流，可以创造更多的机会和平台供国内外技能人才进行互动与合作。进一步出台细化制度安排，鼓励各地区出台基于本地区特点和实际的差异性政策，建立健全高技能人才"引进来"和"走出去"培养的双向发展格局。要持续办好示范性产业工人境外培训和国际交流活动，如上合组织国家职工技能大赛、"鲁班学艺——中国工匠人才出国培训团"等，打造产业工人技能人才国际交流品牌。要健全与港澳台高技能人才交流合作机制。在办好海峡职工论坛、港澳台工会青年研讨营等传统品牌活动的基础上，创新推出海峡两岸百工百业交流活动、港澳与内地职工技术技能"互学互鉴"研讨营等新品牌，有力增进同港澳台技能人才的交流合作。

（二）发挥国家各类职业教育智慧教育平台作用

国家智慧教育公共服务平台（以下简称国家平台）自 2022 年上线以来，广泛汇聚优质数字教育资源，形成了横向拓展、纵向延伸的数字教育资源供给体系，为打造人人皆学、处处能学、时时可学的学习型社会提供了资源保障，创设了支撑平台，营造了学习空间。促进产业工人知识更新和学历提升，要充分发挥国家各类职业教育智慧教育平台的作用。

1. 持续丰富平台产业工人相关的教学资源。进一步挖掘接入国家级专业教学资源库、国家级职业教育示范性虚拟仿真实训基地、国家精品在线开放课程、课程思政示范课程、优秀教材配套数字课程、教学能力大赛优质课程等数字化资源，动态更新平台资源库存；进一步遴选一批职业院校校级精品课程、虚拟仿真实训、行业企业优质培训课程等项目。调动各地积极性，调动行业企业和职业院校积极性，探索引入市场化资源开发机制，发挥各自优势，做大做优平台数字化资源库，满足产业工人技术技能提升需要。

2. 不断增强平台的应用功能。平台要从品牌推广和资源推送两个方面同时发力，致力于提高数字化资源的可及性，让产业工人能在最短的时间内获得最合适的资源。要根据产业工人的特点，持续优化平台数字化资源的学习效果和体验。让产业工人实现"一号通办、一键直达"，登录账号后即可访问平台全部数字化资源，无须重复登录。优化平台功能设置，提高平台可操作性，让平台给人以美观、舒适、大方的感觉，切实增强平台的友好度，更好地促进人机交互，提高产业工人的学习效率。

3. 注重产业工人的反馈。及时跟踪并标明与产业工人行为目标一致、有助于导向成功的积极信号，并参考游戏设计及时反馈的思路，及时给学习者正能量的反馈，引导学习者沉浸于专注的状态，在点点滴滴的进步中，累积成就感并逐步作出正确的改变。同时对产业工人学习行为的消极信号进行检测、诊断与评价，及时反馈，让产业工人能准确地采取正确的策略，及时地校正偏离的航线。重点要指导产业工人利用平台，发现并纠正自我知识结构和技术技能掌握当中的错误和不足，补足产业工人知识和技能结构的短板、弱项，实现个体知识和技能结构的持续完善和提高。

（三）打造全国产业工人智能化技能学习平台

智能化技能学习平台是指利用人工智能技术，提供个性化、高效的学习体验的平台。这些平台通过智能推荐算法、语音识别、情感分析等技术，帮助用户定制专属课程、提升学习效率，并提供详细的评估报告和个性化反馈。打造全国产业工人智能化技能学习平台，可以为产业工人提供便捷、高效的技能培训服务。

1. 整合资源，丰富平台功能。目前，国家发展改革委、人力资源社会保障部、工业和信息化部、全国总工会等相关部门都有智能化技能学习平台，要积极开展宣传动员，提升智能化技能学习平台的社会影响力和政策知晓度。要进一步整合资源，扩大免费开放线上职业技能培训范围，对产业工人实行重点课程免费开放。要丰富平台功能，在平台上增加思想引领、技能培训、创新创造等模块，为产业工人全方位提升提供保障。

2. 提高质量，完善平台应用。要提升智能化技能学习平台资源质量，针对线上职业技能培训优化用户界面、完善课程内容、增强师资力量。完善线上职业技能培训配套服务。做好风采展示、资费优惠、就业需求信息对接、培训后评估等配套工作。

3. 加大对智能化技能学习平台扶持力度。各地区、各部门要切实强化组织领导，明确相关部门职责，保障培训参与度和培训效果。加强线上线下融合，支持参加线上职业技能培训的劳动者优先在公共实训基地参加技能实训，鼓励平台间共享培训资源。

（四）充分发挥工人文化宫等社会公益阵地作用，向农民工、新就业形态劳动者提供普惠制、普及性技能培训服务

1. 创新"两性两化"运作方式，充分发挥工人文化宫等工会服务职工阵地技能培训的作用。工人文化宫等职工服务阵地是工会管理、使用的各级各类直接为职工服务的场所，是工会发挥党联系职工群众的桥梁和纽带作用的重要载体，是工会履行维权服务基本职责的物质保障。"两性两化"，是指坚持公益性服务性方向，推进职工服务阵地社会化市场化运作。各地要结合实际，继续探索创新职工服务阵地运营管理方式，更好服务职工群众。尤其是在产业工人技能培训方面，要积极引入

社会化资源，借助专业力量，为产业工人提供多样化培训。

2. 向农民工、新就业形态劳动者提供普惠制、普及性技能培训服务。农民工是产业工人队伍的重要组成部分，是促进人口高质量发展和实现共同富裕的重点群体。新就业形态劳动者也是我国劳动者群体的重要组成部分。要面向广大农民工群体、新就业形态劳动者群体开展大规模、广覆盖、多形式的职业技能培训。以就业技能培训、在岗农民工、新就业形态劳动者职业技能培训、创业培训和新职业培训为重点，努力提升农民工、新就业形态劳动者的职业技能、就业创业和融入城市的能力和水平，推动其稳定就业、高质量就业。

3. 推进工匠学院体系建设。工匠学院是由工会组织建设的促进产教融合、校企合作的平台，通过资源共享、平台共建、人才共育的合作模式，整合劳模工匠创新工作室、公共实训基地、职业院校师资、企业培训中心等功能，贴近产业、企业需求，突出实操实训。建设好工匠学院是工会组织推动产业工人"知识+学历"双提升的重要抓手和关键一环。要围绕发展新质生产力的新要求，紧跟产业深度转型升级新变化，立足优势学科、特色专业，设置优化教学内容，突出数字化、网络化、智能化，持续扩大培训规模，发挥品牌带动效应。要继续发挥好优势专业带动作用，聘请在全国、省级职工职业技能大赛中的获奖选手、指导老师作为兼职授课老师。要积极争取获得职业技能等级评价机构资格，让产业工人带着"技能等级证书"毕业。

📖 案例

"求学圆梦行动"助推产业工人"学历+技能"双提升

2023 年 06 月 20 日　来源：中工网

在由泉州市总工会、泉州开放大学联合开展的"求学圆梦行动"中，万龙金刚石工具有限公司的苏锦树取得机械设计制造及自动化本科毕业证，由车间设备管理员，成长为车间副主任、项目经理，获评福建省首批"最美求学圆梦人"和泉州工匠等荣誉，成为复合型技术人才。

截至 2023 年 6 月，已有数千名产业工人像苏锦树一样，通过泉州市总工会在"求学圆梦行动"中联合职业院校搭建的"学历+技能"提升平台，实现职业生涯"多级跳"。

泉州是民营经济大市、用工大市，吸引了来自全国各地的 200 多万产业工人来泉工作、生活。长期以来，许多产业工人因工作忙、时间紧，接受继续教育的机会少。针对这一情况，泉州市总工会充分发挥"大学校"作用，联合职业院校实施农民工"求学圆梦行动"。截至目前，在泉州工会"求学圆梦行动"中，受益职工 8823 人，申请获得专项补助经费 2642.5 万元。

泉州市总工会与泉州开放大学等职业院校探索职工技能与学历提升培养新模式。在专业设置方面，根据企业实际需求和职工岗位技能、职业发展需要，设置电子信息工程技术、机电一体化、电气自动化、机械设计制造及其自动化等本、专科专业。

线上线下教学相结合，以工代学、送教入企，形成"校企双主体、工学一体化"模式。学员可以下班学、在家学，除了可学习国家开放大学建设的学习资源外，还可共享全国 45 个分部、3735 个学习中心的学习资源，本、专科 137 个专业 2000 余门等线上课程资源，以及泉州开放大学自建的微课视频。

以苏锦树为例，学习期间，他带领团队升级自动化生产线，原本需要四五个部门配合完成的研发、工艺、生产，现在只需 1 人就可完成，他和团队成员的能级工资也增长了 20%—30%。目前，该公司已有 13 名职工参加"求学圆梦行动"。

泉州市总工会"求学圆梦行动"不断向新就业形态劳动者群体延伸。3 年前，原本是中专学历的朱邦富，报名"求学圆梦行动"，从大专的建筑工程技术，到本科的金融专业，朱邦富正一步步靠近自己的人生理想。

在"求学圆梦行动"中，对农村户口、在福建省内缴纳社保满6个月的职工学员，由省总工会给予每人3000元的学费补助；对未享受省总工会学费补助的民营企业职工学员，由泉州市总工会给予每人1000元的学费补助；对获得市级（含）以上劳动模范（含五一劳动奖章）、工匠荣誉称号的职工，由泉州市总工会给予每人3000元的学费补助。

下一步，泉州市总工会将以实施《全国职工素质建设工程五年规划》为牵引，落实落细"涌泉"行动，聚焦提高职工队伍整体素质，持续深化"求学圆梦行动"，帮助更多职工实现学历与能力双提升，以数字化为工会职工教育工作赋能。（李亮　田娟）

第五章

健全产业工人职业发展通道和机制

职业发展，是全体劳动者根本利益之所在，也是产业工人根本利益之所在，是产业工人的专业化成长历程，也是激励产业工人发展的内生动力。畅通产业工人职业发展通道，既包括向上发展通道，也包括横向发展机制，向上发展旨在突破发展瓶颈，是打破职业发展"天花板"的必然要求，横向发展旨在突破流动限制，是拓宽发展路径的必要手段。产业工人有奔头，投入建设才更有劲头。要使人才的培养、使用、评价、激励工作深度交融，共促产业工人成长成才。

第一节　畅通产业工人向上发展通道

2022年4月，人力资源社会保障部制定出台《关于健全完善新时代技能人才职业技能等级制度的意见（试行）》，将原有的"五级"技能等级延伸为"八级"，向上增设特级技师、首席技师，向下增设学徒工，形成由学徒工、初级工、中级工、高级工、技师、高级技师、特级技师、首席技师构成的"新八级工"职业技能等级序列。同年，中共中央办公厅、国务院办公厅印发的《关于加强新时代高技能人才队伍建设的意见》再次强调，建立健全技能人才职业技能等级制度，构建由学徒工、初级工、中级工、高级工、技师、高级技师、特级技师、首席技师构成的"八级工"职业技能等级（岗位）序列。这为畅通产业工人向上发展通道提供了制度保障。在实际工作中，还要加大制度的执行力，确保产业工人向上发展通道畅通。

一、畅通产业工人向上发展通道的主要路径

（一）建立以创新能力、质量、实效、贡献为导向，注重劳模精神、劳动精神、工匠精神培育和职业道德养成的技能人才评价体系

人才评价是人才发展的指挥棒，科学完善的人才评价体系对于人才的选拔、培养、使用、保障具有重要导向作用。建立以创新能力、质量、实效、贡献为导向，注重劳模精神、劳动精神、工匠精神培育和职业道德养成的技能人才评价体系，能够全面准确反映成果创新水平、转化应用绩效和对经济社会发展的实际贡献，充分体现创新驱动发展战略的要求，体现发展新质生产力、推动高质量发展的要求。同时，有利于弘扬劳模精神、劳动精神、工匠精神，在全社会形成尊重劳动、尊重劳动者的普遍共识，更好地把我国制度优势转化为人才优势、科技竞争优势。

当前我国技能人才评价体系还不够完善，主要体现在三个方面：一是新的评价标准还没完全立起来。现有的人才分类标准认可度不够高，对人才创新能力、质量、实效、贡献的评价缺乏可量化、成体系、立得住、有说服力的指标支撑。二是旧的评价惯性依然存在。"重学历轻技能"的现象仍然存在。在人才计划评审中，论文、专利、项目、奖项以及已获得的人才"帽子"等指标仍然是主要依据。三是"唯帽子"问题治理还需进一步加大力度。不少单位仍然存在把"帽子"大小作为人才招聘引进、定岗定薪直接依据的现象，导致技能人才处于不利地位。解决以上问题，亟待明确"破四唯"后怎么"立"的评价方式和标准，建立科学的技能人才评价体系。

建立以创新能力、质量、实效、贡献为导向，注重劳模精神、劳动精神、工匠精神培育和职业道德养成的技能人才评价体系，必须坚持"破四唯"和"立新标"并举，深化人才评价改革。一要分类构建符合科研活动特点、体现人才成长规律的评价指标和评价方式。发挥评价指挥棒和风向标作用，按照承担国家重大攻关任务、基础研究、应用研究和技术开发、社会公益研究等，分类建立科学合理、各有侧重的人才评价标准。二要聚焦经济社会发展新技术、新业态、新模式，制定新职业、新领域人才评价办法。深化工程教育评价改革，改变"唯论文"倾向，把重大工程设计、新产品或新装置研制等作为工程硕博士毕业和学位授予的重要依据。加快新兴职业领域人才评价标准开发工作。三要持续开展专项整治，防止人才"帽子"满天飞等问题反弹回潮。巩固深化部委和地方人才计划优化整合工作成果，健全人才计划备案管理制度。建立项目评审、人才评价、机构评估自查自纠机制，清理各类考核评价条件、指标中涉及"四唯"以及与人才称号、学术头衔直接挂钩的规定。

（二）把大国工匠、高技能人才纳入党管人才总体安排统筹考虑，支持各地将急需紧缺技能人才纳入人才引进目录

大国工匠、能工巧匠、高技能人才是国家不可或缺、不可替代的重要科技创新力量和战略人才。推动科技创新不仅需要一大批设计师、工程师、高级管理人员，也需要一大批技艺精湛的高技能人才和数以百万计的高素质劳动者。科学家的工作侧重研究，发现科学规律，解决"是什么"的问题；工程师的工作面向应用设计工具/描绘蓝图，侧重设计，解决"干什么"的问题；"大国工匠"等高技能人才的工作侧重制造，加工出应用所需的产品，解决"怎么干"的问题。没有一支高技能、专业化的劳动者大军，科技创新链条就不完善，就无法解决科技创新"最后一公里"的问题，科技创新的价值就难以实现，先进的研发成果和技术装备就难以转化为现实生产力，经济高质量发展和产业转

型升级就很难真正落到实处。

要坚持党对高技能人才队伍建设的全面领导，确保正确政治方向。各级党委和政府要将高技能人才工作纳入本地区经济社会发展、人才队伍建设总体部署和考核范围。在本级人才工作领导小组统筹协调下，建立组织部门牵头抓总、人力资源社会保障部门组织实施、有关部门各司其职、行业企业和社会各方广泛参与的高技能人才工作机制。各地可以结合产业发展需求实际，将急需紧缺技能人才纳入人才引进目录，引导技能人才向欠发达地区、基层一线流动。探索将高技能人才纳入城市直接落户范围，高技能人才的配偶、子女按有关规定享受公共就业、教育、住房等保障服务。各级政府要统筹利用现有资金渠道，按规定支持高技能人才工作。充分利用大数据、云计算等新一代信息技术，加强高技能人才工作信息化建设。各地区各部门要大力宣传高技能人才在经济社会发展中的作用和贡献，进一步营造重视、关心、尊重高技能人才的社会氛围，形成劳动光荣、技能宝贵、创造伟大的时代风尚。

（三）深入实施职业技能等级认定提质扩面行动

职业技能等级认定是指由用人单位和社会评价机构按照有关规定实施职业技能等级认定，使有技能等级晋升需求的人员均有机会得到技能评价的一种方式。企业是用人的主体，需要什么人，企业最清楚，怎么评价、使用，企业也最清楚。为此，人社部以企业为主阵地，积极开展企业等用人单位自主评价。2018年12月探索启动职业技能等级认定试点。2019年，扩大试点范围。2020年11月，人社部印发《关于支持企业大力开展技能人才评价工作的通知》，明确向用人主体放权，按照"谁用人、谁评价、谁发证、谁负责"的原则，支持企业结合生产经营特点和实际需要，自主确定评价职业（工种）范围、自主设置职业技能岗位等级、自主开发制定评价标准规范、自主运用评价方法、自主开展技能人才评价工作，发放职业技能等级证书。同时，人社部稳慎推行职业技能等级第三方认定。2019年，面向社会公开征集、遴选并公布一批全国性社会培训评价组织。2020 年 2 月，发文持续征集遴选全国性社会培训评价组织，同时授权地方开展地方性社会培训评价组织征集遴选工作。

下一步，要持续深入实施职业技能等级认定提质扩面行动，持续推动各级各类企业自主开展技能人才评价；同时遴选发布社会培训评价组织，推行社会化职业技能等级认定，助力产业工人职业技能提升，推动评价服务惠及更多技能劳动者。

（四）健全"新八级工"职业技能等级制度

"新八级工"职业技能等级制度，是中国为技能人才探索建立的制度，由低到高分别为：学徒工、初级工、中级工、高级工、技师、高级技师、特级技师、首席技师。相比原来的老制度，"新八级工"制度增加了学徒工、特级技师、首席技师，呈现一种梯度成长的趋势，后两者的含金量、技能的精度、能力等要求都相应提高；从体系上来讲，这是适应变化的技术环境和工作环境，重构新的技能人才职业技能等级体系。

对于个人来说，"新八级工"制度打破了技能人才职业发展"天花板"。一方面，"五级"变"八级"，技能等级"链条"更长更完善，能够更加客观地反映技能人才的等级水平和职务岗位，为其职业发展打开了更广阔的空间。另一方面，建立与职业技能等级序列相匹配的岗位绩效工资制，这也让技能人才更有获得感、幸福感。畅通道、提待遇，不仅是实打实的"优惠"，更拓展了一种职业选择的多种可能性。对于社会和国家而言，新"八级工"制度带来了一种重视技能人才的导向和风气。

在落实制度方面，一要完善职业标准体系。建立健全由职业标准、评价规范、专项职业能力考核规范等构成的多层次、相互衔接、国际可比的职业标准体系，以满足技能评价的需求。二要实行分类考核评价。用人单位要细化本单位"新八级工"的评价标准，健全聘期管理制度、考核制度、退出机制及薪酬待遇制度。用人单位和社评组织要根据不同类型技能人才的工作特点，实行分类评价。对技术技能型人才，突出实际操作能力和解决关键生产技术难题等要求；对知识技能型人才，突出掌握运用理论知识指导生产实践、创造性开展工作等要求；对复合技能型人才，突出掌握多项技能、从事多工种多岗位复杂工作等要求。三要健全高技能人才激励机制。聘用到特级技师岗位上的人员，比照正高级职称人员享受同等待遇；首席技师薪酬待遇可参照高管确定，从而使技能人才的待遇有一个基准线和参照系。

案例

中铁上海局一公司打通产业工人成长成才、收入待遇通道

2024 年 08 月 02 日　来源：中国中铁职工之声

中铁上海局一公司机械租赁中心是目前中铁上海局产业工人最多、产值规模最大的大型设备管理单位。现有自建混凝土搅拌站、桥梁搬提运架、盾构、无砟轨道施工、轨道板预制、铺焊轨等各类设备 460 台套；职工总数 448 人，其中产业工人 358 人，涵盖工程机械维修、起重工、盾构机操作手、混凝土工、焊工、电工等多个工种；近 3 年来年均产值超 2.8 亿元，是一公司能够打赢急难险重任务、牢牢将"卡脖子"工程掌握在自己人手里的"战略支援部队"。

近年来，中铁上海局一公司紧扣产改工作总要求、总任务、总目标，结合企业改革发展实际，围绕产业工人队伍建设多点发力，持续完善薪酬分配机制，有效畅通产业工人职业发展通道，在推进产业工人队伍建设改革中作了探索和实践。

畅通成长发展通道，增强职业吸引力

围绕需要怎样的产业工人、怎样培养产业工人、如何管理服务好产业工人等"产改之问"，中铁上海局一公司努力把好产业工人队伍入口关、培养关、使用关，持续推进产业工人队伍建设，更好服务于企业高

质量发展、项目高效率运转。

一是把好产业工人队伍入口关。根据施工任务量，主要从两个方面引入产业工人，进一步优化产业工人结构。一方面是社会招聘，通过员工推荐、从劳务队伍中挖掘优秀人才等形式，引进轨道探伤、轨道车驾驶、无砟轨道施工等成熟专业施工人才，切实做到引进来就能立马上手用。另一方面是校园招聘，通过加强与陕西铁路职业技术学院、郑州铁路技师学院等职业院校合作，重点关注能吃苦耐劳、家庭条件相对艰苦的学生，采用订单式培养的方式招聘技能型人才，努力做到校园招聘技能人才既具有可塑性，又能留得住。

二是把好产业工人队伍培养关。为有效提升产业工人技能素质，主要从开展"双导师"带徒、落实周培训制度、强化现场教学等三个方面发力。在开展"双导师"带徒活动中，为产业工人既配备业务技能导师，又配备职业生涯规划导师，让他们能够学有所获、学有方向；在落实周培训制度中，积极开展"人人都是主讲者、人人都要上讲台"活动，鼓励产业工人通过日常所学，积极备课授课，让他们能够分享所学、教学相长；在强化现场教学中，注重到一线授课、到现场教学，定期开展盾构机司机、桥梁运架设备维保等专项培训和技能比武活动，进一步提高培训的针对性和效果。通过产业工人企业培养和自身努力，李春光、段其虎、赵宇恒先后在中铁上海局技能比武中名列前茅，并破格转录为中国中铁正式员工；王盟盟成长为徐州地铁6号线盾构机电总工程师；黄记超被评为中国中铁青年岗位能手；边才如在浙江交通集团"同心杯"技能大赛荣获二等奖。

三是把好产业工人队伍使用关。产业工人使用主要分为管理型和技能型两条路径。在管理型路径上，建立班组长—运架队队长—工点负责人等产业工人纵向发展方向，支持鼓励让有一定管理水平的产业工人走上管理岗位。如李冠军，从一名普通的产业工人逐步成长为运架队队长、盾构队负责人，到如今的机械租赁中心主任。同时，注重技能人才在企业内部的横向交流。如王开峰，从机械租赁中心的一名产业工人，成长为桥梁施工专家，现任中铁上海局一公司桥梁项目部项目经理，并被评为中国中铁劳动模范。在技能型路径上，设立技能专家，产业工人通过考评晋级享受一定的经济待遇，通过"五小"创新获得一定的经济奖励。产业工人、高级技师黄同和带领运架队技术攻关小组，将原本委外的运梁车减速机维修变为产业工人自己动手修，不仅仅缩短了维修时间、降低了维修成本，还提高了架梁效率和团队收入。

畅通收入待遇通道，增强薪酬竞争力

在产业工人队伍建设过程中，中铁上海局一公司高度重视产业工人最关心、最实际的收入待遇问题，坚持绩效导向、技能导向、一线导向，进一步合理优化薪酬分配机制，提高收入待遇的市场竞争力，充分调动产业工人积极性、主动性。

一是突出考核奖励绩效导向。按照中铁上海局一公司薪酬制度规定和自身实际，制定了《机械租赁中心员工薪酬分配管理办法》，在绩效管理上进一步细化、量化考核标准。根据大型设备管理使用实际，结合设备新旧、工期长短、运距远近等施工条件，细化至各工点每方混凝土、每孔桥梁架设、每环盾构的工作量作为绩效提取标准，将产业工人收入明确与工点产值、形象进度相挂钩，工作量绩效与工点完成生产任务相挂钩，评先评优与工点安全生产相挂钩。既有效推动了现场施工生产、提高了工作效率，又体现了多劳多得原则，充分调动了产业工人工作积极性。

二是突出一专多能技能导向。在岗位工资设定上，严格按照同工同酬、因岗定酬原则，不以用工性质为区分。无论是正式员工还是劳务派遣员工，均按照统一标准一视同仁。但在"工种""技能"产业工人收入分配上进行一定政策倾斜，支持鼓励产业工人多学习技能。如，对掌握电工、电焊或其他技能的产业工人，在确定岗位工资时酌情上调1—2级。与此同时，还开展了内部技能专家评选，将技能专家岗位工资向工点负责人看齐，使有技能优势但无管理特长的产业工人收入得到有效保障。在技能分配倾斜导向的驱动下，产业工人主动学习其他工种或相关机械设备维修知识，日常能操作各类机械设备，关键时刻能自主参与设备维修，形成一专多能。

三是突出生产贡献一线导向。机械租赁中心作为该公司以一线施工生产为主的资产单位，在收入分配机制上重点向一线工点、向现场产业工人倾斜。以岗位系数为例，机械租赁中心本部员工岗位系数为 0.7，同年同岗一线工点员工岗位系数为 0.85，同年同岗本部员工收入要低于现场员工，鼓励大家到一线去工作。持证轨道车司机、混凝土罐车司机等特殊工种产业工人，市场同等收入往往较高，按照既有制度既招不来人，更留不住人。根据项目所在地市场行情，采取协议制工资，并根据工作量给予适当绩效激励，如梁场内运输混凝土额外增加 4 元/车，梁场外 10 元/车。特殊工种的产业工人收入不仅能对价市场同等水平，在生产大干的情况下甚至还要高于市场水平，收入更具有一定的竞争力。(编辑：张爱萍)

第二节　贯通产业工人横向发展机制

健全产业工人职业发展体系，需要在向上发展、横向发展上同步发力，打破身份、待遇、岗位等诸多限制，构建向上发展"阶梯"和横向发展"通道"，打造立体化发展空间。在贯通横向发展上，2018 年，人社部印发《关于在工程技术领域实现高技能人才与工程技术人才职业发展贯通的意见（试行）》提出打破职业技能评价与专业技术职称评审界限，拓宽人才发展空间，促进两类人才深度融合发展。2020 年，人社部印发《关于进一步加强高技能人才与专业技术人才职业发展贯通的实施意见》，提出将职业发展贯通领域扩大为工程、农业、工艺美术、文物博物、实验技术、艺术、体育、技工院校教师等职称系列。同时提出，探索建立企业内部技能岗位等级与管理、技术岗位序列相互比照，专业技术岗位、经营管理岗位、技能岗位互相衔接机制。

一、贯通产业工人横向发展机制的重要意义

（一）是提高产业工人积极性的需要。技能人才往往在职业技能等级序列中单向发展，对职称评审"可望而不可即、想做而不能做"的现实窘境在很大程度上限制了个人成长和职业发展的上限。贯通产业工人横向发展，打破管理、技术、专业人才的限制，解决技能人才职业发展中"一眼望到头"的问题，畅通横向发展的"立交桥"，可以极大提高产业工人的积极性，激发起投身改革和建设的主动性创造性。

（二）是人才队伍建设的需要。技能人才是"蓝领"中的佼佼者，专业技术人才通常指"工程师"。打通这"两类人才"之间的职业发展通道，对于推动建设一支庞大的与新型经济增长方式和新职业、新业态相适应的新时代复合型人才队伍来说，具有积极意义。

（三）是时代发展的需要。随着我国经济社会的快速发展，技能人才的技术性、知识性需求日益增长。特别是近年来，随着互联网技术、人工智能的快速发展，技术技能相互融合的趋势日渐明显，不少岗位已经很难严格界定到底是专业技术岗位还是技能岗位。在这样的背景下，对相关的人才评价机制作出改变，打破各支队伍之间特别是专业技术人才和技能人才之间的壁垒，势在必行。

二、贯通产业工人横向发展机制的主要路径

（一）引导企业建立健全产业工人职业生涯指导计划

职业生涯指导计划在产业工人职业发展过程中有着重要作用，一是可以帮助产业工人明确职业方向，聚焦核心领域，提升专业技能，从而增强就业竞争力。通过规划，个人能更好地把握职业发展的方向和路径。二是可以提升职业满足感，职业生涯规划不仅关注职业目标，还关注个人的兴趣和价值观。通过深入了解自己的兴趣和价值观，产业工人能找到与自身特点相匹配的岗位，从而降低工作的不确定性和失落感，

激发工作热情和动力，获得更多的满足感和成就感。三是可以促进产业工人成长，职业生涯的规划是一个不断调整的过程。在规划过程中，个人需要不断学习新知识和技能，提升综合素质。通过设定并实现职业目标，产业工人能增强自信心和自我价值感，同时提高应对挑战和变化的能力。四是可以提升应对竞争的能力，在竞争激烈的职场环境中，职业生涯规划能帮助个人设计好自己的职业发展路径，提升竞争力，确保在激烈的竞争中不被淘汰。

要引导企业根据企业实际和产业工人实际，合理规划产业工人的职业发展路径，设置包括管理类岗位、专业技术类岗位、技能类岗位供产业工人选择，通过深入细致调研，了解产业工人的兴趣、特点、特长，为产业工人建立个人档案，根据产业工人技术技能水平，科学安排相关职业培训，涵盖管理类培训、专业类培训、技能类培训，不断丰富培训内容，创新培训形式，为产业工人职业发展提供保障。同时，根据产业工人的成长情况动态调整职业发展方向，确保人尽其才。

（二）推进学历教育学习成果、非学历教育学习成果、职业技能等级学分转换互认

当前，通过参加各种技能培训和学习来提升技术技能水平是产业工人实现职业技能等级提升的主要渠道和方式。但目前来看，跨地区、跨行业、跨系统的学习还存在壁垒，优质教育资源的供给尚不能与产业工人的个性化、多样化的学习需求相匹配，以提升产业工人技术技能水平为核心的继续教育课程和终身学习资源还不够丰富，终身学习制度、继续教育供给体制和服务机制尚未建立。

要不断完善个人学习账号和学分累计制度，根据产业工人的知识、技能和能力要求，为产业工人建立终身学习成果档案，构建成一个连续的、能被认可的资格阶梯。建立国家资格框架，既包括正规学校的学历文凭，又包括自学和通过社会培训获得的职业资格，整合教育和培训等各类证书、资格标准，推进学历教育学习成果、非学历教育学习成果、

职业技能等级学分转换互认，使职业教育、继续教育与生产实践对接、与产业升级需求对接、与国家经济社会发展对接，为产业工人搭建终身学习、不断成长的"立交桥"。

（三）建立职业资格、职业技能等级与相应职称、学历的双向比照认定制度，健全专业技术岗位、经营管理岗位、技能岗位互相贯通的长效机制

"双向比照认定"制度，指已取得的国家职业资格或者职业技能等级，可认定其具备相应职称或者学历。同时，已取得的职称或者学历，也可以认定其获得相应的国家职业资格或者职业技能等级。这一制度的实施，可以鼓励全社会重视培养专业技能，有利于扩大技能人才队伍。职称学历和职业技能相互认证，还可以推动高校学生增强动手能力，有助于建立一支知识型、创新型、技能型的高素质产业工人队伍。

要建立完善国家资历框架，推动职业资格、职业技能等级与相应职称、学历双向比照认定，高级工、技师、高级技师在学习进修、岗位聘任、职务职级晋升、评优评奖、科研项目申报等方面，比照相应层级专业技术人员享受同等待遇。要探索建立企业内部技能岗位等级与管理、技术岗位序列相互比照，专技岗、管理岗、技能岗互相衔接机制，鼓励用人单位将专业技术人才与高技能人才融合、平衡、平等发展。

📘 案例

中铁山桥：构建四大工作体系畅通职业发展通道

2024 年 11 月 26 日　来源：河北工人报数字报刊

在具有 100 多年历史积淀的中铁山桥集团有限公司（以下简称中铁山桥），产业工人拥有纵向贯通、横向互通的成长与发展通道，这无疑是幸福而甜蜜的。对此，全国劳模曲岩、河北省劳模徐渤雨深有感触。

2024 年 7 月 23 日，中铁山桥工匠技师曲岩顺利通过公司高级工程师评审答辩。他曾经从电焊专业初级工到技师，再到高级技师、特级技师、工匠技师，一步步实现技能等级的纵向提升；现在，又从高技能工人到高级工程师，步入了职业发展横向互通的"快车道"。

让中铁山桥道岔分公司数控铣班长徐渤雨高兴不已的是，在企业的支持下，他得以有机会以脱产保留薪资待遇的方式到中国劳动关系学院进修学习。2023 年，他不仅获得了劳模本科班的学历和学位"双证书"，还通过公司岗位竞聘，成功从一线技工转岗到人力资源管理岗位，实现了学历提升、身份转换的"两连跳"。

中铁山桥始建于 1894 年，被誉为"中国钢桥的摇篮、道岔的故乡"。1922 年，中国共产党的创始人之一、党的一大代表王尽美到山桥组织开展工人运动，建立当地第一个党组织。建企 130 年来，企业立足桥梁钢结构和道岔两大主业，已累计制造钢桥 3200 余座，创造了从中国铁路 6 次大提速到时速 350 公里的高速铁路道岔的多个中国第一和世界第一。

中铁山桥现有员工 3450 人，其中产业工人 2311 人。近年来，企业认真贯彻落实习近平总书记关于产业工人队伍建设改革的重要指示精神，认真履行产改主体责任，传承红色基因，强化思想引领，以打造知识型、技能型、创新型高技能人才队伍为目标，打破国企职工身份管理壁垒，畅通产业技术工人成长成才和职业发展通道，健全完善纵向贯通、横向互通的四大工作体系，打通了产业工人职业发展"最后一公里"，全面激活产业工人队伍动能。

纵向贯通重培养，健全梯次培养体系。中铁山桥建立了"新八级工"职业技能等级制度，健全从初级工到工匠技师、首席技师的梯次培养评价体系。落实职工技能培训终身制要求，长年开展岗位培训+精准培训，以集团公司为主体，以生产需求为导向，建立了集团、子（分）公司、项目部（车间）"三级"培训培养体系，广泛开展导师带徒活动，为职工技能提升赋能，高技能人才占比逐年提升。支持职工参加在职继续教育和职业资格培训，选派 3 名省部级劳模脱产学习取得本科学历和学士学位，52 名一线工人考取了国家职业资格证书。建立了以工作业绩为导向、职业能力为重点的技能人员考核评价体系，尤其对在市级以上技能竞赛中取得前三名的，直接推荐晋升一级职业技能等级。

横向流动破壁垒，健全职业发展体系。中铁山桥改革企业人事管理和工人劳动管理"双轨制"，制定了《员工发展通道及职级体系管理规定》，建立起技能、管理、营销、研发四大序列、十二个职级的评定体系。破除技能等级和技术职务尤其是干部与工人的身份壁垒，实现了首席技师、工匠技师与公司高管在同一职级评定；对于符合条件的高技能人才，可申报工程师系列专业技术职称；按照自愿原则，通过竞聘、组织调整等方式，畅通跨通道、跨专业的转换发展通道，实现技能人员与专业技术、管理人员同选拔同使用。近两年来，已先后有 10 名一线工人从技能操作岗位转聘至管理岗位。

薪酬激励促成长，健全工资管理体系。中铁山桥坚持"共建共享"发展理念，贯彻落实集体合同平等协商机制，建立健全基于岗位价值、能力素质、创新创造、业绩贡献的技能人才薪酬分配制度和合理增长机制，薪酬分配向科技人才、高技能人才和生产一线岗位倾斜。以"多劳者多得、技高者多得、创新者多得"为导向，完善职工技能工资管理体系，落实工匠技师与教授级高级工程师、特级技师与高级工程师技能工资标准同等待遇。建立健全激励机制，对考取国家职业资格证书的职工，给予最高 2 万元一次性奖励；对于技术工人研发申报的技术成果和合理化建议，与管理技术人员同申报同奖励，形成科技成果的优先向上级申报。近三年来，已有 17 项产业技术工人参与的课题获得国家专利。

如今，高技能人才队伍已成为中铁山桥高质量发展的中坚力量。五年来，企业涌现全国五一劳动奖章1人，全国技术能手2人，省部级劳模3人，中央企业大国工匠1人，河北工匠1人，河北省突出贡献技师3人；职工提出合理化建议和创新成果1700余项，申请专利307项，获得专利授权202项，为企业创造效益近亿元。(记者：朱润胜　通讯员：果丽红　刘宇红)

第六章

维护产业工人劳动经济权益

产业工人作为工人阶级中发挥支撑作用的主体力量，是创造社会财富的中坚力量，是实施创新驱动发展战略、加快建设制造强国的骨干力量。维护产业工人的劳动经济权益，不仅事关产业工人自身的生活品质与职业发展，更对整个经济社会的稳定与繁荣产生深远影响。随着新一轮创新革命和产业结构调整，产业工人面临着前所未有的机遇与挑战，如何更为有效地保障他们的权益，已然成为亟待深入探讨和妥善解决的关键课题。

第一节　产业工人劳动经济权益概述

习近平总书记指出，要着力解决人民群众最关心最直接最现实的利益问题。劳动经济权益是产业工人最关心最直接最现实的利益问题。产业工人通过辛勤劳动创造价值，理应得到相应的经济回报和权益保障。尊重产业工人的劳动经济权益，是对劳动价值的尊重，是神圣不可侵犯的，是受到法律保护的。

一、产业工人劳动经济权益内涵

（一）劳动报酬权。劳动报酬权是产业工人劳动经济权益的核心内容之一。它包括产业工人按照劳动合同约定，获得足额的工资、奖金、津贴等劳动报酬的权利。工资应当以货币形式按月支付给劳动者本人，不得克扣或者无故拖欠。同时，产业工人有权要求工资水平随着经济发展和企业效益的提高而合理增长，以保障其实际生活水平不下降。

（二）休息休假权。休息休假权是保障产业工人身心健康和提高劳动效率的重要权益。产业工人有权在法定工作时间之外享受休息和休假。合理的休息休假安排有助于产业工人缓解工作压力，恢复体力和精力，从而更好地投入工作。

（三）劳动安全卫生权。劳动安全卫生权是产业工人在劳动过程中享有的基本权利。企业有责任为产业工人提供符合国家规定的劳动安全卫生条件和必要的劳动防护用品，防止劳动过程中的事故，减少职业危害。产业工人有权获得劳动安全卫生知识培训，对用人单位管理人员违章指挥、强令冒险作业，有权拒绝执行；对危害生命安全和身体健康的行为，有权提出批评、检举和控告。

（四）社会保险和福利权。社会保险和福利权是产业工人劳动经济权益的重要组成部分。企业应当按照国家规定为产业工人缴纳养老保险、医疗保险、失业保险、工伤保险和生育保险等社会保险费用，确保产业工人在年老、患病、失业、工伤、生育等情况下依法从国家和社会获得物质帮助。此外，产业工人还享有企业提供的各种福利待遇，如住房补贴、交通补贴、餐饮补贴等。

二、维护产业工人劳动经济权益的重要性

（一）保障基本生活需求，促进个人持续发展。劳动经济权益的实现是产业工人满足自身及家庭基本生活需求的基础。稳定的劳动报酬、合理的休息休假以及完善的社会保险和福利，能够确保产业工人有足够的经济收入来维持日常生活开销，包括衣食住行、子女教育、医疗保健

等，从而提高生活质量，增强幸福感和安全感。合理的工资待遇使产业工人有能力进行自我投资，参加职业培训和技能提升课程，从而提高自身的职业竞争力，为个人职业发展打下坚实基础。同时，充足的休息休假时间有利于产业工人发展个人兴趣爱好，实现全面发展。

（二）提高企业劳动生产率，增强凝聚力和竞争力。当产业工人的劳动经济权益得到充分保障时，他们会感受到企业的尊重和关怀，从而提高工作积极性和主动性。积极的工作态度能够减少工作中的失误和错误，提高劳动生产率，为企业创造更多的价值。合理的休息休假安排有助于产业工人保持良好的身体状态和精神状态，进一步提升工作效率。在一个重视员工权益的企业中，员工对企业的忠诚度更高，愿意长期为企业服务。同时，良好的企业形象也能够吸引更多的优秀人才加入，为企业的发展注入新的活力。

（三）维护社会公平正义，推动经济可持续发展。保障产业工人的劳动经济权益是维护社会公平正义的体现。如果权益得不到保障，贫富差距会进一步拉大，社会矛盾会加剧，不利于构建和谐稳定的社会环境。产业工人是实体经济的主体，他们的劳动经济权益保障状况直接影响到经济的可持续发展。当产业工人的权益得到保障时，有利于企业的稳定发展，促进产业升级和创新；有利于提升自身消费能力，带动内需增长，推动经济的可持续发展。

三、维护产业工人劳动经济权益的原则

（一）依法维护原则。依法维护是维护产业工人劳动经济权益的首要原则。国家制定一系列法律法规来保障劳动者的权益，如劳动法、劳动合同法、社会保险法等。企业和相关部门应当严格遵守这些法律法规，依法保障产业工人的劳动经济权益。对于侵犯产业工人劳动经济权益的行为，要依法予以惩处，维护法律的尊严和权威。

（二）公平公正原则。公平公正原则要求在维护产业工人劳动经济

权益的过程中，确保所有产业工人都能享受到平等的待遇，不允许存在任何形式的歧视。无论是国有企业还是民营企业，无论是正式工还是临时工，都应按照相同的标准和规定来保障他们的劳动经济权益。在处理劳动纠纷和争议时，要依法公正裁决，维护双方合法权益。

（三）协商调解原则。协商调解是解决劳动纠纷和维护产业工人劳动经济权益的重要方式。在劳动过程中，企业和产业工人之间可能会出现一些矛盾和纠纷。此时，双方应当通过友好协商的方式来解决问题。如果协商不成，可以寻求工会、劳动争议调解委员会等调解，及时化解矛盾，避免矛盾激化，维护劳动关系和谐稳定。

（四）源头维护原则。源头维护原则强调要从制度和政策层面入手，加强对产业工人劳动经济权益的保障。政府应当制定和完善相关政策法规，加强对企业的监管，规范企业的用工行为。同时，要加强劳动法律法规的宣传和培训，提高企业和产业工人的法律意识，从源头上预防和减少侵犯产业工人劳动经济权益的行为发生。

保障产业工人劳动经济权益需以法律为底线、以市场机制为基础、以社会协同为补充，构建"权利保障—技能提升—公平分配"三位一体的制度框架，调动产业工人的积极性和创造性，促进企业的发展和社会的稳定，推动经济社会的高质量发展。

小知识

"一函两书"制度是工会及相关单位为提醒用人单位落实好劳动法律法规，或纠正其违法劳动用工行为而适用相关文书的制度简称。其中"一函"指的是《工会劳动法律监督提示函》，"两书"指的是《工会劳动法律监督意见书》和《工会劳动法律监督建议书》。

案例一

福建省厦门市湖里区引入"12368"热线
助力工会化解农民工异地维权难

2025 年 01 月 08 日 来源：山东省东营市中级人民法院

【基本情况】

2024 年 1 月初，贵州籍农民工张某向福建省厦门市湖里区人民法院"12368"诉讼服务热线咨询欠薪纠纷网上立案事宜。张某称，自己在该区某项目工程做铝板安装工，承包劳务项目的个人拖欠其 3225 元劳务费，其现已不在厦门务工，不知如何维权。

【协同协作履职情况】

福建省厦门市湖里区人民法院研判后认为，该案标的额较小且争议不大，张某异地诉讼有诸多不便，更适合通过"工会+法院"纠纷化解机制处理，遂引导张某至该区总工会劳动法律监督委员会进行调解。2024 年 1 月 31 日，厦门市湖里区总工会劳动法律监督委员会受理后，将该案委派至街道工会劳动法律监督员处。工会劳动法律监督员首先联系了项目组长，核实了张某劳务用工及劳务费支付情况，了解到承包劳务项目的个人称需等工程款下来才能发放。为帮助张某快速取得劳务费，工会劳动法律监督员将相关情况上报至"园区枫桥"基地，最终决定借助"工会+法院"构建的"一函两书"工作机制向案涉工地项目部负责人发出《工会劳动法律监督意见书》，根据法律规定提醒其无故拖欠农民工工资的法律风险。该意见书发出后，项目部负责人立即向张某支付了劳务费 3225 元。

【典型意义】

按时足额获得劳动报酬是劳动者最关心的权益。欠薪纠纷关系劳动者生存利益的维护，保障其利益诉求快速实现具有重要意义。人民法院立足司法职能，坚持和发展新时代"枫桥经验"，有效发挥调解在矛盾纠纷预防化解中的基础性作用，让大量矛盾纠纷止于未发。针对农民工异地讨薪难的问题，人民法院将"12368"诉讼服务热线作为化解矛盾纠纷的前沿阵地，通过分析研判，将标的额小、争议不大的案件引导至工会调解化解。工会发挥贴近一线优势，及时通过发出《工会劳动法律监督意见书》，促使案涉项目企业全额支付劳务费。"工会+法院"协作机制和"一函两书"制度的落实使农民工异地维权更加方便、快捷，降低了维权成本。

案例二

湖北省鄂州市"一函两书"与司法建议联动
化解某钢铁公司社会保险劳动争议

2025年01月09日　来源：山东省东营市中级人民法院

【基本情况】

2024年4月，湖北省鄂州市中级人民法院审理了涉及4名劳动者与某民营钢铁公司的劳动争议案件。该企业以劳动者出具不缴纳社保承诺书为由，不为劳动者办理社会保险登记。经过法院与"法院+工会"诉调对接工作室的多方共同努力沟通，最终劳动者与公司达成了调解协议，劳动纠纷得到圆满解决。这批案件反映出的不为劳动者办理社会保险登记等劳动用工方面存在的问题，引起法院和工会的关注。

【协同协作履职情况】

为预防和化解类似劳动争议，鄂州市总工会和鄂州市中级人民法院积极探索建立工会劳动法律监督"一函两书"与司法建议联动机制，推进劳动权益保护。通过初步摸底，该企业涉及同类型劳动用工问题的职工约有140名，用工违法的问题如不尽快解决，将持续损害劳动者的合法权益。鄂州市中级人民法院经与鄂州市总工会会商后，协同推进运用司法建议、"一函两书"制度保障劳动者合法权益。5月13日，鄂州市中级人民法院向该公司发出司法建议书，并抄送市、区两级工会，要求对劳动用工违法的问题进行整改。收到法院抄送的司法建议书后，鄂州市总工会指导区总工会立即向该公司发出《工会劳动法律监督提示函》，并当面送达。该公司收到司法建议书和《工会劳动法律监督提示函》后，非常重视该问题并采取了三个措施：一是立即组织公司人事部门对全体劳动者社保登记和缴纳问题进行了摸底和排查；二是对全部问题提出了整改方案；三是为全体劳动者缴纳社会保险。

【典型意义】

此案是湖北省首例成功运用"一函两书"与司法建议联动推进劳动权益保护的典型案例。鄂州市中级人民法院、鄂州市总工会在不断充分运用和完善"法院+工会"的联动机制的情况下，探索建立工会劳动法律监督"一函两书"制度与司法建议衔接机制，及时向用人单位发出司法建议书和提示函，共同推动劳动法律法规贯彻执行，有效预防化解劳动关系矛盾纠纷，为实现好、维护好、发展好广大劳动者合法权益提供法治保障，有助于构建和谐劳动关系。

第二节　提高产业工人经济收入

产业工人是现代化工业体系的基石，是技术创新和生产效率提升的主体。提高产业工人经济收入既是保障其劳动权益的核心体现，也是推动经济社会高质量发展的关键举措。

一、提高产业工人经济收入的重要意义

（一）维护社会稳定，实现共同富裕。提高产业工人收入水平有助于缩小不同行业、不同群体之间的收入差距，减少社会贫富分化，使社会财富分配更加合理、公平，增强工人获得感、幸福感、安全感，减少

因经济压力导致的劳资冲突、群体性事件，为经济社会稳定提供保障。能够缓解阶层固化矛盾，推动全体人民共享发展成果，符合社会主义本质要求。

（二）助力产业升级，推动经济高质量发展。当前，全球产业链向智能化、高端化方向转移，急需一支高素质的技术工人。高收入水平能够吸引和留住高素质技术工人，有利于企业保留熟练的技术工人和专业人才，激励他们创新创造，推动产业转型升级。提高产业工人经济收入能够直接增加其消费能力，带动相关产业的发展，形成新的消费热点和经济增长点，促进经济的良性循环。

（三）落实国际劳工标准，提升国际形象。联合国《变革我们的世界：2030 年可持续发展议程》将消除贫困、体面工作和经济增长列为核心目标。我国作为全球制造业大国，提高工人收入有助于履行国际责任，塑造负责任大国形象，同时为"一带一路"倡议中的海外投资创造更好的劳动环境。

二、提高产业工人经济收入的现实路径

《中共中央　国务院关于深化产业工人队伍建设改革的意见》指出，坚持多劳者多得、技高者多得、创新者多得，进一步完善收入分配制度，提高劳动报酬在初次分配中的比重。完善产业工人工资决定、合理增长、支付保障机制，健全按要素分配政策制度。多措并举推动企业建立健全基于岗位价值、能力素质、创新创造、业绩贡献的技能人才薪酬分配制度，以提高技能人才薪酬待遇为重点开展工资集体协商，探索对大国工匠、高技能人才实行年薪制、协议工资制和股权激励等。指导有条件的地区发布分职业（工种、岗位）、分技能等级的工资价位信息。

（一）提高劳动报酬在初次分配中的比重。坚持多劳者多得、技高者多得、创新者多得，更加注重劳动者的劳动价值，鼓励职工通过提升技能、创新来获取更高的收入回报。

1. 政府层面完善法律法规与政策引导。通过立法形式，明确工资增长机制，确保劳动者工资能随经济发展、企业效益增长而合理提高。对提高劳动报酬占比的企业，给予税收减免或优惠。

2. 企业层面建立合理薪酬体系和绩效考核制度。定期开展行业薪酬调查，了解市场薪酬水平和变化趋势，结合自身经营状况和发展战略，制定具有竞争力的薪酬标准，确保本企业劳动报酬不低于市场平均水平。建立科学合理的绩效考核体系，将劳动报酬与劳动者的工作绩效、技能水平、工作态度等紧密挂钩，实现多劳多得、优劳优得。企业工会推动工资集体协商制度，就工资分配制度、工资标准、工资支付等事项与行政方进行平等协商，签订工资集体合同。

3. 劳动者层面提高自身素质和技能。积极参加各类职业技能培训，不断学习新知识、新技能，关注行业发展动态和前沿技术，提升自己的专业技能水平和综合素质，为提高劳动报酬创造条件。依靠工会的力量与企业进行沟通和协商，推动企业建立公平合理的劳动报酬分配制度。

（二）完善产业工人工资决定、合理增长、支付保障机制，健全按要素分配政策制度。修订劳动法、劳动合同法等相关法律法规，进一步明确工资决定、增长和支付的法律责任，加大对违法企业的惩处力度。

1. 工资共同决定机制。工资水平应主要由市场供求关系决定，同时政府应通过最低工资标准、行业工资指导线等手段进行适当调控，确保工资水平与经济发展相适应。发挥工会在工资决定中的作用，推动工资集体协商，确保工人在工资决定中有更多话语权，特别是在劳动密集型行业和中小企业中，增强工人的议价能力。

2. 工资合理增长机制。确保工人工资增长与经济增长、劳动生产率提高同步，避免工资增长滞后于经济发展。建立工资与物价指数挂钩的机制，确保工人实际收入不因通货膨胀而下降，保障其生活水平。建立工资与技能水平、工作绩效挂钩机制，根据不同行业的发展状况和盈利能力，制定差异化的工资增长政策，避免"一刀切"式的工资增长模式。

3. 工资支付保障机制。健全工资支付监控体系，特别是对建筑等拖欠工资问题较为严重的行业，加强监管力度，确保工资按时足额发放。在易发生拖欠工资的行业，推行工资保证金制度，企业需预先缴纳一定比例的工资保证金，以应对可能出现的工资拖欠问题。为产业工人提供便捷的法律援助渠道，帮助其通过法律手段追讨欠薪。

4. 健全按要素分配政策制度。在按劳分配为主体的基础上，健全资本、技术、管理等生产要素参与分配的制度，确保各类要素的贡献得到合理回报。鼓励企业通过股权激励、利润分享等方式，让工人分享企业发展的成果，增强工人的归属感和积极性。

（三）建立健全技能人才薪酬分配制度。基于岗位价值、能力素质、创新创造、业绩贡献设计薪酬分配制度，重点开展能级工资集体协商，探索对高技能人才的多元化激励。

1. 明确技能等级标准。根据行业特点和企业需求，制定清晰的技能等级标准，明确各等级所需的技能、知识和经验。通过第三方认证或企业内部评估，确保技能等级的客观性和公正性。

2. 薪酬与技能等级挂钩。将薪酬与技能等级直接挂钩，技能等级越高，薪酬水平越高。根据技能等级的提升，定期调整薪酬，激励员工不断提升技能。多措并举推动企业建立健全基于岗位价值、能力素质、创新创造、业绩贡献的技能人才薪酬分配制度。

3. 特殊薪酬模式探索。探索对大国工匠、高技能人才实行年薪制、协议工资制和股权激励等。年薪制可以让高技能人才获得稳定且可观的收入；协议工资制能根据人才的特殊价值和贡献灵活确定薪酬；股权激励则使高技能人才与企业利益更加紧密相连，激发他们的积极性和创造力。实施非物质激励，如荣誉称号、晋升机会等，也可以设立技能提升奖金、项目奖金等，激励员工积极参与技能提升和项目工作。

4. 重点开展能级工资集体协商。能级工资集体协商是企业职工代表与企业代表就技能工资相关事项进行平等协商，以确定双方都能接受的技能工资标准、分配制度等的过程。工作流程是产生代表→启动协商→协商准备→正式协商→审议审查。协商双方要熟悉劳动法、劳动合同法、《工资集体协商试行办法》等相关法律法规，确保协商内容和程序合法合规。企业方要提供准确的经营状况、财务数据等信息，职工方要了解市场工资水平、同行业技能工资标准等情况。双方代表要以平等、互利、合作的态度进行协商。集体合同签订后，要建立监督机制，保障能级工资集体协商的成果有效落实。

（四）工资价位信息发布。指导有条件的地区发布分职业（工种、岗位）、分技能等级的工资价位信息，为产业工人了解自身价值、企业制定合理薪酬以及劳动者规划职业发展提供重要参考依据。

1. 开展薪酬调查。首先，确定调查范围，需涵盖不同行业、规模、所有制的企业，确保样本具有代表性，包括当地支柱产业、新兴产业以及传统产业企业。其次，明确调查内容，收集企业人工成本情况、从业人员工资报酬，具体有工资总额、基本工资、绩效工资、津贴补贴等，以及职业（工种、岗位）信息、技能等级认定情况。最后，选择调查方法，可采用问卷调查、抽样调查、重点调查等，结合线上线下方式，利用信息化手段提高调查效率和数据质量。

2. 数据整理与分析。剔除无效、错误数据，确保数据真实性和准确性。按职业（工种、岗位）、技能等级分类，分析不同职业、技能等级工资差异及变化趋势，与经济发展、行业需求的关系等。

3. 信息发布与应用。通过政府网站、人力资源市场网站、社交媒体、新闻发布会等多渠道发布，还可印制成手册、报告供企业和劳动者查阅。发布内容包括分职业（工种、岗位）、分技能等级工资价位表，文字说明工资价位含义、调查范围、方法、数据统计口径及相关分析报告和建议，引导企业参考工资价位调整薪酬体系，帮助劳动者合理规划职业，在求职和薪酬谈判中合理定位。

案例

承德县总工会强化技能价值导向　提升产业工人社会地位

2024 年 10 月 29 日　来源：河北省总工会

承德县总工会制定《承德县产业工人职业技能等级评价及薪酬分配改革试点工作方案》，加快构建"技能要素价值实现"新机制，推动产业工人队伍建设改革向纵深发展。

一是健全评价体系，让职工拿到"证"。建立健全由职业标准、评价规范、专项职业能力考核规范等构成的多层次、相互衔接的职业技能等级标准体系。累计获取职业技能等级资格 25411 人，获评高技能人才 4639 人。

二是优化薪酬架构，让职工挣到"钱"。强化技能价值激励导向，建立实施"三级九等""定额提标+物质奖励""荣誉补贴激励"薪酬分配架构，试点企业受益职工 1100 人左右，逐步探索健全以"技能+"为核心的复合型薪酬架构。

三是提升社会地位，让职工赚到"面"。"三代表三委员"比例提升 7.1%，评选"热河工匠"40 名，"承德大工匠""承德工匠"3 名、省级劳模 3 名。对符合条件的高技能人才，积极建设国家、省技能大师工作室，推荐获评"国家级技能大师工作室"1 个、"河北省突出贡献技师"1 名、全国工人先锋号 1 个、省级工人先锋号 2 个、2 项群众性"五小"创新项目获省创新创效大赛三等奖。

第三节　加强产业工人服务保障

随着我国产业结构的转型升级和新型工业化进程的加快，产业工人的权益保障与服务需求日益凸显。加强产业工人服务保障，既是维护社会公平正义、促进和谐劳动关系的关键举措，也是实现共同富裕目标、推动经济高质量发展的必然要求。

一、加强产业工人服务保障的重要意义

（一）构建和谐劳动关系的基础。产业工人群体规模庞大，服务保障涉及人社、司法、工会等多部门协同，考验政府的综合治理能力，直接关系到社会稳定的根基。近年来，因劳动合同纠纷、工资拖欠、社会保障缺失等问题引发的劳动争议事件频发，暴露出部分领域劳动关系的不稳定性。加强服务保障，通过规范用工行为、完善社会保障体系、优化劳动争议处理机制，能够有效减少劳资矛盾，构建和谐劳动关系，为社会治理现代化提供支撑。

（二）推动经济高质量发展的内生动力。产业工人的技能水平、职业认同感和工作积极性是决定生产效率与创新能力的关键因素。当前，我国产业工人技能培训不足、职业发展通道狭窄等问题制约了产业升级。通过建立职业技能培训与就业服务联动机制，推动"培训—就业—保障"一体化，能够提升产业工人综合素质，为先进制造业和战略性新兴产业提供人才储备。

（三）促进社会公平与共同富裕的重要路径。产业工人中农民工占比较高，其社会保障覆盖率低、公共服务享有不均衡等问题，已成为城乡二元结构矛盾的缩影。加强服务保障，推动社保跨区域衔接、住房医疗等公共服务均等化，有助于缩小城乡差距、促进社会公平。

二、加强产业工人服务保障中存在的主要问题

（一）服务保障政策衔接不足，企业主体责任尚未压实。产业工人队伍建设改革涉及人社、教育、工会等多部门，部分地区政策设计缺乏系统性，导致工人在技能培训、社保接续、职称评定等环节面临"多

头管理"或"无头管理"。部分企业对产改认识不足，将服务保障视为额外负担，存在"重生产轻育人"现象。尤其是一些中小微企业，因资金压力和短期利益考量，未按规定落实职业培训、带薪休假等制度，甚至存在拖欠工资、超时加班等问题。

（二）服务保障覆盖人群不全，职业技能培训供需错位。产业工人尤其是灵活就业人员（如快递员、网约车司机）的社会保障覆盖率较低，职业病防治和心理健康服务存在短板。当前培训内容多集中于传统制造业基础技能，而新兴产业（如人工智能、新能源）所需的数字化、复合型技能培训供给不足。此外，"培训—就业"对接机制不畅，部分工人学完技能后难以找到对口岗位，形成"培训浪费"。

（三）企业内生动力不足，区域行业发展不均衡。企业为降低成本，倾向于使用临时工或外包用工，不愿承担长期培养责任。企业内部产业工人晋升通道狭窄，薪酬结构与技能水平挂钩不紧密，难以激发工人主动提升技能的积极性。

三、加强产业工人服务保障的主要路径

《中共中央　国务院关于深化产业工人队伍建设改革的意见》指出，建立以社会保障卡为载体的产业工人电子档案，实现培训信息与就业、社会保障信息联通共享、服务事项一网通办。督促企业与产业工人签订书面劳动合同。严格规范劳务派遣用工，保障劳动者合法权益。坚持和发展新时代"枫桥经验"，完善劳动争议多元处理机制，妥善化解劳动领域矛盾纠纷。强化劳动保障监察执法，加强与劳动人事争议调解仲裁联动，依法纠治劳动领域违法侵权行为。

（一）构建数字化服务体系，以社会保障卡为载体推动服务升级

1. 建立产业工人电子档案。整合社保卡功能，将其作为工人身份识别、信息存储的核心载体。电子档案应包含职业技能证书、培训记录、就业经历、社保缴纳明细等数据，并与全国人社信息平台对接。广

东省试点"粤省事"平台，工人可通过社保卡查询个人培训补贴申领状态、在线报名职业技能竞赛，实现"一卡在手、服务全有"。

2. 推动"培训—就业—保障"信息联通。打破部门数据壁垒，构建跨系统的信息共享机制。职业培训机构应将结业证书、技能等级等信息实时上传至电子档案；企业招聘时可通过授权查询工人技能匹配度；社保部门依据就业状态动态调整参保方案。此举可解决传统模式下培训与就业脱节、社保断缴等问题。

3. 打造"一网通办"服务平台。在政务服务平台开设产业工人服务专区，集成劳动合同备案、社保缴纳查询、劳动争议调解等高频事项。浙江省"浙里办"App 已实现工伤认定在线申请、劳动仲裁预约等功能，工人足不出户即可办理业务，大幅提升服务效率。

（二）规范用工管理，筑牢权益保障的制度防线

1. 全面推行劳动合同书面化。强化劳动监察力度，要求企业与工人签订书面合同，明确工资标准、工时制度、福利待遇等条款。对建筑、快递等用工集中行业，推广电子合同备案系统，确保合同真实性。

2. 严格规范劳务派遣用工。适时修订《劳务派遣暂行规定》，限制劳务派遣适用范围，禁止在主营业务岗位长期使用派遣工。建立派遣机构信用评级制度，对违规克扣工资、未缴纳社保的企业纳入"黑名单"。

3. 完善新就业形态劳动者保障体系。针对网约车司机、外卖骑手等新业态工人，探索"不完全劳动关系"认定标准，设计分层分类的社保方案。推动平台企业为劳动者购买职业伤害保险，试点灵活就业人员公积金制度。成都市出台《成都市人民政府办公厅关于促进新经济新业态从业人员参加社会保险的试行实施意见》，将社保覆盖面扩大到新经济新业态从业人员。

（三）创新矛盾化解机制，坚持和发展新时代"枫桥经验"

1. 构建多元调解网络。推行"调解优先"，在企业、园区、街道设

立劳动争议调解中心，吸纳工会代表、律师、退休法官等组成调解团队，提倡以非诉方式化解纠纷。

2. 强化仲裁与诉讼衔接。建立劳动仲裁与法院立案系统的数据接口，对仲裁裁决不服的案件可直接在线转交法院审理。推广"要素式审判"，即法院围绕案件的基本要素进行庭审并制作裁判文书的一种审判方法。立案时，办案法官根据原告诉状，指导其填写要素表；再指导被告填写，同时征求被告对原告列明要素的意见，找出争议点。基于当事人自认，双方在要素表里填写的内容即为各自认可的事实，对方亦无须举证证明；再根据争议要素进行审理，从而简化裁判文书制作流程，达到简化审理流程、提高审判效率、实现类案快审。

3. 加强源头预防与预警。运用人工智能技术分析劳动争议高发领域，提前介入风险排查。福建省通过上线劳动监测预警大数据平台，包含实名制管理、工资支付监控功能，在建工程项目参建单位、人员、考勤、工资专户、工资发放等，利用"智慧大脑"云上分析，助力欠薪治理从"救火"向"防火"转变，在维护农民工切身利益的同时，提升了监管效率、节约了管理成本。

（四）强化执法监督，构建全链条权益保护网

1. 提升劳动监察执法效能。推行"双随机、一公开"监管，重点检查建筑、制造等行业的工资支付、工时制度。建立跨部门联合执法机制，对恶意欠薪企业实施联合惩戒。如某省将欠薪企业纳入金融征信系统，限制其贷款、投标资格。

2. 完善法律援助体系。扩大劳动法律援助覆盖面，重点向农民工、残疾工人等群体倾斜。设立"工会法律服务站"，提供法律咨询、文书代写等服务。

3. 推动社会协同共治。鼓励行业协会制定用工自律公约，引导企业履行社会责任。发挥媒体监督作用，曝光典型侵权案例，推动相关部门介入调查，问责相关责任人，构建和谐劳动关系。

服务保障问题本质上是利益分配机制、制度设计缺陷与社会观念落后的综合反映，需要制度创新、技术赋能与社会协同的多维发力。通过构建数字化服务体系、规范用工管理、创新矛盾化解机制、强化执法监督，使产业工人真正成为体面劳动、全面发展、共享成果的"时代工匠"，为高质量发展注入持久动力。

案例

兖矿能源工会践行新时代"枫桥经验" 绘出更美新"枫"景

2024 年 09 月 30 日 来源：山东省总工会

兖矿能源工会认真践行新时代"枫桥经验"，坚持将劳动争议纠纷化解在基层，靠前维护职工合法权益，累计化解各类劳动争议纠纷150 余件次，化解率达到99.3%，为推动公司平安和谐发展贡献了"工"力量。

一是制度建设规范化。制定《劳动争议协商调解工作实施意见》，成立以党委主要领导为主任的专门工作委员会，落实工会信访工作责任制，为职工提供政策咨询、劳动争议协商调解、法律援助等"一站式"服务。

二是基础建设标准化。按照有场地、有资金、有人员、有制度、有考核、有成效、有保障"七有"标准，指导各权属单位相继建成启用矛盾调处中心、群团服务中心、暖心志愿服务文化中心等场馆设施，确保运行有保障、建设有规范、工作有支持。兴隆庄煤矿"美好365"矛盾调处中心内设 16 个服务窗口，建成 3 年来累计接待职工群众 1100人次。

三是诉求收集信息化。坚持让数据多跑路、让职工少跑腿、让矛盾快化解，开辟职工投诉平台、网上民生服务平台和"440"热线帮扶电话等"绿色通道"，进一步延伸工会服务触角。鲍店煤矿"码上办"民生服务平台上线运行以来累计调处矛盾纠纷、办理民生实事 200 余件次，职工满意率达99%以上。

四是矛盾调处专业化。充分发挥工会牵头抓总作用，积极协同各级组织、专业部室，强化地企、警企联调联动，为广大职工提供相关咨询与服务。探索形成三驻（信访常驻、职能轮驻、基层单位随叫随驻）、四帮（帮言、帮理、帮解、帮困）、五字诀（工作"实"、讲感"情"、抓预"控"、方法"新"、固成"效"）"345"工作模式，面对面、心连心地为职工解决"急难愁盼"、化解矛盾纠纷。

第四节　维护产业工人安全健康权益

产业工人是推动经济社会发展的重要力量，他们在各个行业中辛勤劳作，为国家的建设和发展贡献着自己的力量。有效维护产业工人安全健康权益，不仅关乎产业工人自身的福祉，也对企业的可持续发展、社会的和谐稳定有着深远意义。

一、有效维护产业工人安全健康权益的重要意义

（一）保障产业工人基本权益。安全健康是人的基本需求，产业工人大多在生产一线，面临着机械伤害、化学物质危害、高温高压等诸多危险因素。安全的工作环境是维护产业工人安全健康权益的前提。通过为产业工人提供必要劳动防护用品，定期进行职业健康检查，开展丰富多样的"安康杯"竞赛和"安全生产月"活动等，能够有效降低工伤事故和职业病的发生概率，保障他们的生命安全和身体健康。

（二）增强企业综合竞争力。安全健康的工作环境能减少员工因伤病导致的缺勤率，降低企业的工伤赔偿、医疗费用等成本支出，保证生产的连续性，提高工作积极性。注重员工安全健康权益的企业，其良好的企业形象和工作环境，在劳动力市场竞争日益激烈的今天，更容易吸引和留住优秀人才，提升员工的企业忠诚度，增强企业综合竞争力。

（三）推动经济社会可持续发展。维护好产业工人的安全健康权益，一方面能够减少社会不稳定因素，减少劳动纠纷和社会矛盾。一些因工伤赔偿问题引发的群体事件，不仅影响企业正常生产，也对社会秩序造成了不良影响。另一方面能够提高产业工人队伍的整体素质和稳定性，促进产业升级和经济结构调整。只有拥有一支健康、稳定、高素质的产业工人队伍，才能推动制造业等实体经济的高质量发展，为经济可持续发展提供坚实支撑。

二、有效维护产业工人安全健康权益的主要路径

《中共中央　国务院关于深化产业工人队伍建设改革的意见》指出，压实企业安全生产责任，实施高危行业领域从业人员安全技能提升专项行动，发挥职工代表大会对企业安全生产工作的监督作用。加强对高危行业建设项目的劳动安全保护。加强职业病防治。督促企业依法落实工时和休息休假制度，健全并落实产业工人疗养休养制度，促进产业工人身心健康。

（一）压实企业安全生产责任。企业应建立健全安全生产责任制，明确各级管理人员和员工的安全生产职责，将安全生产责任落实到每一个岗位、每一个环节

1. 完善安全生产管理制度。制定详细的安全生产操作规程，规范员工的操作行为，确保生产过程的安全。建立安全生产考核机制，将安全生产工作纳入员工绩效考核体系，对安全生产工作表现突出的员工给予奖励，对违反安全生产规定的员工进行严肃处罚。

2. 加大安全生产投入。企业要保证安全生产所需的资金投入，用于改善安全生产条件，购置先进的安全设备和劳动防护用品，进行安全生产技术改造，定期对安全设备进行维护和保养，确保其正常运行。引进自动化生产设备，减少员工与危险化学品的直接接触，降低安全风险。

3. 加强安全生产培训。企业要对员工进行全面的安全生产培训，包括安全生产法律法规、安全操作规程、事故应急处理等方面的内容。新员工入职时，必须进行三级安全教育培训，确保其掌握基本的安全知识和技能后才能上岗。同时，定期对在职员工进行复训，不断强化员工的安全意识和操作技能。

（二）实施高危行业领域从业人员安全技能提升专项行动

1. 制订专项培训计划。针对高危行业领域的特点和需求，制订详细的安全技能提升培训计划，明确培训目标、培训内容、培训方式和培训时间等。培训方式可以采用课堂教学、现场实操、模拟演练等多种形式相结合，提高培训的针对性和实效性。

2. 加强培训师资队伍建设。选拔一批具有丰富实践经验和专业知识的人员担任培训教师，建立高素质的培训师资队伍。同时，加强对培训教师的培训和考核，不断提高其教学水平和业务能力。可以邀请行业专家、技术骨干进企授课，讲授最新的安全技术和管理经验。

3. 建立培训考核与激励机制。对参加安全技能提升培训的从业人员进行严格的考核，考核合格后颁发相应的证书。同时，建立激励机制，对通过培训考核、安全技能得到提升的从业人员给予一定的物质奖励和职业发展机会，在薪酬待遇、职务晋升等方面给予优先考虑。

（三）发挥职工代表大会对企业安全生产工作的监督作用

1. 建立健全职工代表大会制度。明确职工代表大会在安全生产工作中的监督职责和权限，制定相关的工作程序和规则，保障职工代表切实发挥群众性安全生产监督作用。

2. 加强职工代表安全生产知识培训。定期组织职工代表参加安全生产法律法规、安全管理知识等方面的培训课程，提高其对安全生产工作的认识和监督能力，使其能够准确识别安全生产隐患，提出合理的改进建议。

3. 建立安全生产信息沟通机制。建立安全生产信息沟通机制，及时向职工代表大会通报企业安全生产工作情况，包括安全生产管理制度的制定和执行情况、安全隐患排查治理情况、事故处理情况等，认真听取职工代表大会提出的意见和建议，对合理的建议要及时采纳并落实整改。

（四） 加强对高危行业建设项目的劳动安全保护

1. 严格执行建设项目"三同时"制度。高危行业建设项目在进行可行性研究时，要进行安全预评价；在设计阶段，要编制安全设施设计专篇；在施工过程中，要确保安全设施与主体工程同时施工；在项目竣工后，要进行安全验收评价和安全设施竣工验收。任何环节都不能缺失，确保建设项目从源头上符合劳动安全保护要求。

2. 强化建设项目施工过程中的安全监管。在高危行业建设项目施工过程中，建设单位、施工单位和监理单位要各司其职，加强安全管理。建设单位要对施工单位的安全生产条件进行审查，督促施工单位落实安全生产措施；施工单位要严格按照安全设施设计和施工规范进行施工，加强施工现场的安全管理；监理单位要认真履行监理职责，对施工过程中的安全隐患及时提出整改意见。

3. 建立建设项目劳动安全保护后评估机制。建设项目投入使用后，要定期对其劳动安全保护效果进行后评估。通过收集员工反馈、现场检查、数据分析等方式，评估安全设施的运行情况和劳动安全保护措施的有效性，及时发现存在的问题并进行改进。

（五） 加强职业病防治

1. 开展职业病危害因素检测与评价。企业要定期对工作场所的职业病危害因素进行检测和评价，确定危害因素的种类、浓度或强度，评估其对员工健康的影响程度。根据检测和评价结果，采取相应的防护措施，如改进生产工艺、加强通风换气、合理布局工作场所等。

2. 加强职业健康监护。企业要组织员工进行上岗前、在岗期间和离岗时的职业健康检查，建立健全员工职业健康监护档案。对检查中发现的疑似职业病患者，要及时安排进一步诊断和治疗；对确诊的职业病患者，要按照国家有关规定进行妥善安置和治疗。

3. 加强职业病防治宣传教育。通过多种形式，如宣传栏、培训讲座、发放宣传资料等，向员工普及职业病防治知识，让员工了解工作场所存在的职业病危害因素、防护措施以及自身享有的职业健康权益，引导员工正确使用劳动防护用品。

（六）督促企业依法落实工时和休息休假制度

1. 加强劳动法律法规宣传与执法检查。劳动保障部门要加强对劳动法、劳动合同法等劳动法律法规中关于工时和休息休假制度的宣传，对违反工时和休息休假制度的企业依法进行查处，维护员工的合法权益。

2. 推动企业建立合理的工时制度。鼓励企业根据生产经营实际情况，合理安排员工的工作时间和休息休假。对于确需加班的，要按照法律规定支付加班工资。推行弹性工作制度等灵活的工时制度，满足员工不同的工作和生活需求。

3. 建立员工投诉举报机制。设立专门投诉举报渠道，方便员工对企业违反工时和休息休假制度的行为进行投诉举报。劳动保障部门要及时受理员工的投诉举报，并进行调查处理，将处理结果反馈给投诉举报人。

（七）健全并落实产业工人疗养休养制度

1. 完善疗养休养制度体系。政府和企业要共同制定和完善产业工人疗养休养制度，明确疗养休养的对象、方式、时间、经费保障等内容。

2. 加强疗养休养设施建设。加大对疗养休养设施的投入，建设一批环境优美、设施齐全、服务优质的疗养休养基地，通过提供健康体检、康复治疗、休闲娱乐等多种服务项目，满足产业工人不同的疗养休养需求。

3. 合理安排疗养休养活动。企业要根据生产经营情况，合理安排产业工人的疗养休养时间，确保不影响正常生产。同时，丰富疗养休养活动内容，除了休息放松外，还可以组织开展职业技能培训、文化交流等活动，让产业工人在疗养休养的同时，提升自身素质和能力。

有效维护产业工人的安全与健康权益，需要党委、政府、企业、工会等各方协同发力。党委发挥领导核心作用，把握方向；政府通过政策制定与监管落实，提供保障；企业切实履行主体责任，改善工作环境；工会积极作为，维护工人权益。多方携手，共同促进产业工人队伍的稳定与发展，为经济社会的高质量发展筑牢根基。

案例

包头铝业工会"安全·干净"班组竞赛活动护卫职工安全健康

2024 年 12 月 18 日　来源：内蒙古总工会

内蒙古包头铝业有限公司工会采用风险分级管控的方法，在生产主体单位和各级工会组织中开展"安全·干净"班组竞赛，营造安全干净整洁作业环境，保障职工安全健康权益，为提升企业班组安全管理水平提供实践参考。

探索"六五二"先进工作法。从责任落实、学习能力、行为规范、现场环境、设备状态、班组面貌六个方面入手，实行自主管理、检查评比、定期督导、表彰奖励、总结推广五个步骤和月检查、季评比两项推进机制，动员发挥班组职工的自觉性和主动性，推动竞赛高质量开展、高标准落实。

强化班组安全生产自主管理。"安全·干净"班组竞赛列为安全生产标准化班组建设重要内容，激发班组职工参与活动的自觉性和主动性，使职工的安全行为由被动转为主动，逐步实现班组安全风险可控，职工安全行为规范，作业现场环境整洁。

形成班组比学赶超良好氛围。推进班组间交流学习更频繁，为促进班组间的相互学习和经验分享搭起平台。近三年组织 32 次专项检查，挖掘亮点 423 项，查出问题隐患 18724 项，立行整改率超 98%。三年来奖励优胜班组 158 个，受奖 4167 人次，发放奖金 56 万余元，15 个"安全·干净"班组获评中铝集团"安全·干净"示范班组。

第五节　做好新就业形态劳动者维权服务工作

近年来，以平台经济为代表的新经济蓬勃发展，催生了大量新就业形态。新就业形态劳动者，如外卖骑手、网约车司机、快递员、网络主播等，成为我国就业大军的重要组成部分，其工作模式和就业方式与传统劳动者存在显著差异，在劳动权益保障等方面面临诸多问题。做好新就业形态劳动者维权服务工作，对于维护社会公平正义、促进经济高质量发展、构建和谐劳动关系等具有重要意义。

一、新就业形态劳动者的现状与特点

（一）规模不断扩大。随着互联网平台的普及和发展，新就业形态劳动者分布在各个领域，数量持续增长。相关统计数据显示，我国新就业形态劳动者 8400 万人，且仍保持着较快的增长态势。

（二）就业灵活性高。新就业形态劳动者的工作时间和地点相对灵活，可以根据自己的意愿和时间安排选择工作任务。这种灵活性吸引了大量劳动者加入，尤其是一些有特殊需求的人群，如兼职人员、自由职业者等。

（三）劳动关系复杂。与传统的劳动关系不同，新就业形态劳动者与平台企业或平台用工合作企业之间的劳动关系较为复杂。部分劳动者与企业之间不存在传统意义上的劳动合同关系，而是通过平台达成合作协议，这使得他们在劳动权益保障方面面临诸多不确定性。

二、做好新就业形态劳动者维权服务工作的重要意义

（一）保障劳动者基本生活。新就业形态劳动者大多依靠劳动收入维持生计。保障他们的劳动权益，确保他们能够获得合理的劳动报酬、享受必要的社会保障等，对于保障他们的基本生活、提高生活质量具有重要意义，也是体现社会人文关怀、促进社会公平的重要举措。

（二）促进经济高质量发展。新就业形态劳动者是推动新经济发展的重要力量。通过保障他们的权益，能够激发他们的工作积极性和创造力，提高劳动生产率，从而为经济高质量发展提供有力支撑。同时，良好的劳动权益保障环境也有助于吸引更多人才投身新就业形态，促进新经济的持续健康发展。

（三）构建和谐劳动关系。和谐稳定的劳动关系是社会稳定的基石。做好新就业形态劳动者维权服务工作，能够有效化解劳动者与企业之间的矛盾和纠纷，促进双方建立良好的合作关系，从而构建和谐稳定的劳动关系。

三、做好新就业形态劳动者维权服务工作的主要路径

《中共中央　国务院关于深化产业工人队伍建设改革的意见》指出，研究推动新就业形态领域立法。全面推行工会劳动法律监督"一函两书"，加强对平台企业和平台用工合作企业的监管。积极做好新就业形态劳动者建会入会和维权服务工作，畅通诉求表达渠道，解决急难愁盼问题。健全灵活就业人员、农民工、新就业形态劳动者社保制度，扩大新就业形态劳动者职业伤害保障试点。推动平台企业建立与工会、

劳动者代表常态化沟通协商机制。

(一) 研究推动新就业形态领域立法

1. 完善法律法规体系。目前，我国在新就业形态领域的法律法规还存在一定的空白和不完善之处。应加快研究制定相关法律法规，明确新就业形态劳动者与平台企业或平台用工合作企业之间的权利义务关系，规范劳动用工行为，为劳动者维权提供法律依据。

2. 加强法律适用研究。针对新就业形态劳动关系的复杂性，加强对相关法律法规适用的研究。明确在不同情况下如何认定劳动关系，如何适用劳动法律法规，确保法律的正确实施，避免出现法律适用的模糊地带。

3. 推动地方立法探索。鼓励各地根据本地实际情况，开展新就业形态领域的地方立法探索。在国家法律法规的框架下，结合地方经济社会发展特点和新就业形态劳动者的实际需求，制定更加具体、可操作的地方性法规和政策，为新就业形态劳动者权益保障提供更加有力的支持。

(二) 全面推行工会劳动法律监督 "一函两书"

1. 明确 "一函两书" 的内容和程序。工会劳动法律监督 "一函两书"，即《工会劳动法律监督提示函》《工会劳动法律监督意见书》和《工会劳动法律监督建议书》。要明确 "一函两书" 的适用范围、内容要求和发送程序，确保其能够有效发挥作用。

2. 加强对平台企业和平台用工合作企业的监管。工会应加大对平台企业和平台用工合作企业的劳动法律监督力度，通过实地检查、问卷调查、职工访谈等方式，及时发现企业存在的劳动用工问题。对于发现的问题，及时发出 "一函两书"，督促企业整改落实。

3. 建立跟踪反馈机制。对发出的 "一函两书" 要建立跟踪反馈机制，及时了解企业的整改情况。对于整改不力的企业，要依法采取进一步措施，如向有关部门通报、媒体曝光等，确保监督工作取得实效。

（三）积极做好新就业形态劳动者建会入会和维权服务工作

1. 加大建会入会工作力度。创新建会入会方式，针对新就业形态劳动者的特点，采取灵活多样的建会形式，如行业工会、联合工会、区域性工会等，最大限度地将新就业形态劳动者组织到工会中来。加强宣传引导，提高新就业形态劳动者对工会的认识和认同感，激发他们加入工会的积极性。

2. 加强维权服务能力建设。工会要加强自身建设，提高维权服务能力。建立健全劳动争议调解、法律援助等工作机制，为新就业形态劳动者提供及时、有效的维权服务。加强与政府部门、企业的沟通协调，形成维权工作合力。

3. 畅通诉求表达渠道。建立健全新就业形态劳动者诉求表达渠道，如设立 12351 热线电话、网络平台等，方便劳动者反映问题。工会要及时受理劳动者的诉求，认真进行调查处理，并将处理结果及时反馈给劳动者，切实解决他们的急难愁盼问题。

（四）健全灵活就业人员、农民工、新就业形态劳动者社保制度

1. 完善社保政策。针对新就业形态劳动者的特点，完善社保政策。降低参保门槛，简化参保手续，提高社保制度的可及性。探索建立适应新就业形态的社保缴费模式，如按单缴费、按小时缴费等，减轻劳动者的缴费负担。

2. 扩大社保覆盖范围。加大社保政策宣传力度，提高新就业形态劳动者的参保意识。加强与平台企业的合作，推动平台企业依法为劳动者缴纳社会保险。对于以个人身份参保的劳动者，要提供必要的政策支持和服务保障，确保他们能够顺利参保。

（五）扩大新就业形态劳动者职业伤害保障试点

1. 总结试点经验。对已开展的新就业形态劳动者职业伤害保障试

点工作进行全面总结，分析试点过程中存在的问题和不足，总结成功经验和做法。通过总结试点经验，为进一步扩大试点范围和完善职业伤害保障制度提供参考。

2. 完善保障机制。根据试点情况，完善新就业形态劳动者职业伤害保障机制。明确保障范围、保障标准、认定程序等，确保职业伤害保障制度能够切实保障劳动者的权益。加强与工伤保险制度的衔接，避免出现重复保障或保障空白的情况。

3. 扩大试点范围。在总结试点经验和完善保障机制的基础上，逐步扩大新就业形态劳动者职业伤害保障试点范围。将更多的新就业形态劳动者纳入职业伤害保障体系，提高他们的职业伤害风险抵御能力。

（六）推动平台企业建立与工会、劳动者代表常态化沟通协商机制

1. 明确沟通协商内容。沟通协商的内容应包括劳动报酬、工作时间、休息休假、劳动安全卫生、社会保险等涉及劳动者切身利益的问题。平台企业要充分听取工会和劳动者代表的意见和建议，共同协商解决问题。

2. 建立沟通协商平台。建立健全平台企业与工会、劳动者代表沟通协商的平台，如定期召开座谈会、设立意见箱、开展网络沟通等，确保沟通协商渠道畅通。通过沟通协商平台，及时了解劳动者的诉求和企业的发展需求，促进双方相互理解、相互支持。

3. 完善沟通协商机制。制定完善的沟通协商机制，明确沟通协商的程序、方式、时间等。建立沟通协商成果跟踪落实机制，对协商达成的事项要及时进行跟踪落实，确保协商成果得到有效执行。

做好新就业形态劳动者维权服务工作，是一项长期而艰巨的任务。它不仅关系到新就业形态劳动者的切身利益，也关系到经济社会的稳定和发展。各级组织要不断总结经验、加大工作力度、完善工作机制，形成合力，扎实做好新就业形态劳动者维权服务工作，为实现经济社会高质量发展作出更大的贡献。

案例

雅安雨城区总工会运用"一函两书"切实维护货运司机权益

2024 年 10 月 30 日　来源：四川省总工会

雨城区总工会关注职工群众"揪心事"，运用"一函两书"制度为抓手，筑牢劳动法律监督第一道防线，高效为货运司机妥善解决运费纠纷，维护货运群体合法权益。

一是加强信息收集，下好协同联动"先手棋"。深刻把握"一函两书"工作内涵，全面践行新时代"枫桥经验"。依靠和发动职工、基层，坚持矛盾不上交、就地解决的工作思路，联动社区网格化信息员队伍，建立信息互通机制，迅速掌握劳动者群体权益受损问题纠纷。

二是精准靶向施策，制定排查化解"关键招"。2024 年 6 月，网格员开展基层走访时，了解到本区货车司机在网络平台承揽的多笔货运业务均未能及时结算。按照信息互通机制，该网格员立即将上述线索反映至区总工会。区总工会得知该事件后，迅速安排部署，深入实地探源究底，有针对性制定工作措施。

三是凝聚多方合力，打好多元化解"组合拳"。充分发挥工会劳动法律监督职责，向江苏某国际物流公司总部发送《工会劳动法律监督提示函》，督促该物流有限公司及时确认未结算运费金额并支付到位。利用"工会+法院+检察院+人社+N"劳动者权益保障协作机制，协同区检察院、交通局联动发力，成功为货车司机追讨异地被拖欠的运费44.77 万元。

第七章

搭建产业工人建功立业平台

搭建建功立业平台是发挥产业工人主力军作用的战略支点。依托劳动和技能竞赛、"五小"活动、劳模工匠创新工作室等工会传统平台，为产业工人提供平台、搭建舞台。在提升我国制造业核心竞争力、实现产业升级的进程中，让产业工人真正成为创新驱动发展的关键引擎、制造强国建设的强劲动能。

第一节　产业工人建功立业平台概述

产业工人如同国家经济大厦的坚实基石，他们的身影活跃在制造业、建筑业、能源业等关乎国计民生的关键领域，用辛勤的汗水、精湛的技艺和不懈的努力，推动着经济巨轮破浪前行。

一、搭建产业工人建功立业平台的重要意义

（一）搭建产业工人建功立业平台是顺应时代发展的必然选择。世界正处于百年未有之大变局，科技革命和产业变革加速演进，全球竞争日益激烈，我国正大力推进制造强国战略，加快产业转型升级，构建现代化产业体系。这一宏伟征程，对产业工人的素质和能力提出了前所未有的更高要求。产业工人不仅要熟练掌握传统生产技能，还需具备扎实

的科技创新能力、数字化应用能力以及国际竞争视野，才能在新的产业格局中站稳脚跟，为国家发展注入源源不断的动力。

（二）搭建产业工人建功立业平台发挥桥梁纽带作用。这一平台犹如一座桥梁，一头连接着产业工人的成长与发展，另一头则紧密关联着国家经济社会的进步。它为产业工人提供了广阔的施展空间，让他们能够在技术创新、技能提升、项目攻关等舞台上充分展现才华，实现自身价值；同时，也为产业发展注入创新活力，加速产业升级，提升国家整体竞争力，在经济高质量发展的赛道上跑出"加速度"。

二、产业工人建功立业平台的主要内容

（一）搭建劳动和技能竞赛平台，激发奋进动力。劳动和技能竞赛，宛如一场场激烈的产业马拉松，是搭建产业工人建功立业平台的重要基石。紧紧围绕国家重大战略、重点工程、重大项目以及重点产业展开，以多元化的竞赛形式，激发着产业工人的拼搏精神与创新活力，为产业工人提供了展示自我的舞台，让他们在与同行的切磋较量中，明确自身优势与不足，进而激发学习与提升的动力。当看到身边的工友凭借精湛技艺和高效工作在竞赛中获奖，其他工人也会受到鼓舞，主动钻研业务知识，提升操作技能，形成"比、学、赶、帮、超"的浓厚氛围，促使整个产业工人队伍素质不断提升，为产业发展注入源源不断的动力。

（二）搭建创新创造活动，点燃智慧火花。鼓励产业工人开展"四技""五小"等群众性创新创造活动，如同在产业领域播撒下智慧的火种，一旦点燃，便会释放出巨大能量。在制造业中，许多企业面临着生产效率瓶颈、产品质量提升难题等。产业工人身处生产一线，对实际问题有着最直观的感受和深刻的理解。他们通过技术革新，改进生产设备的关键部件，优化工艺流程，解决设备运行不稳定、生产效率低下等问题。这些创新活动，不仅解决了企业发展中的实际问题，推动企业不断向前发展；更重要的是，让产业工人在创新过程中，充分发挥自身聪明

才智，实现个人价值的升华，获得更多的尊重与认可，进一步激发持续创新的热情，形成企业与工人共同发展的良性循环。

（三）搭建示范引领平台，树立行业标杆。劳模和工匠人才创新工作室，堪称产业领域的"灯塔"，发挥示范引领作用。这些工作室由经验丰富、技艺精湛的劳模和工匠领衔，汇聚了一批志同道合、积极进取的产业工人。围绕企业生产经营中的重点、难点问题开展技术攻关，通过"传帮带"，将劳模和工匠的精湛技艺、丰富经验以及敬业精神传承给年轻一代产业工人，为产业升级和经济高质量发展提供坚实的人才支撑。

三、搭建产业工人建功立业平台遵循的原则

（一）坚持党的领导，把稳思想之舵。在搭建产业工人建功立业平台中，坚持党的领导是首要原则。习近平新时代中国特色社会主义思想，是引领产业工人奋进的思想旗帜。通过开展形式多样的学习教育活动，如班前十分钟、专题讲座、线上学习、实地参观红色教育基地等，让产业工人深入学习领会这一思想的核心要义、精神实质和丰富内涵。党建工作在产业工人队伍建设中发挥着关键的政治保障作用。加强企业党组织建设，在企业内部构建完善的党组织体系，确保党的工作覆盖到每一个车间、每一个班组。持续解决国有企业党员空白班组问题，注重在产业工人中发展党员，把生产经营骨干培养成党员，把党员培养成生产经营骨干。

（二）以工为本，聚焦工人需求。以工为本，是搭建产业工人建功立业平台必须始终坚守的核心原则，它体现了对产业工人主体地位的尊重和对其需求的深切关注，是激发产业工人积极性、主动性和创造性的关键所在。提高产业工人经济收入，维护产业工人安全健康权益。加强产业工人服务保障，关注产业工人的住房、子女教育、医疗等问题。一些企业为产业工人提供宿舍或住房补贴，解决他们的住房难题；积极协调当地教育部门，帮助产业工人子女解决入学问题；完善企业的医疗保

障制度，为产业工人提供健康体检、医疗救助等服务。健全以职工代表大会为基本形式的企事业单位民主管理制度，涉及产业工人切身利益的重大事项，必须依法依章程经职工代表大会审议通过，让产业工人切实感受到自身权益得到保障，从而增强他们的获得感、幸福感和安全感，为实现建功立业的目标而努力奋斗。

（三）协同共进，凝聚多方合力。搭建产业工人建功立业平台，是一项系统而复杂的工程，需要政府、企业、工会等各方协同合作。政府在产业工人队伍建设中发挥着宏观引导和政策支持的关键作用。企业作为产业工人的直接用人单位，是产业工人队伍建设的主体，在搭建建功立业平台中承担着重要责任。工会作为职工利益的代表者和维护者，在产业工人队伍建设中发挥着独特的桥梁和纽带作用。各方应加强沟通协调，建立健全协同工作机制。定期召开联席会议，共同研究解决产业工人队伍建设中遇到的重大问题。加强信息共享，及时交流产业工人队伍建设的相关信息和经验做法，形成工作合力，助力产业工人为国家经济社会发展作出更大贡献。

搭建产业工人建功立业平台，激发了产业工人的积极性、创造性和责任感，推动了产业升级和经济高质量发展。政府、企业、工会等各方应携手共进，共同为产业工人创造更好的发展环境，提升他们的技能水平和综合素质，畅通职业发展通道，完善激励机制，为推动经济高质量发展、实现科技自立自强、维护社会和谐稳定贡献磅礴力量。

案例

搭建建功立业平台　助燃经济发展引擎

——陕西工会推动广大产业工人建功立业

2024 年 12 月 10 日　来源：陕西日报

近年来，陕西以开展劳动和技能竞赛为契机，在促进产业工人队伍建设改革向纵深发展，激励职工群众投身建功立业实践，大力弘扬劳模精神、劳动精神、工匠精神等方面持续加力，助燃陕西经济发展新引擎。

技能竞赛：千锤百炼 "竞"出真功夫

2024年10月18日，陕西省2024职业技能大赛落幕，大赛聚焦县域经济、民营经济、开放型经济、数字经济发展需求和陕西省产业发展需求，创设了新能源汽车智能化技术、移动机器人等20个赛项。这是陕西职业技能竞赛工作蓬勃开展的一次生动体现。近年来，陕西省每年举办各类省级行业职业技能竞赛100余场，覆盖200多个职业工种，带动30万人次以上的技能劳动者参与。2016年以来，已选拔产生3000余名"陕西省技术能手"。

2024年9月，由省总工会承办的第八届全国职工职业技能大赛决赛在陕举办，大赛设置6个工种，其中数控机床装调维修工、网络与信息安全管理员、人工智能训练师、汽车维修工（智能网联新能源汽车方向）4个现代工种，适应新型工业化和现代化产业体系高质量发展要求。

从精密制造到智能应用，从技术工人到新就业形态劳动者，从省级到市级、县级，乃至企业、院校内部……经过多年精心打造和持续推进，陕西省职工职业技能竞赛体系层次分明，规模之大、参赛工种之多、竞赛内容之丰富、影响范围之广都发生了质的飞跃。

2024年，陕西还印发《陕西省职业技能竞赛管理办法》，为构建职工职业技能竞赛大格局提供政策支持。目前，省级职业技能竞赛按类别细分为省级综合性职业技能大赛、省级一类竞赛和省级二类竞赛。

陕西省职工创新技术协作中心主任表示："近年来，陕西省在深化产业工人队伍建设改革中，将高技能人才队伍建设作为推动经济社会高质量发展的重要支撑，通过加强顶层设计，完善政策制度，构建了一个多层次、立体化、全方位的技能竞赛大格局，为发现、选拔和培养更多具有时代特色的技能人才、三秦工匠、大国工匠搭建了广阔平台。"

劳动舞台：万众一心 "建"出高质量

2024年，省总工会还首次开展以"共建标杆班组 实干'陕'耀未来"为主题的陕西省班组建设大赛，7577个班组参赛，充分展现了新时代陕西产业工人的精神风貌。

这是陕西工会开展劳动竞赛，积极推进产业工人队伍建设改革的生动写照。近年来，省总工会按照全国总工会和省委的部署要求，围绕陕西重大工程、重大项目、重点产业，广泛深入持久开展劳动竞赛。

从航空领域、铁路领域到公路领域、水利领域；从高端装备制造领域到新兴产业和未来产业领域；从机械建筑领域到农业领域……

陕西工会围绕体制机制建设、"水陆空"立体交通枢纽、"秦创原"创新驱动平台、"碳达峰"能源转型目标等，扎实推进重大工程劳动竞赛，实现了劳动竞赛从"精英赛""示范赛"向"全员赛""普遍赛"的转变。

与此同时，陕西还构建了竞赛体系，以重大水利工程等4个"十四五"全国引领性劳动和技能竞赛为引领，稳步推进劳动竞赛"十百千万"工程落地生根，全省11个市（区）总工会和8个省级产业工会精心策划、积极组织实施，8万余家单位参与劳动竞赛，参与职工500余万人次。

陕西各级工会组织在劳动竞赛中也扮演着重要角色，积极统筹协调，深入企业、工地等一线了解情况，根据不同行业、不同岗位的特点制订科学合理的竞赛方案。同时，还为表现优异的劳动者提供丰厚的奖励以及广阔的成长平台，让大家参与竞赛有劲头、有盼头。

省总工会经济技术部部长张朝惟介绍，省总工会每年制定《劳动和技能竞赛工作方案》，对竞赛中表现突出的项目、集体和个人，优先作为全国和陕西省五一劳动奖章、全国工人先锋号的推荐对象，提高职工的获得感、认同感。

建功之路：激发活力 "赛"向高质量

从"小徒弟"到"老师傅"，从"普通工人"到"大国工匠"……被誉为液体火箭心脏"钻刻师"的中国航天科技集团六院西安航天发动机有限公司何小虎，就是技能竞赛的受益者，从车间级到工厂级再到院级，每一个能参与的"技术比武"他都不放过，书写了技术工人"以技傍身"的传奇故事。

目前，陕西涌现出许许多多像何小虎一样，在劳动和技能竞赛中"赛"出来的"匠星"，如同点点星火，汇聚成炬，带动一大批产业工人在三秦大地上追光逐梦。

从陕西省重点项目劳动和技能竞赛暨"十四五"全国引领性劳动和技能竞赛启动到西安市创新举办首届人工智能大赛、首届康养行业职业技能竞赛；从"法士特杯""陕焦杯""陕钢杯"到"三秦工匠杯"……近年来，省总工会、省人社厅联合组织各类大型劳动和技能竞赛活动，各地市、各产业工会根据本地区产业特点和发展需求开展劳动和技能竞赛。众多企业积极响应号召，将劳动和技能竞赛作为提升员工素质、推动企业发展的重要手段，职工参与率逐年上升。

陕西通过拓展竞赛职业工种，创新竞赛方式方法，充分发挥引领性竞赛示范作用，带动区域各行各业广泛开展劳动和技能竞赛，形成以"全国引领性劳动和技能竞赛项目"为龙头、"省级引领性劳动和技能竞赛项目"为主体、"市县级竞赛、行业竞赛、企业竞赛"为基础的多层级、多行业、多工种、广覆盖的竞赛体系。学技术、比技能、强队伍，搭平台、建机制、拓通道……陕西各级工会围绕中心、服务大局，以开展劳动和技能竞赛为抓手，激发创新活力，为培育发展新质生产力塑造"新"优势，激励广大职工在助推陕西经济高质量发展中建功立业。(牟影影)

第二节　深入开展劳动和技能竞赛

新时代，劳动和技能竞赛在推动经济发展、提升劳动者素质等方面扮演着越发关键的角色。从国家重大战略的实施，到企业日常生产运营，竞赛活动如同一股强劲的动力，激发着产业工人的活力与创造力，为高质量发展注入源源不断的能量。

一、深入开展劳动和技能竞赛的工作要求

2023 年 10 月 23 日，习近平总书记同中华全国总工会新一届领导班子成员集体谈话时指出，要广泛深入开展各种形式的劳动和技能竞赛，激发广大职工的劳动热情、创造潜能，在各行各业各个领域充分发挥主力军作用。根据竞赛内容的不同，新时代劳动和技能竞赛可划分为三类：生产型竞赛、技能型竞赛和智能型竞赛。生产型竞赛是旨在调动职工积极性、促进某一生产任务完成而开展的竞赛活动，也就是我们传统意义上的生产竞赛。技能型竞赛是旨在帮助职工掌握操作技法、促进职工技能水平普遍提高而开展的竞赛活动，包括岗位练兵、技能比赛等活动，又称职工技能素质提升活动。智能型竞赛是旨在开发职工智能、促进技术进步和加强经营管理而开展的竞赛活动，包括合理化建议、技术攻关、技术革新和发明创造等，又称职工技术创新活动。

（一）围绕高质量发展和创新创造开展新时代劳动和技能竞赛。要立足党和国家各项事业发展全局，立足党中央对改革发展稳定各项工作的决策部署，围绕国家重大战略、重大工程、重大项目、重点产业，广泛深入持久开展劳动和技能竞赛，积极参加群众性创新活动，汇聚起众志成城的磅礴力量。

（二）广泛深入持久开展新时代劳动和技能竞赛。广泛，就是扩大覆盖面、提高参与度。一要实现整体上提高，无论企业所有制性质、效益状况、规模大小，都要因行业制宜、因企业制宜，开展形式多样的劳动和技能竞赛，打造与高质量发展相适应的企业和职工队伍。二要实现差异化推进，对国有企业、民营企业、小微企业等各类经营主体，要分类进行部署和指导。三要实现梯次性布局，地方工会要建立劳动和技能竞赛典型库，分出成熟、部分成熟、未成熟三个典型培育档次，分梯次推进竞赛工作。深入，就是落实到基层、深入到一线。立足一线岗位、组织一线职工、解决一线问题，以创建"工人先锋号"为载体，立足岗位，围绕质量提升、技术创新、节能减排、安全生产、现场管理等广泛开展班组竞赛，进一步夯实竞赛活动的基础。持久，就是要长期坚持下去、形成长效机制。要深入研究竞赛机理，激发和保护企业参与竞赛的热情，精准推动竞赛将企业的"长板"锻造得更长、更有优势，同时补齐"短板"，促进企业发展，增强竞赛的可及性和说服力。要坚持物质奖励和精神奖励相结合，联合政府有关部门建立健全竞赛激励机制，推动企业制定相应的竞赛奖励制度，把竞赛活动作为职工业绩评价、技能评定、培训深造、晋级晋升的重要依据，保护好职工创新创造的积极性，扩大职工受益面。

（三）分层分类开展新时代劳动和技能竞赛。基层工会开展劳动和技能竞赛要注重提升企业生产效率和职工技能水平，如酒泉钢铁集团公司通过打造劳动和技能竞赛体系，让更多一线职工走上前台。深化劳动竞赛四级竞赛机制，改进竞赛组织模式，每年开展"长专项"和"短平快"劳动竞赛。实行技能竞赛"三级"竞赛制，各层级的比赛均先组织班组之间的竞赛，经过竞赛选拔出的选手参加厂级竞赛；通过组织理论和实际培训，选拔出的选手参加公司级以上比赛。多层次、多领域竞赛开展"五小"活动，构建以"五小"为基础，以创新工作室、创新型班组为引领，以创新联盟为试点的职工岗位创新体系，分职工组和青工组征集"五小"项目、分工人岗和管理技术岗评审表彰。地区级劳动和技能竞赛注重围绕当地产业特征，如京津冀三地开展"创新京津冀"主题劳动和技能竞赛，助力区域协同、科技创新、产业融合，积极引导广大职工在使京津冀成为中国式现代化建设先行区、示范区中充分发挥主力军作用。一是聚焦新质生产力培育和发展方向，选取网络安全、区块链技术创新应用、航空航天模型加工、机器人系统集成四个赛项开展三地职工职业技能大赛。二是以赛促学促干。京津冀职工职业技能大赛决赛于2024年11月15日至17日举行，采取线上线下相结合的方式，对三地参赛选手的风采展示、创新成果路演、工匠人才创新创效宣讲和决赛全程进行直播。三是以赛激励带动。根据奖励办法，对各赛项决赛选手给予物质奖励，对各赛项决赛前三名的选手授予"京津冀大工匠"称号；对符合推荐条件的各赛项决赛第一名的选手，由选手所在单位优先推荐参加省市级五一劳动奖章评选。

二、深入开展劳动和技能竞赛的关键环节

劳动和技能竞赛作为一项系统工程，要注重前瞻性思考、全局性谋划、整体性推进。赛前要成立机构、制订方案、深入调研、确定赛题、召开动员大会、宣传发动。赛中要观摩赛事、检查进度、阶段性验收，调整竞赛计划、解决过程中出现的问题，保障竞赛所需的物质设施。赛后要总结评比表彰，召开表彰大会，颁奖领项，交流展示，成果经验推广，成果发布、评估总结，报请上级评先奖励，材料归集，大力宣传劳模工匠，并为其搭建平台，提供舞台等。在坚持系统谋划的同时，对开展新时代劳动和技能竞赛工作时，需要重点关注六个关键环节，从而推动竞赛走向广泛深入持久。

（一）扩大朋友圈，扩容竞赛体系，工会从独角戏到大合唱。建立健全竞赛组织领导机构，积极争取各级党委和政府、产业链"链长"、企业负责人的重视支持，加强与行业协会、工商联、商会等的沟通协调，发

挥行业工会、街道楼宇工会的优势作用，强化党政支持、工会牵头、上下联动、共同推进的"一盘棋"格局，形成党政挂帅、工会牵头、各职能部门分工合作，党政工齐抓共管竞赛的新局面。其中，党委作为政治核心，对劳动和技能竞赛把关定向，以强有力的思想政治工作和党组织、党员的先锋模范作用推动竞赛的开展；行政作为生产经营管理主体，掌握管理权，指挥调度各职能部门人财物各种要素；工会负责竞赛的主题提出、方案起草、竞赛发动、组织实施、考核评比、宣传鼓动、表彰奖励、协调保障等具体工作。三方的优势集成，有力保障竞赛的针对性、科学性、实效性和可操作性。以上海浦东新区总工会联手区级 23 个政府职能部门及各大开发区管委会举办劳动技能竞赛为例。浦东新区总工会在打造社会主义现代化建设引领区的核心使命中，坚持"开门办赛"原则，注重发挥职能部门、行业协会、高技能人才培养基地等专业部门力量，联手区级 23 个政府职能部门及各大开发区管委会，共同举办浦东六大硬核产业、城市数字化转型、金色中环发展带建设、服务效能倍增四大系列劳动技能竞赛，广泛吸引浦东乃至长三角区域职工参与，形成创新创造、比学赶超的浓厚氛围，引导广大劳动群众在改革开放、创新发展主战场建功立业，培养更多的浦东工匠、职工科技英才、工人发明家。以安徽省总工会开展海峡两岸（皖台）青年职工技能竞赛交流为例。安徽省总工会以赛为媒发挥"工"字力量。2015 年以来，安徽省总工会与中国台湾工会组织定期举办技能竞赛交流活动，先后 8 次开展海峡两岸（皖台）青年职工技能竞赛，促进两岸青年职工以竞赛为媒、以技能会友，积极为两岸职工技能提升献良策，为两岸青年交流交心搭平台，为两岸关系融合发展聚共识。不断扩大"朋友圈"，进一步提高"首来族"和青年学生参与度，2024 年竞赛活动两类人员分别占比 73.7% 和 60.5%；逐渐引入新业态，在传统的焊工、车工竞赛项目基础上，增设广受年轻人喜爱的电商直播竞赛，强化竞赛吸引力和时代性。

（二）开辟新赛道，丰富竞赛内容，用"四特"选题法为赛道把脉。劳动和技能竞赛的赛道，要围绕解决什么问题开展竞赛，要围绕中心工作选题，要围绕"时代特征、地域特色、行业特性、单位特点"开辟赛道。坚持聚焦时代特征，以全国职工数字化应用技术技能大赛为例。全国职工数字化应用技术技能大赛全方位助力推动数字经济高质量发展，为培育"数字工匠"、高素质产业工人队伍建设奠下厚实的成长土壤，进一步发挥职工职业技能比赛的示范带动作用，以赛促学、以赛促训，提升广大职工数字素养与技能。坚持聚焦地域特色，以合肥大科学装置集中区重点工程劳动和技能竞赛为例。作为助力合肥更加"科里科气"的劳动和技能竞赛，在合肥大科学装置集中区重点工程中开展以"安全工程、一流工程、绿色工程、高效工程"为主要内容的劳动竞赛和焊工技能大赛，劳模先进比出来、工匠标兵赛出来，汇聚起齐心协力干事创业的强大动能，努力打造世界一流的大科学装置集中区，为合肥高质量发展提供有效支撑。坚持聚焦行业特性，以首届全国拉面技能大赛从区域走向全国为例。以"提升技能水平　发展拉面产业"为主题的首届全国拉面技能大赛从偏隅一方的地方赛事升格为全国赛事，办出大赛"高标准"、比出大赛"高品质"、打造大赛"名品牌"，促进拉面产业做大、做优、做强，增强拉面行业从业人员的行业自尊和职业自信。坚持聚焦单位特点，以"工会送岗位　乐业在江淮"主题劳动竞赛为例。安徽省总工会通过开展"工会送岗位　乐业在江淮"主题劳动竞赛，实施"四比一创"，整合就业创业资源，扎实推进稳岗就业工作，提高服务职工群众、促进企业发展能力，高质量完成"1252"目标任务。"四比一创"的竞赛内容主要分为：一是比服务能力。认真开展调研，建立企业招工用工需求"清单"和劳动者求职需求"清单"，准确匹配供求双方需求。二是比服务创新。围绕区域特色和行业特点，采取灵活多样的方式举办线上线下招聘会、推介会、座谈会等，促进人岗精准匹配。三是比服务保障。通过实施就业贷款贴息、创业无息借款等援助措施，支持创业项目。积极争取政策资金支持，承接政府培训项目。四是比服务成效。精心策划线下招聘活动，帮助外出务工人员顺利留皖就业。五是创工作品牌。坚持"明确职责定位、服务工作大局、精准确定人群、突出工会特色"原则，充分彰显工会担当，已经打造成安徽工会工作的新亮点新品牌。

（三）打开新模式，创新竞赛形式，以"互联网+"为竞赛模式赋能。劳动和技能竞赛的内容是竞赛的核心，形式是内容得以实现的条件，是为内容服务的。除了传统的小指标竞赛、单项指标竞赛外，党的十八大以来，全国总工会围绕中心，服务大局，深入开展了"建功'十四五' 奋进新征程"主题劳动和技能竞赛、全国引领性劳动和技能竞赛、促进区域发展全国示范性竞赛、重大工程竞赛、职工节能减排竞赛等活动，发挥了良好的引领示范作用，助推了经济健康发展。各地工会从本地区、本产业、本单位和本部门的实际出发，在深化已有竞赛活动的同时，创造出企地联合、区域联合、党建联合等丰富多样竞赛新模式。如安徽省总工会创新开展推进新能源汽车和智能网联汽车产业劳动和技能竞赛，联合省直有关主管部门、省有关行业商协会等单位，开展创新安徽、数字安徽、平安安徽等七个专项竞赛，进一步增强了竞赛活动的吸引力。在竞赛形式的创新上，要充分利用"互联网+"等现代化手段，使竞赛活动富有时代特色。如重庆市总工会充分利用互联网推动劳动和技能竞赛提档升级，辖区内建立工会组织的企业、机关、事业单位均可自愿报名参赛，参赛者通过线下技术练兵等活动，然后在网络上，通过图文、视频等形式充分展示、交流职工技能提升的过程，进一步扩大了竞赛的覆盖面，提升了竞赛的影响力。在竞赛品牌的打造上，镇海炼化工会组织开展"最强操作"劳动竞赛活动，开创了全员大学习、大练兵、大提升的火热局面。竞赛提前一周全员盲抽，确定参赛选手，在这一赛制下，无论是刚进场满一年的新职工，还是年过半百的老师傅，都会被抽到参赛，以此促进平时全员练兵，把精英赛办成了全员赛。通过以赛促练，以赛育人，推动了基层职工从"要我学"向"我要学"转变。

（四）绩效新导向，建立长效机制，以绩效评估指标体系为竞赛注入持久动力。新时代劳动和技能竞赛应充分吸纳各种社会资源，优化"开门办竞赛"的组织机制，探索建立科学的劳动和技能竞赛评估指标体系，构建科学的绩效评估机制。《年劳动和技能竞赛规划（2021—2025）》指出，坚持项目化管理，严格项目遴选标准，精心制订竞赛方案，建立完善竞赛项目库，健全信息反馈、项目督导、调查研究、评估考核、总结表彰等工作机制，强化闭环管理。开展竞赛绩效评估工作是加强新时代劳动和技能竞赛机制建设、推动竞赛扎实有效开展的一项重要举措，要把职工满意不满意、党政支持不支持、社会认可不认可作为竞赛评估的重要内容，通过开展评估工作，选树先进，查找不足，改进工作。为进一步提高企业开展竞赛绩效评估工作的科学化、规范化、制度化水平，制定《企业劳动和技能竞赛绩效评估指标体系（试行）》。该绩效评估指标体系以提升劳动和技能竞赛工作水平为目标，以安全与健康、创新与效率、技能与发展、地位与待遇、文化与影响等五个方面为重点，充分发挥绩效评估工作的"指挥棒"和检测器作用，促进竞赛各项机制不断完善。

（五）育人新途径，坚持五位一体，以"点线面"方式培育高素质劳动大军。当下，新时代劳动和技能竞赛已演变成一种有效的育人模式，组织职工横向实施赛前培训、岗位练兵、开展竞赛、赛后晋级、精神和物质激励，纵向参加基层单位日常赛、所属单位全员赛、集团公司精英赛、行业地区专项赛、国家国际重大赛，打造纵横交错的"五位一体"育人模式。工会要协同各个方面为其发挥作用搭建平台、提供舞台，培养造就更多劳动模范、大国工匠，尤其是要发挥劳动模范、大国工匠的先进示范作用。与此同时，工会组织要着力搭建点线面的育人体系。从点上看，推动具备条件的行业企业建立职工创新工作室、劳模创新工作室和技能大师工作室。创建的标准要从本地区、本企业的实际需要出发，做到：标志明显、场所规范、设施齐全、制度完善、经费充足、台账翔实、成效明显。《中华全国总工会关于进一步深化劳模和工匠人才创新工作室创建工作的意见》《全国示范性劳模和工匠人才创新工作室命名管理工作暂行办法》《全国示范性劳模和工匠人才创新工作室补助资金管理暂行办法》等系列文件政策予以规范和支持。从线上看，要引导企业探索建立跨区域、跨行业、跨企业的创新工作室联盟，鼓励职业相关、技术相近、技能相通的工作室领衔人互学互鉴，实现共享资源、共解难题、共享成果、共推发展、共创品牌，联盟成为企业智囊团、岗位创新源、项目攻关队、人才孵化器、团队方向标。从面上看，《中国工运事业和工会工作"十四五"发展规划》指出，深化新时代工匠学院建设。中国工会十八大报告指出，构建线下线上结合的工匠学院建设体系，培养造就更多高素质产业工人。

（六）培育新风尚，大力弘扬劳模精神、劳动精神、工匠精神。新时代劳动和技能竞赛工作的成效，最终要升华为一种文化的弘扬——劳模精神、劳动精神、工匠精神。在 2020 年全国劳动模范和先进工作者表彰大会上，习近平总书记首次系统阐释"三个精神"的科学内涵。2021 年，"三个精神"是第一批纳入中国共产党人精神谱系的伟大精神。一定程度上，三个精神的塑造、宣传、贯彻是新时代劳动和技能竞赛工作的深化，它形塑了一种文化，推动形成劳动光荣、技能宝贵的社会风气。作为工会组织，要加大对劳动模范和先进工作者的宣传力度，讲好劳模故事、讲好劳动故事、讲好工匠故事，弘扬劳动最光荣、劳动最崇高、劳动最伟大、劳动最美丽的社会风尚。要开展以劳动创造幸福为主题的宣传教育，把劳动教育纳入人才培养全过程，贯通大中小学各学段和家庭、学校、社会各方面，教育引导青少年树立以辛勤劳动为荣、以好逸恶劳为耻的劳动观，培养一代又一代热爱劳动、勤于劳动、善于劳动的高素质劳动者。要完善和落实技术工人培养、使用、评价、考核机制，畅通技能人才职业发展通道，激励更多劳动者特别是青年人走技能成才、技能报国之路，培养更多高技能人才和大国工匠。要推进产业工人队伍建设改革，落实产业工人思想引领、建功立业、素质提升、地位提高、队伍壮大等改革措施，造就一支有理想守信念、懂技术会创新、敢担当讲奉献的宏大产业工人队伍。

三、深入开展劳动和技能竞赛的主要路径

《中共中央　国务院关于深化产业工人队伍建设改革的意见》指出，围绕重大战略、重大工程、重大项目、重点产业，广泛开展各层级多形式的竞赛活动。持续办好各级各类职业技能赛事活动。支持企业开展形式多样的劳动竞赛、技能比武，不断激发产业工人投身推动高质量发展的积极性主动性创造性。劳动和技能竞赛活动是工会的传统优势和工作品牌，在我国革命、建设和改革开放事业中发挥了重要作用。进入新时代，劳动和技能竞赛需要更新竞赛理念、注入新的内涵、开辟新的赛道、创新竞赛机制，发挥竞赛国之担当作用。

（一）围绕重大战略、重大工程、重大项目、重点产业，广泛开展各层级多形式的竞赛活动

重大战略指对国家整体发展具有全局性、长远性、决定性影响的战略规划，如京津冀协同发展战略。重大工程指对国家经济、社会、科技等方面有重大影响，规模宏大、技术复杂的建设工程，如三峡工程。重大项目指在特定时期内，对国家或地区发展具有关键作用的项目，如大飞机项目。重点产业指在国民经济体系中占有重要地位、对经济发展起主导和支撑作用的产业，如新能源产业。围绕国家重大战略、重大工程、重大项目、重点产业，聚焦新质生产力、实体经济与数字经济及其融合、生产性服务业等，广泛开展各层级多形式的劳动和技能竞赛，有利于加速重大战略的推进与实现，为国家经济社会高质量发展注入强劲动力；有利于在重大工程中催生新的施工工艺、管理模式，提升工程质量与效率；有利于促进重点产业链上下游企业、科研机构、高校等深度

合作，打破各方壁垒，实现资源共享、优势互补，形成产业发展合力，推动产业集群化、协同化发展，增强产业竞争力。

1. 精准对接，设计竞赛内容。竞赛内容要紧密贴合重大战略、工程、项目和产业的实际需求。以乡村振兴战略为例，可开展乡村旅游规划等相关竞赛，引导参赛者围绕乡村产业发展出谋划策、提升技能。对于重大工程，如桥梁建设工程，竞赛内容可涵盖工程设计、施工工艺、安全管理等方面，激励选手在竞赛中攻克技术难题，提升工程质量与效率。在重大项目中，如芯片研发项目，设置芯片设计、制造工艺等竞赛环节，吸引人才投身项目研发，推动技术突破。针对重点产业，像新能源汽车产业，开展电池技术创新、智能驾驶系统开发等竞赛，助力产业提升核心竞争力。

2. 整合资源，保障赛事开展。政府应加大资金投入，设立专项竞赛基金，用于场地租赁、设备购置、选手培训等。出台优惠政策，鼓励企业赞助竞赛，对赞助企业给予税收减免等奖励。高校和科研机构也要积极参与，提供专业技术支持和智力保障。行业协会应发挥组织协调作用，整合行业内资源，搭建交流平台，促进竞赛活动的规范化、专业化发展。

3. 强化宣传，扩大赛事影响。通过多种渠道加强竞赛活动的宣传推广。利用电视、报纸、网络等媒体，广泛宣传竞赛的目的、意义和成果，提高社会关注度。制作竞赛专题报道、选手风采展示等内容，激发劳动者的参与热情。同时，举办竞赛成果发布会、技术交流会等活动，将竞赛中产生的创新成果、先进技术推广应用到实际生产中，实现竞赛成果的转化和应用，进一步推动重大战略、工程、项目和重点产业的发展。

（二）持续办好各级各类职业技能赛事活动，激发劳动者提升技能的积极性，为产业发展输送高素质人才，助力产业转型升级，推动经济高质量发展

1. 科学规划赛事内容。紧密结合产业需求和技术发展趋势设置竞

赛项目。调研重点产业如智能制造、新能源、数字经济等领域，将前沿技术和实际生产难题融入赛事，使竞赛内容与市场需求无缝对接。例如在智能制造赛事中，设置工业机器人编程与调试、智能工厂运维等项目，让选手在竞赛中掌握产业核心技能。同时，根据不同技能水平和职业阶段，划分竞赛层级，如初级组、中级组、高级组，满足不同层次劳动者需求，激发全员参与热情。

2. 强化赛事组织保障。组建专业高效的赛事组织团队，成员涵盖行业专家、技能大师、赛事运营人才等，负责赛事筹备、现场管理、成绩评定等工作，确保赛事有序进行。建立严格规范的赛事规则和评判标准，保证公平公正。赛前对裁判进行专业培训，使其熟悉规则和评分细则。完善赛事设施设备，为选手提供良好竞赛环境。在资金保障上，拓宽资金来源渠道，争取政府财政支持、企业赞助、社会捐赠等，确保赛事有充足经费用于场地租赁、设备购置、奖品设置等。

3. 促进赛事成果转化。搭建赛事成果对接平台，邀请企业、科研机构与参赛选手交流合作。将选手在竞赛中产生的创新成果、技术解决方案推向市场，实现成果落地转化。鼓励企业根据赛事成果优化生产流程、改进产品设计，提升企业竞争力。对于表现优秀的选手，企业优先录用，为其提供职业发展通道，让赛事成为人才选拔和培养的重要途径，形成以赛促学、以赛促用的良性循环。

（三）支持企业开展形式多样的劳动竞赛、技能比武，不断激发产业工人投身推动高质量发展的积极性主动性创造性

1. 政策引导与支持。政府应出台一系列有针对性政策，为企业开展劳动竞赛和技能比武提供坚实保障。一是设立专项扶持资金，对积极组织相关活动的企业给予资金补贴，用于场地租赁、设备购置、奖品设置等方面，降低企业的组织成本。二是在税收政策上给予优惠，对参与劳动竞赛表现突出的企业，在企业所得税、增值税等方面给予一定程度的减免，激励企业踊跃参与。三是简化赛事审批流程，减少不必要的行

政手续，为企业开展竞赛活动开辟绿色通道，提高企业组织赛事的效率。四是整合社会各方资源，为企业提供全方位支持。

2. 搭建多元竞赛平台。鼓励企业根据自身行业特点和生产实际，搭建多元化的竞赛平台。除了传统的现场实操竞赛，还应充分利用互联网技术，开展线上竞赛、虚拟仿真竞赛等。线上竞赛不受时间和空间限制，方便选手参与；虚拟仿真竞赛则可模拟复杂的工程环境和项目场景，锻炼选手应对实际问题的能力。同时，举办跨企业、跨区域的联合竞赛，打破企业和地域界限，促进不同企业的产业工人相互切磋技艺，拓宽视野，激发他们的竞争意识和创新精神。

3. 完善激励机制。物质奖励方面，设立丰厚的奖金和奖品，对在竞赛中表现优秀的个人和团队给予重奖。同时，将竞赛成绩与员工的薪酬调整、职位晋升紧密挂钩，让产业工人切实感受到参与竞赛带来的实际利益。精神奖励方面，公开表彰获奖人员，授予荣誉称号，宣传他们的先进事迹，增强职业荣誉感和归属感。此外，为表现突出的产业工人提供更多的培训机会和职业发展通道，推荐参加更高层次的技能培训、选派到国内外先进企业学习交流等。

深入开展劳动和技能竞赛是新时代激发广大产业工人建功立业的新型举国体制。通过科学合理的赛事组织、完善的激励机制、有力的培训支持以及广泛的社会合作，能够充分发挥劳动和技能竞赛的价值，激发产业工人的积极性、主动性和创造性，为实现高质量发展提供坚实的人才保障和技术支撑。

🎴 案例

安徽省六安经济技术开发区工会：建立健全"三机制"，探索非公企业劳动技能竞赛新模式

学习强会　2025 年 1 月 16 日全国工会重点工作创新案例微课

六安开发区作为非公企业集聚地、全市工业强市主战场，坚持做强

做优非公企业劳动和技能竞赛，推动园区企业高技能人才队伍建设，助力营造企业扎根、配套企业扎堆、创新人才扎营的良好氛围。

一是统筹推荐机制。聚焦规范化建设，制定了《六安开发区工会关于创建规范化非公有制企业和社会组织工会的实施意见》，以"双亮""四有""六个一"为抓手，召开非公企业工会规范化创建评审会，让工会主席"打擂台"、PPT展示"晒"成果、现场评审定名次，为优秀工会主席发放履职补贴。4年来，吸引了200余名基层工会主席参与评审创建工作。着眼劳动和技能竞赛，下发《关于2024年度六安开发区非公企业劳动和技能竞赛项目申报的通知》，从申报对象、项目类型、申报流程和奖励办法4个维度指导企业自主办赛，制定了项目申报、材料审核、补贴发放的整套流程。紧扣融合理念，以六安开发区481家规范化创建示范单位为着力点，将创建和竞赛齐发力，动员企业积极开展劳动和技能竞赛，不断扩大竞赛覆盖面，将规范化创建与劳动和技能竞赛融入开发区经济发展和产业工人队伍建设。

二是精准奖励机制。构建1+1奖励机制，为工会主席发放履职补贴。建立考评梯度激励，鼓励基层工会参加规范化创建，对非公企业市级示范工会、区级示范工会和区级达标工会进行年度动态考评。依据当年规范化创建考评结果，发放1200元至3600元不等的工会主席履职补贴，为非公企业发放阶段性劳动竞赛补贴，鼓励企业依据竞赛结果，同步给予相应职称晋升通道和物质奖励，激发职工建功立业的内生动力。目前，开发区已建设六安开发区人才港，初步建立了开发区专家人才库，企业技术研发需求库，成功申报戴亚峰劳模创新工作室为省级劳模创新工作室。2024年，区工会发放竞赛奖补资金8万余元，惠及1283名职工，形成了园区非公企业工会想办赛、办成赛、办好赛的可喜局面。

三是示范推动机制。一方面工会指导推。用好劳动竞赛这个传统工会品牌，2023年举办六安开发区"中国梦·劳动美"劳动和技能竞赛，设置了服装、焊工等 5 个工种，63 家单位近 150 名职工同时进行理论、实操项目大比拼。2024 年承办了六安市数控车工职业技能竞赛和首届霍山石斛非遗炮制技艺竞赛，通过赛前培训、赛中比拼、赛后点评真正达到了学知识、强技能的目的，确实将"学、练、赛"融为一体。另一方面示范带头推。以新材料等示范企业工会为着力点，鼓励市级示范区级示范牵头办赛，发挥重点企业带头作用，让更多中小型企业参与办赛，形成"传、帮、带"氛围。最后是精准定点推。区工会将竞赛补贴信息"送到家"，以 81 家规范化创建单位为基础，点对点联系企业工会负责人，宣传劳动技能竞赛补贴政策。指导企业成功开展劳动技能竞赛，为一线职工搭建技术展示交流平台，助推产业工人技能整体提升。

第三节　激发产业工人创新创造活力

产业工人是推动技术创新和产业升级的核心力量。随着全球科技革命与产业变革加速，中国正从制造大国向智造强国迈进，迫切需要激发产业工人的创新潜能。要组织职工广泛深入开展岗位练兵、技术交流、技能培训，踊跃参加技术革新、技术协作、合理化建议等活动，着力培养知识型、技术型、创新型人才队伍。

一、激发产业工人创新创造活力的重要意义

（一）激发产业工人创新创造活力有助于提升企业的核心竞争力和可持续发展能力。在市场经济条件下，企业要想在激烈的竞争中立于不败之地，必须不断创新，提升自身的核心竞争力。产业工人作为企业生产的主力军，其创新能力和创造活力是企业核心竞争力的重要组成部

分。通过广泛开展群众性创新活动，如小发明、小创造、小革新、小设计、小建议等，可以充分调动产业工人的积极性和创造性，形成全员创新的良好氛围，提升企业的整体创新能力和可持续发展能力。

（二）激发产业工人创新创造活力有助于推动国家科技进步和产业转型升级。产业工人是技术革新和科技攻关的重要力量，其创新成果直接关系到国家的科技进步和产业转型升级。通过引导和支持大国工匠、高技能人才参与重大技术革新、科技攻关项目，可以加快关键技术的突破和创新成果的转化应用。同时，加强产业工人创新成果的知识产权保护，做好产业工人申报国家科技进步奖等工作，可以进一步激发产业工人的创新热情和创造活力，为国家科技进步和产业转型升级提供强有力的支撑。

二、激发产业工人创新创造活力的主要路径

《中共中央　国务院关于深化产业工人队伍建设改革的意见》指出，鼓励产业工人立足工作岗位、解决现场实际问题，广泛开展面向生产全过程的技术革新、技术创新、技术攻关、技术创造（"四技"）和小发明、小创造、小革新、小设计、小建议（"五小"）等群众性创新活动，完善发挥企业班组作用的制度。引导和支持大国工匠、高技能人才参与重大技术革新、科技攻关项目。加强产业工人创新成果知识产权保护，做好产业工人申报国家科技进步奖等工作。

（一）广泛开展"四技""五小"等群众性创新活动。开展"四技""五小"活动是深化产业工人队伍建设改革、提高职工技能素质、培养大国工匠、组织动员职工建功立业的重要抓手。

1. 鼓励产业工人立足工作岗位、解决现场实际问题，广泛开展面向生产全过程的"四技"和"五小"等群众性创新活动。一是重视发现和解决岗位难点问题。要从发现问题入手，组织一线职工、立足一线岗位、解决一线问题。重点围绕提升产品、服务、工程质量和效益，改

造落后的技术设备、不合理的工艺和过时的操作方法，推动节能降耗、生态环境保护，促进劳动安全和职业健康，提升企业管理水平和服务水平等方面开展活动。二是完善活动体系。进一步完善以岗位创新、班组（团队）创新、劳模和工匠人才（职工）创新工作室以及创新工作室联盟等为主要内容的活动体系，形成基础广泛、人才集聚、成果丰硕的良好局面。把合理化建议作为"四技""五小"活动最基础最重要的环节。发挥职工技协的组织优势、人才优势和阵地优势，开展技术交流、技术协作、技术帮扶等活动，在活动中发挥骨干作用。三是创新活动方式方法。按照建设"工会数智化"要求，运用"互联网+"、移动客户端、大数据、云计算等现代化手段组织开展"五小"活动，设立创新看板等可视化载体，促进活动在策划动员、组织实施、考核评选等各个环节的智能化，增加活动的"赛味"，增强活动的先进性、便利性和趣味性。

2. 引导和支持大国工匠、高技能人才参与重大技术革新、科技攻关项目。应出台一系列鼓励政策，如设立专项补贴，对参与重大项目的大国工匠和高技能人才给予经济支持，缓解其在项目参与过程中的经济压力。同时，在职称评定、荣誉授予等方面给予倾斜，将参与重大项目的经历和成果作为重要评定指标，激励他们积极投身其中。构建专门的人才与项目对接平台，一方面收集整理各类重大技术革新和科技攻关项目信息，包括项目需求、技术难题等；另一方面全面掌握大国工匠和高技能人才的技能专长、创新成果等资料。通过大数据分析和智能匹配，将合适的人才精准推送至相应项目，提高人才与项目的契合度。

（二）加强产业工人创新成果知识产权保护，做好产业工人申报国家科技进步奖等工作。因创新成果得到知识产权保护和奖励，意味着获得法律层面的认可与保障，赋予产业工人创新成果经济价值。

1. 建立健全针对产业工人创新成果的知识产权保护机制。相关部门应制定专门的政策法规，降低产业工人申请专利、商标等知识产权的门槛，简化申请流程。同时，设立专项法律援助基金，为产业工人在知识产权维权过程中提供免费或低成本的法律服务。严厉打击各类侵犯产业工人创新成果知识产权的行为，形成强大的法律威慑力，营造尊重知识产权的良好社会氛围。

2. 开展面向产业工人的知识产权保护宣传培训活动。通过举办专题讲座、线上课程、发放宣传手册等多种形式，向产业工人普及知识产权基础知识，包括专利申请、商标注册、著作权保护等内容，让他们了解知识产权保护的重要性和具体方法。在企业内部，将知识产权保护纳入员工培训体系，定期组织学习，并设置知识产权专员，为产业工人提供一对一咨询服务，解答在创新成果保护过程中遇到的问题。

3. 助力产业工人申报国家科技进步奖。产业工人申报科技奖不仅是个人荣誉的突破，更是制造强国建设的战略需求。自 2006 年国家科技进步奖首次设立工人农民技术创新类评审组以来，截至目前，经由全总推荐荣获国家科技进步奖二等奖的技术工人已达 20 余名。搭建专业的申报服务平台，为产业工人申报国家科技进步奖提供全方位支持，提高申报的成功率。政府和企业应加大对申报工作的支持力度，对于有潜力的申报项目，给予资金支持，用于进一步完善创新成果、开展相关研究和测试等。

（三）完善发挥企业班组作用的制度，需要从职责明确、激励机制、平台搭建、协作交流、成果转化以及监督反馈等多个方面协同推进。企业班组作为产业工人的基本组织单元，完善其作用发挥的制度是激发产业工人创新创造活力的关键。

1. 明确班组职责与目标是基础。清晰界定班组在创新创造方面的职责，使其不仅专注于日常生产任务，更要将创新融入工作流程。为班组设定具体、可衡量、可实现、相关性高且有时限（SMART）的创新目标，通过明确的职责和目标导向，让班组成员清楚知道创新方向，避免盲目行动。

2. 建立有效的激励机制是核心。物质激励方面，设立专项创新奖励基金，对提出有价值创新建议并被采纳的班组和个人给予现金奖励。依据创新成果带来的经济效益，给予相应比例的提成奖励。精神激励方面，为创新人才提供晋升机会和职业发展通道，对创新突出的班组和个人进行公开表彰，在企业内部刊物、宣传栏展示其事迹，给予荣誉证书等。建立创新成果转化机制，从制度上保障创新成果能够快速、有效地从概念转化为实际生产力。

3. 搭建创新交流平台是保障。企业应为班组创新创造提供必要的硬件设施，让班组成员有条件进行创新实践。建立创新知识共享平台，收集整理行业前沿技术、创新案例等资料，供班组成员学习参考。鼓励不同班组之间开展创新经验分享会、技术交流活动，通过跨班组的项目合作，整合各方优势资源，攻克复杂的创新难题。

激发产业工人创新创造活力是推动产业升级和经济高质量发展的重要举措。通过加强创新培训和教育、完善创新激励机制、搭建创新平台、加强知识产权保护、加大资金和资源支持等多方面的综合措施，可以有效提升产业工人的创新能力和创造活力，提高企业核心竞争力和推动国家科技进步。

案例

辽宁省总工会启动"四技五小两比"活动

2024 年 04 月 12 日　来源：中工网

4 月 9 日，为深化产业工人队伍建设改革，扎实开展省总工会三大专项行动，辽宁省总工会决定在全省范围内启动企业"四技"活动、职工"五小"活动、基层"两比"活动等群众性技术创新活动（以下简称"四技五小两比"活动），鼓励职工创新创造，助推辽宁省建设具有全国影响力的区域科技创新中心走深走实。

企业"四技"活动为技术革新、技术创新、技术攻关、技术创造活动。活动将组织动员全省广大职工以企业、班组、车间为阵地，通过现有技术进行改进和优化，引入新的技术理念或方法，集中资源和力量攻克关键技术难题或突破瓶颈，解决技术障碍，推动行业整体技术水平的提升和发展。通过发挥个人或团队的创造力，发明全新的技术或方法，为科技进步和社会发展作贡献。

职工"五小"活动为小发明、小创造、小革新、小设计、小建议活动。活动中，将组织全省广大职工，以企业、班组、车间为阵地，围绕产品、设备的升级换代进行发明、革新和设计，围绕节约能源、降低能耗、节约原材料、降低污染排放率等进行革新、改造，改进技术、设计、工艺和操作方法，对提高产品产量和质量，对企业经营管理、清洁环保、安全生产、文化建设等提出合理化建议，进一步完善以岗位创新、班组（团队）创新、建设劳模和职工创新工作室以及开展劳动和技能竞赛为主要内容的"五小"活动体系。

基层"两比"活动为开展岗位练兵、技术比武活动。岗位练兵活动是指针对特定岗位开展的技能培训、实践操作练习、工作经验分享等形式多样的技能提升活动；技术比武活动是指开展的技能竞赛、团队项目竞赛、技术演示与展示等竞赛形式的技术提升活动。通过这些活动激发员工的竞争意识和创新能力，提升整体技术水平。

此外，省总工会今年将面向全省各级工会、各类企事业单位、广大职工广泛征集"五小"创新成果和"五小"成果路演项目。征集聚焦企业生产一线，立足岗位创新，将职工在难点攻关、生产研发、创新创造、班组建设、技能提升、安全生产等领域涌现出的"五小"创新成果，以微课堂的形式展示"五小"成果视频。

"四技五小两比"活动已列入辽宁省工会系统2024年锚定新时代"六地"目标定位、服务和推动"八大攻坚"百个项目。通过活动，大力弘扬劳模精神、劳动精神、工匠精神，充分动员广大职工群众广泛参与"四技五小两比"活动。以技术创新为核心活动，推动"四技五小两比"活动创新成果走出班组、走出企业、走向社会，促进创新成果转化，形成基础广泛、人才集聚、成果丰硕的良好局面。特别要积极推动"五小"等群众性创新活动向民营企业拓展，引领广大职工立足岗位、建功立业，使"五小"等群众性创新活动在助力打好打赢全面振兴新突破三年行动攻坚之年攻坚之战中作出积极贡献。

第四节　发挥劳模和工匠人才示范引领作用

劳模和工匠人才作为产业工人的杰出代表，其示范引领作用对于推动企业创新、提升产业竞争力具有重要意义。劳模和工匠人才不仅具备高超的技能和丰富的经验，还以其敬业精神、创新意识和卓越表现，成为广大产业工人学习的榜样。通过发挥劳模和工匠人才的示范引领作用，可以有效激发产业工人的创新创造活力，推动企业技术进步和产业升级，实现经济高质量发展。

一、发挥劳模和工匠人才示范引领作用的重要意义

（一）劳模和工匠人才的示范引领作用有助于提升产业工人的整体素质和技能水平。劳模和工匠人才不仅是技术能手，更是职业道德和敬业精神的典范。通过劳模和工匠人才的传帮带，可以带动广大产业工人学习先进技术、提升技能水平，形成良好的学习氛围和创新文化。同时，劳模和工匠人才的示范作用还可以激发产业工人的创新意识和创造活力，推动全员创新，提升企业的整体创新能力和可持续发展能力。

（二）发挥劳模和工匠人才的示范引领作用有助于推动专精特新中小企业的发展。专精特新中小企业是经济高质量发展的重要力量，但其

在技术创新和人才培养方面往往面临资源不足的问题。通过实施"劳模工匠助企行"等活动，可以引导劳模和工匠人才深入专精特新中小企业，提供技术支持和创新指导，帮助其解决技术难题，提升创新能力，从而推动专精特新中小企业的快速发展和壮大。

（三）发挥劳模和工匠人才的示范引领作用有助于推动跨区域、跨行业、跨企业的协同创新。通过建立跨区域、跨行业、跨企业的创新工作室联盟，可以促进不同企业、不同行业之间的技术交流和合作，实现资源共享、优势互补，推动协同创新和共同发展。这种协同创新模式不仅可以提升企业的创新能力，还可以推动整个产业链的优化升级，实现经济的高质量发展。

二、发挥劳模和工匠人才示范引领作用的主要路径

《中共中央 国务院关于深化产业工人队伍建设改革的意见》指出，加强劳模工匠创新工作室、技能大师工作室、职工创新工作室、青创先锋工作室等平台建设。推动在专精特新中小企业、专精特新"小巨人"企业中加强创新工作室建设。鼓励发展跨区域、跨行业、跨企业的创新工作室联盟。实施"劳模工匠助企行"，促进专精特新中小企业发展。

（一）加强劳模工匠创新工作室等平台建设

企业应加大对劳模工匠创新工作室、技能大师工作室等平台的投入，提供必要的设备和技术支持，确保其能够开展高水平的创新活动。

1. 加强劳模工匠创新工作室、技能大师工作室、职工创新工作室、青创先锋工作室等平台建设。

劳模工匠创新工作室是由有较强技术能力、业务能力、创新能力和管理能力的劳模、工匠人才领衔，以技术创新、管理创新、服务创新和制度创新为主要内容，以解决工作现场难题、推动所在单位创新发展为目标的群众性创新活动团体。劳模工匠创新工作室是企业培养工匠人才

的重要平台。自 2014 年起，全国总工会每三年筛选 100 家作为全国示范，其申请、认定采取名额分配、省级申报、专家评审的方式确定。

技能大师工作室主要依托中华技能大奖获得者，部分在技能含量较高的行业和大中型企业工作的高技能人才，以及部分掌握传统技能、民间绝技的技能大师，可建在企业或公共职业技能实训基地。技能大师工作室的主要功能是发挥高技能领军人才在带徒传技、技能攻关、技艺传承、技能推广等方面的重要作用，面向企业、行业职工及机关人员开展培训、研修、攻关、交流等活动，将技术技能革新成果和绝技绝活加以推广。技能大师工作室建设项目要与区域经济发展密切结合，主要围绕振兴产业、战略性新兴产业、先进制造业和经济社会发展急需、紧缺行业（领域）组织实施。

青创先锋工作室是共青团加强新时代新征程青年创新创效活动的创新举措，旨在通过青年创新创效阵地建设，引领青年职工不断增强创新意识和创新能力，培育青创成果，打造青年科技创新人才，培育发展新质生产力。2016 年 11 月 6 日，共青团中央、科技部、工信部、国资委、中国科协等五部门启动。

职工创新工作室是企业内部以一线劳模、工匠和高技能人才为核心，围绕解决所在企业（单位）生产、技术、管理、安全、经营等中心工作实践中遇到的难题，开展技术攻关、改良产品、科研创新、发明创造、服务创新、"五小"活动等工作的群众性创作团队，是有效发挥劳模业务专长和技术技能优势，是以技术创新、管理创新、服务创新和制度创新为主要工作内容的新型工作模式。创建的标准要从本地区、本企业的实际需要出发。一般包含如下要素。

（1）标志明显。职工创新工作室牌匾、组织机构、人员组成、工作职责、目标任务等标志显著，位置醒目。

（2）场所规范。职工创新工作室有适当面积的固定办公活动场所，可供办公学习、研究和成果、荣誉展示。

（3）设施齐全。配备必要的专业资料、器材工具、信息网络、办公设备、实验仪器等设施。

（4）制度完善。活动开展、学习研究、技术攻关、成果转化、奖励激励、内部管理等制度完善、规范。

（5）经费保障。职工创新工作室所在单位设有专项经费用于开展技术攻关和创新活动。

（6）台账翔实。创新活动有准确、翔实的资料。职工创新工作室有成员档案，有能全面反映工作室工作流程和工作状况的资料，有工作计划工作目标、近期创新项目、创新成果、活动记录等相关资料。

（7）成效明显。围绕本单位生产实践开展技术攻关等取得明显的经济效益和社会效益，做好职工创新工作室创新成果的推广应用工作。

2. 推动在专精特新中小企业、专精特新"小巨人"企业中加强创新工作室建设。一方面，推动劳模和工匠人才深入专精特新中小企业，发挥示范引领作用。另一方面，加大专精特新中小企业、专精特新"小巨人"企业中创新工作室建设的力度。《优质中小企业梯度培育管理暂行办法》规定，专精特新中小企业实现专业化、精细化、特色化发展，创新能力强、质量效益好，是优质中小企业的中坚力量；专精特新"小巨人"企业位于产业基础核心领域、产业链关键环节，创新能力突出、掌握核心技术、细分市场占有率高、质量效益好，是优质中小企业的核心力量。鉴于专精特新中小企业、专精特新"小巨人"企业在行业中的重要作用以及对技术的要求，创新工作室建设与发展变得十分必要。

3. 鼓励发展跨区域、跨行业、跨企业的创新工作室联盟。各地区和企业应加快创新工作室联盟的建设，建立有效的合作机制和平台，促进不同企业、不同行业之间的技术交流和合作。同时，政府应加大对创新工作室联盟的支持力度，提供更多的政策扶持和资金投入，推动创新工作室联盟的快速发展。此外，政府还可以通过税收优惠、贷款贴息等政策，鼓励企业加大对创新工作室联盟的投入，形成政府、企业和社会共同支持创新工作室联盟的良好局面。

（二）实施"劳模工匠助企行"，促进专精特新中小企业发展

2023 年，全国总工会发布"劳模工匠助企行"专项行动，组织劳模工匠参与企业重大技术革新、科技攻关项目，在解决企业现场工艺技术难题、推动高质量发展中发挥模范带头作用，带动更多产业工人走技能成才、技能报国之路。该专项行动力争到 2025 年末，组织 2 万人次劳模工匠助力专精特新企业、中小微企业高质量发展。

各级工会组织劳模工匠们走进产业园区、企业开展工匠路演、技术培训、技术答疑等活动，帮助企业解决技术问题、提供技能培训服务，实现技术与人才精准匹配对接，同时把在实践中总结出的工作思路和工作方法带给一线职工，让他们能够更快地成长，成为未来的大国工匠，在发展新质生产力中贡献智慧和力量，实现劳模工匠由所在公司的"宝贝"转变为行业发展乃至国家发展的"宝贝"。与此同时，一些地方工会还摸索出一套保障机制，如通过编制派工单、为劳模工匠购买意外伤害保险、编制劳模工匠助企劳务费管理办法、聘请专业律师加强知识产权保护等方式为助企行开展提供有力支持。

案例

企业"点菜"，劳模工匠"做菜"，
工会"送菜"……这样的服务很"city"

2024 年 08 月 15 日　来源：全国总工会

浙江天台县总工会将人才"资源清单"与企业"需求清单"精准匹配"劳模工匠驻企专员"，一企一策助企解难。天台县通过县、镇（街）、企业工会三级联动，全面摸排、专项调研，详细掌握全县劳模的专业优势、技能特长、团队资源、驻企意向等信息，列出"资源清

单"，建立人才资源库。同时，聚焦重点产业，以专精特新企业、中小微企业为重点，征集企业在技术、工艺、管理、合作、培训等方面的生产经营难题和需求信息，列出"需求清单"，建立企业需求库。随后，天台县总工会精准匹配"资源清单"与"需求清单"，由企业根据劳模工匠专长自行选择驻企专员。每家企业配备1名驻企专员，每人最多联系3家企业，最长聘期为2年。驻企专员深入企业"把脉问诊"，精准掌握企业在技能培训、企业研发、技术攻关等方面的需求和难点、堵点，与企业共同探讨，为企业排忧解难。此外，按照"有需必应，无事不扰"原则，尊重企业主体地位，驻企专员到企业走访频次不作规定，平时通过电话等方式保持常态化联系，企业提出需求后及时到场解决。"助企专员当好职工教育培训员、技能技术指导员、人才培养帮带员、问题需求对接员、安全监督裁判员、企业发展护航员，实行一企一策、对症施治。"据天台县总工会负责人介绍，今年以来，天台县总工会建立了包含210名劳模工匠信息的人才资源库，征集企业需求信息480余条，选派"劳模工匠驻企专员"95名。为了更好地给劳模工匠助企服务提供人才支撑，天台县总根据同业帮扶、跨业牵线、多业组团的模式，打造"1+6+N"劳模工匠帮扶联盟体系，即1个帮扶调度专班，6支帮扶服务队，N个技术专班，通过"尖兵突围"＋"联合攻坚"实现资源共享、人才共育、项目共研、技能共提、品牌共创。"我们通过月走访、季调度对驻企专员进行日常跟踪考核，将考核结果与评先树优、经济奖励等直接挂钩，提升驻企专员的积极性。同时，结合驻企实效和企业需求变更，动态调整人员选派。"帮扶调度专班负责人介绍，今年以来，帮扶调度专班已完成集中回访7次、抽访8次，共听取意见、建议70余条，动态调整驻企专员12名。

广东工会打造企业"点菜"、劳模工匠"做菜"、工会"送菜"助企模式——这群"技术搭子"帮企业解决了6000多个难题。近日，以"聚焦新兴产业　助力新质生产力发展"为主题的广东"劳模工匠助企行"专项行动（以下简称专项行动）低空经济领域专场、光伏产业专场活动走进深圳一些企业，劳模工匠齐聚一堂，面对面为企业"会诊把脉"技术难题。自 2023 年 11 月专项行动启动以来，广东工会探索助企新模式，组织劳模工匠深入企业开展技术服务、技能培训，探索参与企业技术攻关、工艺改进和管理提升服务，打造企业"点菜"、劳模工匠"做菜"、工会"送菜"服务模式。截至目前，共组织 6276 人次劳模工匠开展 2109 次活动，解决技术难题 6250 个，帮助 7.8 万余人次职工提升技能水平。扩大创新"朋友圈"。"若对布线进行优化，采用集成控制，可大大减少实体线路使用量，降低成本。"7 月 26 日，在深圳市捷佳伟创新能源装备公司生产车间，看到生产线上使用大量电缆布线的场景，华电深圳公司劳模和工匠创新工作室负责人建议。华电深圳公司劳模和工匠创新工作室负责人此次深入企业与技术团队交流、"把脉诊断"，是广东省总工会、深圳市总工会、坪山区总工会共同牵线搭桥，捷佳伟创公司定制"点单"选定的劳模工匠服务队。当天，双方不仅结成"技术搭子"，精准匹配服务，还探讨进行产业链合作，扩大创新"朋友圈"。专项行动启动后，深圳市总建立"四库一机制"，即汇集劳模工匠导师团资源，建立导师库；完善劳模和工匠人才创新工作室基本信息，建立资源库；与职工技能培训学校、产业工人培训基地对接，收集课程资源，形成课程库；收集企业需求与"深 i 企"平台企业需求响应清单，丰富需求库。市总通过清单共享等方式强化供需双向互通机制，指导开展有针对性的助企服务活动。截至目前，深圳已成立 15 个区级、产业级导师团，在此基础上鼓励集团企业、行业系统、街道、社区成立区域性、行业性劳模工匠导师团，共有导师 200 余名。上门为企业"会诊把脉"。针对廉江小家电行业 20 多家专精特新企业提出的难题，湛江市总工会带领劳模工匠信息技术攻关服务队，会同市工信局等部门走进廉江小家电工业园区，摸清行业性企业存在的困难与共性问题。"解决一个企业的共性问题，也就是解决了一个行业、区域企业存在的共性问题。"湛江市总工会相关负责人介绍,市总把解决企业共性问题作为专项行动的重点工作,比如水产行业鱼类加工切片智能化转型遇到瓶颈问题,由湛江劳模工匠资源库、湛江产业工人培训基地的高精尖人才专家库作为平台支撑,联合企业攻克共同技术难题,实现整体推动行业性企业发展。据悉,湛江市总建立了"一个基地+四级服务队"的服务体系。作为专项行动的平台支撑,湛江市产业工人培训基地汇聚了市高精尖人才专家库、市劳模和工匠人才创新工作室联盟、劳动和技能竞赛专家人才库。四级服务队指"10+10+4+N"专项行动劳模工匠技术服务队体系,包括10个市级服务队、10个县(市区)级服务队、4个行业服务队,以及N个工业园区和龙头企业服务队。完善需求匹配机制。广州市总建立以企业为主导、以需求为牵引、以工会为媒介的运作模式,推动技术供给与企业需求有效匹配。遴选200多名劳模和工匠人才建立人才资源库,分层级、分类别组建市、区(产业)两级劳模工匠技术服务队,结合专业领域、技术特长制定服务清单。同时线上征询企业需求,线下赴企业调研,形成需求清单。之后再组织专业对口的劳模工匠服务队送技术上门。截至目前,累计为企业解决近150个难题。(记者:邹倜然 刘友婷 通讯员:张小玲)

第八章

不断壮大产业工人队伍

产业工人队伍是支撑中国制造迈向高质量发展的核心力量，也是巩固党的执政基础的重要依托。面对全球产业链重构和技术变革挑战，需多维度发力构建高素质产业工人队伍。稳定制造业产业工人队伍是基础性工程。培育大国工匠是突破技术瓶颈的关键抓手。增强青年职业吸引力需系统性改革。提升农民工职业化水平是新型城镇化的必然要求。通过技能提升、价值重塑、制度保障的协同推进，构建起一支规模宏大、结构合理、素质优良的现代产业工人队伍，为制造强国建设提供坚实人才支撑，持续夯实党的执政根基。

第一节　壮大产业工人队伍概述

当前，中国正处于经济转型升级的关键期，全球产业链重构、技术革命加速和人口结构变化等多重挑战叠加，产业工人队伍的建设不仅关乎经济高质量发展，更是巩固党的阶级基础、推进国家治理现代化的战略工程，需要通过制度创新、权益保障、素质提升等系统性改革，构建与社会主义现代化强国建设相适应的新型产业工人队伍。

一、壮大产业工人队伍的内涵

（一）数量规模的扩大。在经济快速发展以及产业结构不断调整升级的进程中，需要吸引更多的劳动力加入产业工人队伍中来。一方面，随着新兴产业的崛起，如高端装备制造、新能源、新材料、人工智能等领域，对产业工人有着旺盛的需求。这些新兴产业的发展带来了新的就业岗位和职业发展机会，吸引着大量年轻劳动力投身其中。另一方面，传统产业的改造升级也需要补充新鲜血液，以提升产业的整体竞争力。特别是传统制造业向智能制造转型，需要大量掌握先进制造技术和数字化技能的产业工人。

（二）素质能力的提升。一是专业技能水平的提高，产业工人需要掌握先进的生产技术、工艺和设备操作技能，以适应生产方式的变革和产品质量的提升要求。二是综合素质的增强，包括创新能力、团队协作能力、沟通能力以及职业素养等。创新能力使产业工人能够在生产实践中提出改进方案，优化生产流程；团队协作能力确保在复杂的生产系统中各环节紧密配合；良好的职业素养则保证了工作的质量和效率。

（三）权益保障的完善。在劳动报酬方面，要确保产业工人的付出与回报相匹配，随着经济发展和企业效益提升，合理提高工资水平。通过完善工资协商机制，让产业工人能够参与到工资决定过程中，充分表达自身诉求。工作环境的改善至关重要，加强劳动安全卫生保护，为产业工人提供安全、健康的工作条件。在社会保障方面，要确保产业工人依法享有养老、医疗、失业、工伤、生育等社会保险，解决他们的后顾之忧。

二、壮大产业工人队伍的重要性

（一）巩固党长期执政的阶级基础。在革命、建设和改革的各个历史时期，产业工人都发挥了重要作用。新时代，壮大产业工人队伍，能够进一步增强工人阶级的凝聚力和战斗力，使党与产业工人保持紧密联系，巩固党的阶级基础，确保党始终得到工人阶级的衷心拥护和坚定支持。

（二）促进经济高质量发展。产业工人是产业升级的直接推动者。随着科技的飞速发展，传统产业向高端化、智能化、绿色化转型势在必行。高素质的产业工人能够熟练掌握和运用新技术、新工艺，推动企业生产效率的提高和产品质量的提升，加速产业升级的步伐，提升我国产业在全球产业链中的地位。

（三）维护社会稳定和谐。随着产业的发展和壮大，更多的劳动力能够进入产业工人队伍，实现稳定就业。同时，产业工人队伍的壮大也带动了相关配套产业的发展，进一步拓展了就业空间。产业工人在生产劳动中形成的团队合作精神和集体主义观念，能够辐射到整个社会，促进社会成员之间的相互协作和团结，有助于营造积极向上、和谐稳定的社会氛围，促进社会的和谐发展。

三、壮大产业工人队伍遵循的原则

（一）坚持党的领导。党和政府出台了一系列支持产业工人队伍发展的政策措施，各级党组织和政府部门要全面贯彻落实关于产业工人队伍建设的各项政策方针，确保这些政策得到有效落实，为壮大产业工人队伍创造良好的政策环境。同时，在产业工人队伍中加强党组织建设，充分发挥党组织的战斗堡垒作用和党员的先锋模范作用。通过在企业中建立党支部、党小组等基层党组织，将党的工作延伸到产业工人的生产生活中。

（二）服务发展大局。根据国家产业发展战略和产业结构调整需求，紧密围绕经济转型升级优化产业工人队伍结构。加大对新兴产业和关键领域产业工人的培养和引进力度，提升产业工人的素质和技能，满足产业升级对高素质产业工人的需求，推动企业技术创新和管理创新，促进传统产业向高端化、智能化、绿色化转型。鼓励产业工人参与企业技术改造和创新项目，为经济转型发展贡献智慧和力量。

（三）坚持以人为本。保障产业工人的合法权益是壮大产业工人队伍的重要出发点和落脚点。完善劳动法律法规，加强劳动监察执法，严厉打击侵害产业工人权益的违法行为。建立健全工资正常增长机制、劳动安全卫生保障机制、社会保障机制等，确保产业工人在劳动报酬、工作环境、社会保障等方面的权益得到有效保障。关注产业工人的职业发展和个人成长，加强职业培训和教育，建立多元化的职业发展通道，鼓励产业工人通过技术创新、技能提升等方式实现自身价值，促进产业工人的全面发展。实施"新八级工"制度，建立职业资格与学历证书等值认定机制。

壮大产业工人队伍是一项具有战略意义的系统工程，为巩固党长期执政的阶级基础和群众基础，促进经济高质量发展，为实现中华民族伟大复兴的中国梦提供坚实的人才支撑和强大的动力保障。

案例

"技能粤军"为什么"能"

——广东省扎实推动技能人才队伍建设工作纪实

2024 年 12 月 17 日　来源：中国劳动保障报

近年来，广东省人力资源和社会保障厅围绕产业导向和更高质量就业目标，健全制度、创新机制，推动技能人才工作取得扎实成效。

善于"链"——推动合作共建　打造产教评技能生态链

日前，广东省制造业龙头企业陆续迎来了新学徒。这些学徒以"岗位+培养"的模式进行学习，考核合格后，可在培训企业直接就业。

拜师学艺上岗"一条龙"模式，是广东省推动就业的关键一招。该省创新推动产教评技能生态链建设，使院校人才培养与企业用工链接得更加紧密，为产业链建立招生、培养、评价、就业一体化的技能人才供应链，在破解"产业缺青年、青年缺就业"的结构性矛盾方面进行了有益的探索。

"我们通过工学一体化技能人才培养模式，校企共同制订人才培养计划、考核标准、评价体系，推进'产教评'相融合。"珠海市技师学院党委书记、院长黄国军表示。实践证明，探索创新技能人才培养模式，有利于形成企业满意、学生稳就业的"双向奔赴"格局。

目前，广东省已遴选2批共170条产教评技能生态链，覆盖20大战略性产业集群，吸引了华为、腾讯、比亚迪等一批当家企业成为链主企业。制定出台《关于做好产教评技能生态链学徒制培训工作的通知》，以高等院校、职业院校、技工院校毕业年度学生为对象，创新开展学生学徒制培养。

"企业与院校合作，提前将毕业年度学生纳入学生学徒范围，开展岗位精准培养，为新技术发展储备合格技能人才，解决企业用人之困。同时，瞄准企业稳工用工难题，以入职两年内的青年职工为对象，推动企业开展技培生学徒制培养，保障企业稳工用工。"广东省人力资源和社会保障厅职业能力建设处相关负责人介绍。

敢于"破"——深化评价改革 打破成长"天花板"

深化评价改革，拓宽职业通道，激活"一池春水"。12月2日，广东省2024年第二批首席技师名单出炉。至此，广东已累计评聘首席技师33名、特级技师453名。

首席技师与国家科学技术进步奖分别代表了技能领域和科研领域的顶级荣誉。邹荔兵的上榜，得益于广东省积极实施高技能人才与专业技术人才职业发展贯通的政策。截至目前，广东省高技能人才与专业技术人才贯通领域已扩大到农业、艺术、体育等7个职称系列。2023年，广东省共有875名技能人才获得职称证书，进一步拓展了技能人才的职业发展通道。

首席技师名单公布不久，广东省 2024 年特级技师名单出炉，明阳集团有 6 人获评风电机组制造工特级技师，他们是"新八级工"职业技能等级序列的顶尖人才，也是风电行业技术技能人才突破职业"天花板"的代表。

"我们结合自身实际建立了'新八级工'制度，打造具有自身特色的人才全生命周期职业发展规划和配套的人力资源管理制度，吸引更多年轻人加入高技能人才队伍。"明阳集团相关负责人表示。

近年来，广东省全面推进职业技能等级认定工作，向企业发放"新八级工"相关的制度通知和工作指引，推动更多企业开展特级技师、首席技师评聘工作。

勇于"立"——夯实政策体系　为技能人才"撑腰"

技能沃土的培植和技能人才队伍的壮大，离不开政策"托举"。

2022 年，广东省认真贯彻中办、国办印发的《关于加强新时代高技能人才队伍建设的意见》，将加快高技能人才队伍建设纳入《广东省"十四五"期间人才发展规划》、省委人才工作领导小组年度工作要点以及推进粤港澳大湾区高水平人才高地建设，系统抓好高技能人才队伍建设。

2023 年，该省以省委办公厅、省政府办公厅的名义，出台《关于加强新时代广东高技能人才队伍建设的实施意见》，围绕高技能人才队伍建设的痛点难点，着力解决高技能人才总量不足、结构不优、使用激励机制不健全、培养体系滞后等问题。

今年，广东省政策体系再升级。7 月 1 日，全国首部关于技能人才发展的地方性法规——《广东省技能人才发展条例》正式施行。《条例》从加强技能人才培养、完善使用、规范评价、促进激励等方面作出规定，重点解决当前技能人才发展瓶颈问题，为粤港澳大湾区发展新质生产力、高质量推进制造强省建设提供有力的法治保障。

同时，广东省不断健全激励机制，提升技能人才待遇。制定《广东省公交驾驶员技能人才薪酬分配指引》《广东省新一代电子信息产业技能人才薪酬分配指引》，探索建立符合行业特点的技术工人薪酬分配指导体系。

广东省还积极落实技能人才有关待遇，制定实施《关于印发〈广东省事业单位公开招聘专业参考目录（技工院校）〉的通知》，明确预备技师（准技师）班、高级工班毕业生经公开招聘聘用至事业单位管理或专业技术岗位的，分别执行大学本科学历、大学专科学历人员相关待遇政策。此外，广东省出台《广东省人才优粤卡实施办法》，将高技能领军人才纳入服务保障范围，享受户籍办理、安居保障、子女入学、社会保险等 10 多项服务保障。（作者：黄晓云　李梦夕　孙新如）

第二节　稳定制造业产业工人队伍

制造业是国家经济的命脉所系，是立国之本、强国之基。产业工人作为制造业发展的主力军，其队伍的稳定性对于制造业的高质量发展至关重要。当前，全球产业链重构、技术革命加速与人口结构变迁三重挑战叠加，中国制造业面临"转型升级"与"队伍稳定"的双重压力。稳定产业工人队伍不仅是经济命题，更是巩固党的执政基础、维护社会稳定的战略工程。

一、稳定制造业产业工人队伍的重要意义

（一）经济高质量发展的核心支撑。稳定的产业工人队伍能够确保制造业企业生产活动的持续稳定进行。产业工人熟悉生产流程和工艺，他们的长期在岗能够避免因人员频繁流动导致的生产中断、产品质量波动等问题，保障企业按时、高质量地完成生产任务，满足市场需求，是

全要素生产率提升的关键。稳定的队伍有利于技术的传承，新老工人之间能够更好地开展"传帮带"活动，使新技术、新工艺得以迅速推广应用。稳定的产业工人队伍更有动力和意愿参与企业的技术创新活动，为企业的技术进步和产品升级提供源源不断的动力。

（二）经济社会稳定的压舱石。制造业是国民经济的重要支柱产业，稳定的产业工人队伍能够促进制造业的发展，进而带动相关产业的协同发展，创造更多的就业机会和经济效益，有效发挥就业蓄水池功能。通过辛勤劳动生产出大量的产品，满足国内消费和出口需求，为经济增长作出重要贡献。稳定的产业工人队伍关系到家庭的稳定和社会的和谐，能够减少失业现象，降低社会不稳定因素，促进社会的长治久安。

（三）国际竞争的战略筹码。我国制造业虽然在工业产值上实现了全球最高，规模效应最为明显，然而，制造业以加工组装等劳动密集型产业为主，面对的是国际竞争日益激烈、产品附加值低、抗风险能力不足的挑战。在新的内外部形势、国家政策、新兴技术与人才结构下，尤其在全球化逆流背景下，各国面向未来制定制造业的发展战略，我国制造业亟须开启智能化、绿色化、服务化转型与升级新篇章，以此抢占工业革命制高点。培养技能根基是突破价值链封锁的核心路径。

二、稳定制造业产业工人队伍的主要路径

《中共中央　国务院关于深化产业工人队伍建设改革的意见》指出，支持制造业企业围绕转型升级和产业基础再造工程项目，实施制造业技能根基工程和制造业人才支持计划。统筹推进制造业转型升级和保持产业工人队伍稳定，支持和引导企业加强转岗培训，提高产业工人多岗位适应能力。

（一）实施制造业技能根基工程。随着产业提质升级和"智转数改"，迫切需要更多高素质制造业技能人才。实施制造业技能根基工

程，有利于优化技能人才供给结构，培育壮大急需紧缺高技能人才队伍；有利于夯实制造业发展根基，推动制造业高端化、智能化、绿色化发展；有利于缓解结构性就业矛盾，实现更高质量更加充分就业。坚持系统思维、精准施策，着力健全制造业技能人才培养、使用、评价和激励机制，在关心人才、服务人才、成就人才等方面出实招、求实效。

1. 在平台载体建设上发力。紧扣先进制造业集群，依托制造业龙头企业、链主企业、单项冠军企业、专精特新企业和技师学院，遴选建设一批国家级、省级制造业技能根基工程培训基地，形成示范引领效应。重点围绕工业"六基""卡脖子"关键核心技术，以技能人才评价技术资源快速响应机制为抓手，每年组织开发制造类评价标准（规范）或题库。

2. 在加强培训有效供给上发力。积极发挥培训目录的指引作用，适度增加并动态调整制造业培训项目，建立培训成本调查机制，提高制造业培训补贴标准，强化培训补贴的激励导向作用。大规模开展制造业职工技能提升行动，鼓励支持企业开展自主培训和评价，引导社会力量开发制造业培训资源。实施职业技能培训赋能专项行动，建立技能协作服务制度。强化就业重点群体培训，推进"技能培训+就业服务"深度融合模式。

3. 在创新培养方式上发力。大力推进项目制培训，建立揭榜挂帅机制，支持制造业龙头企业、技工院校、职业院校提供培训服务。以企业新型学徒制培训为主载体，有效贯通车间与课堂资源，完善企校"双导师""双基地"联合培养模式。推进工学一体化培养模式，鼓励支持校企合作、校校合作、校社合作，组建制造业技工教育联盟。强化以赛促培、以赛促训，将制造业项目优先列为省级一类竞赛项目，优先评为优秀赛事。鼓励支持聚焦制造业开展职业技能竞赛月活动，设立技能日、技能节，引导激励广大青年劳动者走技能成才、技能报国之路。选拔制造业高技能领军人才聘任首席技师、特级技师等高级技术职务

（岗位）。

（二）实施制造业人才支持计划。实施制造业技能根基工程与人才支持计划，是破解"卡脖子"难题的战略选择。我国要实现从"制造大国"向"智造强国"跨越，必须构建适配新型工业化的技能人才生态体系。实施集成电路、工业软件、装备制造业等重点领域人才攻坚行动。

1. 构建人才服务生态圈。一是建设人才大数据平台，运用 AI 算法实现岗位需求与人才技能精准匹配。二是完善柔性引才机制。探索"周末工程师"计划，加大科技成果转化力度，强化人才创新激励。三是优化人才安居保障。建设"工程师社区"，提供人才公寓，配套建设学校、医院，提升人才留存率。如山西省规定，创新企业家、先进制造技术人才可直接申报正高级工程师职称；先进基础工艺人才给予每人25 万元经费，支持建设技能大师工作室。

2. 制造业人才可享受国家人才待遇。依托企业经营管理人才素质提升工程、专业技术人才知识更新工程等，组织人才参加国内外专题研修培训。支持人才按规定通过挂职、特聘等方式到高校、科研院所、科技社团、国家制造业创新中心等进行培养锻炼。在符合申报条件的前提下，优先支持人才所在企业承担工业和信息化领域重大项目（工程）。还可推荐符合条件的人才申报"国家工程师奖""全国杰出专业技术人才""中华技能大奖""全国技术能手""全国五一劳动奖章"等表彰奖励。

（三）统筹推进制造业转型升级与产业工人队伍稳定。我国制造业正经历智能化、绿色化、服务化的深刻变革，智能制造装备渗透与同期制造业工人流失呈现结构性矛盾，需在"机器换人"与"以人兴产"之间找到平衡点。

1. 建立转型风险共担机制，某区域性制造业工会联盟推动签订《产业升级专项集体合同》，明确企业技术迭代中必须保证"三个不低于"：培训投入不低于营收的 3%、转岗安置率不低于 95%、薪酬降幅不低于 5%。区域内某汽车零部件企业据此投入 2800 万元改造实训中心，确保 1200 名冲压工成功转型为工业机器人运维员。某轮胎企业通过协商确定 AGV 调度员岗位工资标准为传统岗位的 1.8 倍，激发工人参与智能化改造积极性。

2. 多措并举，支持和引导企业加强转岗培训，提高产业工人多岗位适应能力。政府出台政策给予开展转岗培训的企业财政补贴、税收优惠等，建立健全企业培训监管机制，确保培训质量和效果。企业根据发展战略和生产经营需求，制订科学合理的转岗培训计划，明确培训目标、内容、方式和时间安排等，建立健全与转岗培训相关的激励机制，激发产业工人参与转岗培训的积极性和主动性。发挥行业协会作用，常态化开展行业内的转岗培训经验交流活动，促进行业转岗培训工作的规范化和标准化。

当前，全球制造业竞争已进入"技术+人才"双轮驱动时代。稳定制造业产业工人队伍是一项系统工程，需要政策创新、企业转型、工会参与、社会认同的协同推进。当车间成为技术创新的前沿阵地，当"大国工匠"成为青年追捧的明星，中国制造必将迎来高质量发展的崭新篇章。

案例

山东威海：三大举措建强制造业产业工人队伍

2024 年 12 月 06 日　来源：工人日报客户端

山东省威海市总工会聚焦制造业转型升级和产业工人队伍稳定，围绕制造业技能型人才结构性短缺问题，大力提高产业工人多岗位适应能力，推动产业工人成长路径由"独木桥"变"立交桥"，技能型人才队伍实现量质齐升。

岗位转岗管理，职工"一岗全能"。威海市总工会指导企业建立岗位转岗管理制度，有效盘活企业内部人力资源。广濑电机87%设备操作工掌握2项以上产品技能，52%操作人员掌握所有产品维护技能。威海工匠学院等还提供跨职种、跨系统技能提升机会，累计举办能力成长培训班540期，助力1万余名职工成长为"一岗多能"的复合型人才。

鼓励动态评价，畅通横向发展。指导企业构建以创新能力、质量、实效、贡献为导向的动态技能人才评价体系，畅通产业工人职业发展的"攀云梯"。华力电机将创新创效成果年节约或创造价值的2%—4%，用于奖励职工，光威复材以股权激励等中长期激励方式，实现技能要素参与价值分配，让高技能产业工人真正实现"有为"又"有位"。

共享人才资源，要素有效流转。威海市总工会建立了全市重点制造业企业人力资源情况联系机制，对企业用工情况进行调查统计和信息发布，促进缺工企业和富余企业结成联盟，实现缺工企业稳产满产、富余企业降低成本、赋闲职工增加收入的三方共赢。通过共享人才资源，实现要素的有效流转，提升了人力资源配置效率，保障了就业市场的稳定。（张嫱）

第三节　大力培养大国工匠

习近平总书记指出，大国工匠是中华民族大厦的基石、栋梁。不同于普通工匠人才，大国工匠是国家重要战略人才，是高技能人才的杰出代表，对构建国家话语体系、丰富民族精神、振兴实体经济、促进新质生产力发展、培育高技能工匠人才等具有重要的时代价值。

一、大力培养大国工匠的重要意义

（一）推动制造业高质量发展。大国工匠作为制造业中的顶尖技能人才，他们以精湛的技艺、专注的态度和创新的精神，在制造业转型升级过程中发挥关键作用。熟练掌握先进的生产技术和工艺，精准操作高端设备，确保产品质量达到国际一流水平；解决生产过程中遇到的各种技术难题，提高生产效率，降低生产成本；积极参与技术创新和产品研发，推动制造业向高端化、智能化、绿色化方向发展。

（二）提升国家创新能力。大国工匠不仅是技术的传承者，更是创新的推动者。凭借着对技术的热爱和执着追求，对生产技术和工艺有着深刻的理解和独特的见解，大国工匠能够敏锐地捕捉到技术创新的机会，勇于尝试新的方法和技术，不断推动技术创新和产品升级，为国家的科技创新作出重要贡献。

（三）增强国家科技竞争力。大国工匠往往在各自领域拥有精湛的技艺和丰富的实践经验，能够攻克许多技术难题，填补国内外在一些关键技术领域的空白，提升我国在全球科技和制造业领域的地位和影响力。大力培育大国工匠，讲好大国工匠故事，为广大青年树立榜样，吸引更多年轻人投身科技和技能领域，为科技强国建设培养源源不断的人才后备军。

二、《大国工匠人才培育工程实施办法（试行）》

2024 年 1 月，中华全国总工会印发《大国工匠人才培育工程实施办法（试行）》（以下简称《办法》），计划每年培育 200 名左右大国工匠，示范引导各地、各行业每年积极支持培养 1000 名左右省部级工匠、5000 名左右市级工匠，形成大国工匠带头引领，工匠人才不断涌现，广大职工积极走技能成才、技能报国之路的良好局面，推动深化产业工人队伍建设改革，建设国家战略人才力量，为推进中国式现代化、推动高质量发展提供重要人才支撑。

（一）大国工匠培育对象基本条件。具备政治素质过硬，有 5 年以上一线生产现场工作经历，长期践行精益求精、执着专注、一丝不苟、追求卓越的工匠精神，具有突出技术技能素质，以制造业等实体经济领域职工为主，兼顾行业、地区等因素。此外，培育对象应在大国工匠能力标准上有突出潜能，即在引领力（勇挑重担、追求卓越、示范带动）、实践力（技能精湛、业绩突出、持续学习）、创新力（业务洞察、创新成果、价值创造）、攻关力（担当重任、协同配合、直面难题）、传承力（总结继承、培养人才、应用智能）等"工匠五力"上显现明显发展潜力。

（二）大国工匠的培育措施。培育期一般为两年。培育期满，由中华全国总工会向完成培育任务并评价合格的入选对象颁发大国工匠证书。培育期内，推荐单位制定实施本单位的大国工匠培养方案，定期报备培育情况。通过举办劳模工匠创新培训营、大国工匠高级研修班、境外培训计划、工匠学院等培训项目，支持培育对象参加国内外相关培训、研修。《办法》明确了大国工匠遴选程序，包括部署、推荐、评审、公示、公布等。

（三）大国工匠支持保障。中华全国总工会设立大国工匠激励保障专项资金，支持工匠开展项目攻关、技能传承等工作。如创建以其领衔、命名的创新工作室，支持若干在国家重大战略、重大工程、重大项目、重点产业中担当重任的培育对象开展创新攻关项目等。培育期满获得大国工匠证书后，工会比照全国劳模标准为人选落实待遇，并加强对大国工匠的推荐使用。

三、大力培养大国工匠的主要路径

《中共中央　国务院关于深化产业工人队伍建设改革的意见》指出，实施大国工匠人才培育工程。持续办好大国工匠创新交流大会暨大国工匠论坛。加强巾帼工匠培养，充分发挥作用。广泛深入开展工匠宣传，在全社会大力弘扬工匠精神，讲好工匠故事，按规定开展表彰工作。

（一）实施大国工匠人才培育工程。2024 年 7 月，全国总工会印发《关于公布 2024 年大国工匠培育对象并开展大国工匠培育工作的通知》。经推荐、形审、网审、会评、审定、公示等程序确定为大国工匠培育对象者，需参加全国总工会组织的线上和线下、理论和实践、预热和考核等一系列培训项目。

1. 培育工作以大国工匠具备的"工匠五力"标准为目标，以增强引领力为重点，以科技创新需求为牵引，坚持"推选高起点学员、配备高水平师资、输出高质量成果"，创新人才培养模式，着力培养造就一批堪当中华民族大厦"基石、栋梁"和"顶梁柱"的大国工匠，作为国家创新人才链中的高技能领军人才，为加快建设科技强国，推动实现强国建设、民族复兴伟业提供重要战略人才支撑。全国总工会牵头抓总，制订整体工作方案，开展"工匠人才培训营"等工作，打造标杆样本，示范引领各级工会和企业高水准开展工匠培育工作。省级工会属地培育，支持培育对象创建或提升以其领衔的创新工作室，积极开展项目攻关等活动；组织培育对象参加"劳模工匠助企行"、创新交流和论坛等活动。企业作为培育主体，支持培育对象参加全国总工会培育，鼓励支持培育对象创建或提升以其领衔的创新工作室，支持工匠参与设备更新、技术改造、创新攻关等项目，为培育对象开展技术创新和技艺传承提供优质平台。

2. 创新技能价值实现机制。一是开展集体协商保障技能溢价，在先进制造业集群推行"能级工资"专项集体合同，明确技能等级与薪酬对应标准。二是强化职业发展双通道建设。打破"技而优则仕"的单一路径，在龙头企业试点"技术+管理"双晋升体系。推动职业资格与学历证书等值互认，持有高级技师证书可申请本科学历认证。建立"工匠专利超市"，工会牵线促成推动技术转让，科学分成收益，实现工匠价值转化。

3. 发挥企业主体作用，加强工匠人才培养。一是加大对人才培养的投入，建立健全人才培养体系，制订科学合理的人才培养计划，为员工提供系统、全面的培训。二是加强与职业院校的合作，开展订单式培养、现代学徒制等人才培养模式，实现学校教育与企业需求的无缝对接。三是建立完善的激励机制，通过提高薪酬待遇、提供职业发展空间、设立技术创新奖励等措施，充分调动员工参与培训和提升技能的积极性。

（二）持续办好大国工匠创新交流大会暨大国工匠论坛。大国工匠创新交流大会暨大国工匠论坛自 2022 年创办以来，已成为我国高技能人才培育与技术创新的国家级平台。锻造高技能人才生态圈，促成技术合作项目，直接拉动经济效益，成为推动制造业高质量发展的重要引擎。大会以"弘扬工匠精神、赋能制造强国"为宗旨，构建"展示—交流—转化—孵化"全链条生态。设立 20 个重点领域分论坛（如集成电路精密制造、航空发动机装配），组织"揭榜挂帅"攻关，发布"卡脖子"技术榜单，成为技术攻坚枢纽。推动职业院校与头部企业签订人才共育协议，开发"课证融通"课程包，成为产教融合接口。全国总工会牵头建立政策牵引、资源整合、文化传播大会长效运行机制，深化"会、展、赛、聘"四位一体模式，建设若干区域性分中心，培育工匠创新联合体，推动技术工人从"生产执行者"向"创新主导者"跃升，为制造强国建设注入澎湃动能，让大会成为全球工业创新的"中国名片"。

（三）加强巾帼工匠培养，充分发挥作用。职业发展瓶颈、工作家庭平衡压力、社会认知偏见等制约女性技能人才成长。工会作为职工"娘家人"，亟须构建性别友好的技能培育生态。

1. 建立专项政策支持体系。在重点行业签订《女职工技能发展专项集体合同》，明确企业设立女性技能提升基金，保障培训时间。企业建立"巾帼工匠津贴"，"技术+管理"晋升体系，女性技术骨干可优先进入管理层。

2. 实施柔性化技能培育模式。开发"妈咪工匠加油站"平台，提供碎片化学习资源，建立分段式培训机制。创设"育儿期技能银行"，女工产假期间完成在线课程可兑换带薪返岗培训。组建"巾帼工匠联盟"，开展"百师千徒"结对行动，设立"巾帼创新奖"，获奖者直接纳入全国五一劳动奖章候选名单。

3. 构建社会支持网络。推动建设"四点半学堂""母婴实训室"等设施，建设家庭友好型职场。如有的基层工会打造"亲子开放日"制度，女工可携子女参观智能化车间，增强职业认同感。实施榜样引领工程，制作纪录片，讲述女性大国工匠故事。

（四）广泛深入开展工匠宣传，在全社会大力弘扬工匠精神，讲好工匠故事，按规定开展表彰工作。

1. 构建全方位工匠宣传体系。加强对工匠精神的宣传和弘扬，将工匠精神纳入国民教育体系，从小培养学生的职业兴趣和职业素养，营造尊重劳动、崇尚技能、鼓励创新的良好社会氛围。安徽省总工会推出劳模工匠（工会干部）宣讲团"六进"宣讲品牌。以陈建林、潘苗苗、熊丽为代表的劳模工匠与干部群众，聚集在安徽省劳模工匠（工会干部）宣讲团中，进企业、进工地、进班组、进社区、进校园、进网络，围绕"1+2+N"（1 个宣讲主题，劳模工匠工会干部宣讲、职工文化展示 2 个核心，N 个特色项目或环节）宣讲模式，讲好中国故事、传递中国声音，引导全省广大职工听党话、感党恩、跟党走，在时代发展中建新功、立伟业，奋力谱写中国式现代化安徽篇章。

2. 创新工匠故事传播范式。工会构建"中央厨房+定制生产"内容体系，建立覆盖短视频、直播、广播剧等形态的传播矩阵。建立故事工厂机制，组建由作家、记者、职工组成的创作联盟，开发百匠图鉴等故事库；沉浸式展演，创排匠心永恒工业题材话剧，全国巡演，营造尊重技能的浓厚氛围。

3. 完善工匠表彰制度设计，推动形成"金字塔式"荣誉体系。基础层主要是"企业工匠"，给予带薪深造、疗休养等福利；中间层主要是省级"金牌工匠"，享受高技能人才津贴，在保障性住房分配中加分；顶层主要是全国总工会"大国工匠年度人物"入选者，直接推荐全国五一劳动奖章。还可以增设"工匠伯乐奖"，奖励培养出 3 名以上省级工匠的导师。

在全球产业链深度重构的背景下，制造业竞争已从成本优势转向技术优势。大国工匠培育工作以"见人、见物、见精神"为原则，使培育对象"工匠五力"得到大幅度提升锻炼，培育出合格的大国工匠；传承工匠技术技能，激励更多职工走技能成才、技能报国之路。培育工程既是破解"卡脖子"技术瓶颈的关键举措，更是巩固党的阶级基础、实现共同富裕的重要路径。

案例

实干成就梦想　平凡彰显不凡

——从郑志明的成长看柳州如何培养"大国工匠"

2022 年 10 月 28 日　来源：柳州日报

郑志明职高毕业来到企业，十多年间，他从钳工学徒成长为"大国工匠"。他的成长史，是党和国家对技能人才培养高度重视和技能人才队伍不断发展壮大的历程，也是柳州职业教育发展缩略史。

01 把握政策机遇　扩大职教资源"增量池"——职教发展，思想要先行

柳州是一座工业城市，为工业强市、振兴柳州制造提供源源不断的动力，职业教育对于柳州具有特殊的意义。近十年来，柳州市先后出台《加快发展现代职业教育实施意见》等文件，精心谋划开展"职业教育攻坚""职业教育服务柳州新发展行动计划""职业教育现代学徒制试点城市""职业教育国际化发展行动计划"等专项工作，形成了"政府领航、双元一体、教产相伴、融合发展"的职业教育改革发展柳州模式，累计向社会输送 17 万个服务智能制造、汽车产业、交通运输等方面的技术人才。市委、市政府鲜明地提出"抓职业教育就是抓发展、抓未来、抓民生"的发展理念，把职业教育作为柳州工业高质量发展的基础、城市人才集聚的重要手段和贫困家庭脱贫奔小康的重要途径，抢抓国家、自治区大力发展职业教育的机遇。

伴随着工业强市的步伐，柳州率先大胆尝试，紧紧围绕全国首批产教融合试点城市、全国首批"现代学徒制"试点城市、与教育厅共建"广西现代职业教育改革发展示范区"、实施职业教育国际化四大试点任务，从指导思想、工作原则、体制机制、经费保障等方面，提出了一系列可操作性较强的具体举措，建立和完善了有利于职业教育发展的一系列政策体系；广西（柳州）汽车城与职业教育园区等一批新项目相继建成，与柳东新区共同构成产业集聚、要素集聚、人口集聚的产业融合发展示范区。

02 实施改革创新　优化职教专业"新品牌"——职教发展，改革是关键

践行"实业兴市、开放强柳"战略，实施产教融合试点城市建设的"3+3+1"目标产业体系，即构建以汽车+工程机械+轻工（智能家电）为龙头的先进制造业产教融合体系，构建以智能轨道+智能电网+生物制药为龙头的新兴战略产业产教融合体系，构建以工业设计、大数据为重点的配套服务体系，形成符合国家"十四五"规划发展方向、具有柳州特色的新时代产教融合城市发展体系，并提出积极推进柳州市产教融合试点城市建设方略。截至目前，柳州市通过加快推进构建"5+5"产业发展新格局，引导职业院校建立紧密对接产业链、创新链的专业体系，组建"中国—东盟轨道交通职业教育集团"，成立 15 大职教集团；创建柳州现代学徒中心、工匠学院，成立柳州螺蛳粉产业学院等 13 个特色产业学院；建成 17 个技术应用及推广中心和 18 个国家

"大师工作室"，逐渐形成"一校一特色、一校一品牌"的职业院校专业新布局。

03 提高办学质量 搭建人才成长"立交桥"——职教发展，质量是核心

柳州将城镇化过程中释放的潜在劳动力引导纳入职业教育与培训体系中，努力培养具有柳州工业"工匠精神"的高质量创新型技能人才。职业院校毕业生超过60%本地就业，少数民族学生70%本地就业，近5年产教城园区年产值超过1325亿元。柳州市涌现出一批"大国工匠"，如全国技术能手丘柳滨、二十大代表郑志明等。

围绕着"实业兴市、开放强柳"发展战略以及"5+5"产业发展新格局，柳州市制定实施了《柳州职业教育专业布局与结构调整规划》，围绕柳州工业高质量发展需求，将职业教育专业建在柳州产业链上。柳州螺蛳粉产业学院等一批顺应柳州地方特色经济的产业学院孕育而生，为柳州培养了一批高素质、极具创新力的螺蛳粉产业技术技能复合型人才；由柳州城市职业学院自主研发的"城之螺"品牌螺蛳粉的问世，开启了柳州职业教育积极发挥科研力量服务地方经济发展的新篇章。同时，柳州市积极推动"产业—专业"集群式发展，建设专业集群17个，及时顺应柳州工业高质量发展需求，为企业输送大批高素质技术人才，为工业强市提供了强大的人才、技术和智力支持。

04 服务地方发展 拓宽实体经济"致富路"——职教发展，服务是宗旨

近年来，柳州职业教育积极采取措施，适应区域企业发展需求，调整专业布局，以汽车、钢铁、机械三大核心产业为引领，围绕柳州工业高质量发展需求，在专业链进行"撤、补、建、强"，推动"产业—专业"集群式发展。在"一带一路"倡议背景下，柳州市教育局指导职业院校积极融入"一带一路"倡议，实施"企业走出去职业教育伴随计划"、职业教育国际化升级行动计划（2021—2025年），深入开展建设

"实业领航、留学柳州"品牌、国际化教学资源共建等八项行动，积极推动校企合作开展境外办学，输出中国职教标准 130 多项。（作者：温剑）

第四节　吸引更多青年加入产业工人队伍

吸引更多青年加入产业工人队伍，是为产业发展注入新鲜血液、推动产业升级的关键之举。

一、吸引更多青年加入产业工人队伍的重要意义

（一）推动制造业高质量发展。青年具有较高的知识水平和创新能力，他们的加入能够为制造业带来新的理念和技术。在数字化、智能化制造快速发展的今天，青年产业工人能够更快地掌握新技术、新设备的操作，推动制造业生产效率的提升和产品质量的提高。尤其在一些高端装备制造企业，青年技术工人运用先进的数控编程技术，能够快速实现零部件加工精度提升，提高产品的竞争力。

（二）缓解技能人才短缺。当前，我国技能人才总量不足、结构不合理的问题较为突出。吸引青年加入产业工人队伍，能够增加技能人才的储备，优化技能人才结构。特别是在一些新兴产业领域，如新能源汽车、人工智能等，急需大量掌握前沿技术的青年技能人才。通过吸引青年投身这些领域，能够满足产业发展对技能人才的需求，促进产业的健康发展。

（三）促进社会稳定与就业。吸引更多青年加入产业工人队伍，能够为青年提供稳定的就业岗位，减轻社会失业压力。同时，产业工人相对稳定的收入和职业发展路径，也能够帮助青年实现自身价值，增强他们的社会认同感和归属感，从而促进社会的和谐稳定。

二、吸引青年加入产业工人队伍的主要路径

《中共中央 国务院关于深化产业工人队伍建设改革的意见》指出，加强政策支持和就业指导、就业服务，搭建校企对接平台。改善工作环境和劳动条件，丰富精神文化生活，增强制造业岗位对青年的吸引力。搭建产业工人成长发展平台，引导更多大学生走技能成才、技能报国之路。

（一）加强政策支持和就业指导、就业服务，搭建校企对接平台。为形成工作合力，政府、学校、企业和工会应建立协同合作机制。定期召开联席会议，共同商讨吸引青年加入产业工人队伍过程中遇到的问题和解决方案。

1. 政策支持是吸引青年投身产业工人队伍的重要基石。构建"政策牵引—资金保障—权益维护"三位一体支持体系。推动实施"青年技工就业补贴"政策，企业每吸纳 1 名应届职校生给予税收减免，对开展校企合作的企业给予研发费用加计扣除，发挥税收的杠杆激励作用。设立"制造业青年发展基金"专项资金保障，工会监督资金使用。实施"技能提升券"制度，青年工人可申领培训补贴用于自主选择课程。设立产业工人专项补贴，对新入职的青年产业工人给予一定期限的生活补贴，缓解他们初入职场的经济压力；在住房、子女教育等方面给予政策倾斜，解决他们的后顾之忧。

2. 优质的就业指导和服务是连接青年与产业工人岗位的桥梁。打造全链条赋能平台，构建"精准匹配—技能提升—终身服务"就业服务体系。开发"工 E 就业"大数据平台，集成岗位需求，智能推送个性化职业规划，实现数字化就业导航。建立"需求—培训—认证"快速响应机制，为青年提供定制化技能提升服务。针对青年群体特点，提供个性化的就业指导。在职业规划方面，帮助青年了解产业发展趋势和岗位需求，结合自身兴趣和优势，明确职业方向。就业服务机构要加强

与企业的沟通合作，及时掌握企业用工需求，通过线上线下相结合的方式，精准推送岗位信息。开展就业培训，提升青年的职业技能和面试技巧，增加他们的就业竞争力。对有意向成为产业工人的青年，提供从职业认知到岗位匹配的全方位服务。

3. 搭建校企对接平台是解决产业工人供需矛盾的关键环节。工会要发挥组织优势，搭建"政—校—企—会"四方协同平台，建立"课程共建机制、实训基地共享、人才共育模式"，组织企业工程师与职校教师共同开发"岗位标准课程包"，推广"双师认证"制度。工会牵头建设区域性实训中心，实施"设备进校园"计划，配置工业机器人、数字孪生系统等高端设备。创新"招生即招工"现代学徒制，开展"订单式培养"，课程植入企业标准，缩短毕业生上岗适应期。学校要紧密对接产业需求，优化专业设置，与企业共同制订人才培养方案。企业参与学校教学过程，选派技术骨干到学校授课，让学生了解行业最新技术和生产工艺。学校组织学生到企业实习实训，让学生在真实的工作环境中锻炼技能，积累工作经验。定期举办校企对接活动，如招聘会、实习双选会等，为企业和学生提供直接交流的机会，提高人才供需匹配效率。

（二）改善工作环境和劳动条件，丰富精神文化生活，增强制造业岗位对青年的吸引力。

1. 良好的工作环境和劳动条件是吸引青年的基础。工会应积极发挥监督与协调作用，推动企业改善硬件设施。督促企业对生产车间进行合理布局，确保通风、采光良好，降低噪声和粉尘污染，为青年工人提供舒适、安全的工作空间。在劳动保护方面，工会要确保企业严格按照标准为工人配备齐全、优质的劳动防护用品，如安全帽、防护手套、安全鞋等，保障青年工人的身体健康和生命安全。同时，工会要与企业协商，合理安排工作时间和强度，避免过度加班，维护青年工人的休息权益，让他们在轻松、健康的环境中工作。

2. 丰富的精神文化生活是留住青年人才的关键。工会可以组织各类文化活动，满足青年多样化的精神需求。开展读书分享会、文艺演出、电影放映等活动，为青年工人提供放松身心、交流思想的平台，丰富他们的业余生活。建立职工文化俱乐部，涵盖摄影、绘画、音乐、体育等多种兴趣小组，鼓励青年工人根据自己的爱好参与其中，培养兴趣爱好，结交志同道合的朋友，增强他们的归属感。举办各类主题活动，如"青春杯"技能大赛、"创新之星"评选等，激发青年工人的工作热情和创新精神，让他们在工作中找到成就感和价值感。

（三）搭建产业工人成长发展平台，引导更多大学生走技能成才、技能报国之路，是破解当前产业工人队伍人才短缺的重要路径。

1. 搭建技能培训平台，是提升大学生专业技能，使其快速融入产业工人队伍的关键。工会充分整合企业、高校和社会培训机构的资源，建立多层次、多形式的技能培训体系。一方面，与高校合作开展实践课程，将企业真实生产项目引入校园，让大学生在学校就能接触到实际生产流程，提升动手能力；另一方面，组织大学生到企业进行实习实训，安排经验丰富的师傅进行现场指导，帮助大学生熟练掌握生产技能。

2. 引导大学生走技能成才、技能报国之路。设立专项奖学金，鼓励大学生报考与制造业相关的专业；与企业共同制订人才培养计划，让企业深度参与大学生的培养过程，确保培养出的人才符合企业实际需求；与高校联合开展技能人才培养研究，探索适合大学生技能成长的教育模式和方法。工会可助力构建完善的职业规划体系，为大学生投身产业工人领域指明方向。联合高校和企业，深入开展职业认知讲座，邀请资深产业工人分享工作经历与成长路径，让大学生直观了解产业工人的工作内容、职业前景。针对不同专业的大学生，组织专业人士为其制订个性化的职业规划，帮助大学生找准自身定位，减少职业选择的迷茫，激发他们投身产业的热情。

吸引青年加入产业工人队伍，是一项涉及经济重塑、社会认知、文化重构的系统工程。通过构建"有竞争力的薪酬、有尊严的环境、有希望的未来"的制造业新生态，锻造出支撑制造强国建设的生力军。

案例

让产业工人站在时代舞台中央绽放光芒

2024 年 12 月 06 日　来源：山西工人报

7 年多来，山西省全面落实省委和全总对产改工作的安排部署，在各级党委、政府的重视及有关部门的协同推进下，从"试点探索"到"区域展开"，在突破上下功夫、在落实上做文章，以点扩面，抓精出新，稳步推进，国企产改覆盖面达 98%，规上民营企业覆盖面超 80%，取得了重要阶段性成效，连续两年在全国评价考核中荣获"优秀"。山西省产业工人理想信念更加坚定，综合素质明显提升，干事创业的激情更加高涨，主人翁地位更加彰显，劳动光荣、技能宝贵、创造伟大的浓厚社会氛围逐步形成。

锤炼技能，强劲激励产业工人迸发活力勇于创新

技能是产业工人的立业之本。山西省产改聚焦需求，搭建平台，在战略上布局，在关键处落子。随着一项项技术技能人才培养举措的陆续推出，职工技能形成体系建设取得新进展，产业工人技能水平有效提升，技能成才、技能报国正在成为越来越多产业工人的职业选择和毕生追求。

——启动高技能领军人才培育计划。按照省委人才工作领导小组的指示批示，省委组织部、省委人才办会同省直有关部门，在深入研究山西省人才工作规律特点、短板弱项和实际需求的基础上，借鉴外省经验，推出"1+N"人才政策。其中，"围绕一个目标，健全两个体系，抓好三个环节"思路，对高技能人才工作进行了全面系统的规划设计，在追求数量的同时，把高技能人才质量作为关键核心，力争到 2035 年，山西省高技能人才数量、质量、结构与全方位高质量发展要求相适应。

——完善产教融合的职业教育体系。围绕山西省重点产业链和特色专业镇发展，建成职业本科大学 2 所，增设优势急需专业点 445 个，新建品牌专业 171 个；打造高水平实训基地 126 个，建成省级职业学校特色产业学院 38 家，遴选培育 350 家省级产教融合型试点企业。临汾职业技术学院与华为合作共建"华为 ICT 学院"，定制化培养人才。

——构建"1+N+N"全省工匠学院体系。为了推动产业工人由"工"到"匠"，山西省分三个层面建立起"1+N+N"全省工匠学院体系。在省级层面，由山西工匠学院牵头，12 家市（省级产业）工匠学院和 2 家特色工种工匠学院成立山西省工匠学院联合体，成立 63 家县级以上工匠学院。在市级层面，全省 11 个市全部成立了市级工匠学院，与重点职业技术院校、骨干企业合作办学，结合当地产业特色开展培训。

——发挥劳模工匠人才的示范引领作用。聚焦推动新质生产力，山西省建立了"党政重视、部门支持、工会运作、工匠带头、职工参与"上下贯通、推进有力的创新工作室创建体系，努力构建"创新创效新高地"和"人才培养新高地"。

——产业工人建功立业平台更加丰富。山西省逐步构建以省级大赛为引领、各市和省级产业竞赛为主体、企事业单位竞赛为基础的三级职工职业技能竞赛体系，竞赛活动不断向中小微企业、非公企业、新技术新业态新模式企业拓展。大力开展"五小"竞赛，2015 年以来，全省参加"五小"竞赛的企事业单位达 3.76 万家，参赛职工 2684.76 万人次，产生创新成果 68.73 万项，创造经济效益 422.6 亿元。

赋能成长，全面促进产业工人地位提升无上荣光

山西省产改直面时代课题，破除发展瓶颈，完善制度，打通堵点，产业工人职业发展通道更加通畅。向上推行"新八级工"职业技能等级制度，贯通横向发展机制，让产业工人职业发展纵向有阶梯、横向可转换。随着一项项务实举措的落地落实，山西省更多的产业工人有地位、得实惠、有奔头、受尊重。

——"新八级工"制度覆盖面扩大。山西省健全技能人才培养、使用、评价、激励政策体系，不断完善技能等级评价政策体系，建立科学的技能人才评价制度，拓宽技能人才成长通道，着力构建技能人才发展"生态链"。全省布局558家职业技能等级认定机构，备案职业（工种或方向）1000余个；大力推行"新八级工"制度，13家省属企业开展首席工程师、首席技师、拔尖人才岗位评聘制度，受聘期间每月给予2000—5000元津贴补助。晋能控股集团制订高层次人才引进管理办法及专项服务实施办法，让优秀人才脱颖而出。

——一线产业工人收入提高。山西省出台"促进城镇居民增收17条"，发布企业工资指导线，基准线为7%；建立企业技术工人工资正常增长机制，促进内部分配进一步向技术工人倾斜，吸引更多年轻人进入制造业，产业工人获得感进一步增强。

——高技能人才年薪制、协议工资制、股权激励覆盖面扩大。省委办公厅、省政府办公厅出台《关于提高技术工人待遇的实施意见》，省人社厅出台《关于落实企业专技人才和技能人才职称技能等级晋升后薪酬待遇的指导意见》，推动技高者多得、创新者多得，对高技能人才采取技术创新成果入股、岗位分红、股权期权等激励方式，实行更加灵活的薪酬制度。中条山有色金属集团对技师和高级技师实行津贴制，每月高级技师补贴800元/人、技师补贴400元/人。

——产业工人政治地位提升。时代赋予产业工人以重任，也将赋予产业工人以荣光。山西省不断增加产业工人"三代表三委员"比例，实行产业工人在群团组织挂职兼职。山西晋坤矿公司走出一条工人—劳模—党员—管理人员—股东的"职工成长道路"，80%的管理人员产生于一线职工。（记者：陈秋莲）

第五节　把农民工培养成高素质现代产业工人

农民工是产业工人队伍的重要组成部分，是促进人口高质量发展和实现共同富裕的重点群体。随着产业转型升级的加速推进，将农民工培养成高素质现代产业工人成为时代发展的必然需求。这不仅关系到农民工自身的职业发展和生活质量提升，更对我国产业结构优化、经济高质量发展以及社会和谐稳定有着深远影响。

一、把农民工培养成高素质现代产业工人的重要意义

（一）推动产业转型升级。产业转型升级需要大量掌握先进技术和技能的高素质人才。农民工作为产业工人的重要组成部分，提升他们的素质能为产业转型升级提供人力支撑。在制造业向智能制造转型过程中，经过技能培训的农民工能够操作智能化生产设备，提高生产效率和产品质量，推动制造业从劳动密集型向技术密集型转变。在电子信息产业，具备专业技能的农民工可以参与高端电子产品的生产制造环节，促进产业向高端化发展。

（二）提升农民工自身竞争力。对农民工进行技能培训和素质提升，能增强他们的就业竞争力。在劳动力市场上，具备高素质和专业技能的农民工更容易获得稳定且收入较高的工作岗位。以建筑行业为例，经过专业培训的农民工可以从事建筑设计师助理、工程监理等技术含量较高的工作，而不再局限于简单的体力劳动，从而实现自身职业发展的跨越，获得更好的生活保障。

（三）缓解技能人才短缺困境。当前，我国技能人才短缺问题日益突出，尤其是在一些新兴产业和制造业领域。培养农民工成为高素质现

代产业工人，可以有效补充技能人才队伍，缓解技能人才供需矛盾。如在新能源汽车产业，通过对农民工进行有针对性培训，使其掌握新能源汽车的生产、维修等技能，满足产业快速发展对技能人才的迫切需求。

二、把农民工培养成高素质现代产业工人的主要路径

《中共中央　国务院关于深化产业工人队伍建设改革的意见》指出，围绕产业转型升级，加强对农民工的技能培训，广泛实施求学圆梦行动。促进农民工融入城市，进一步放开放宽城市落户政策，促进进城农民工平等享有城镇基本公共服务。加大公益法律服务惠及农民工力度，保障合法权益，促进稳定就业。

（一）完善农民工技能培训体系，广泛实施求学圆梦行动。2023年，人社部办公厅印发《关于加强农民工职业技能培训工作的意见》，提出在加强组织发动和信息公开、大力开展就业技能培训、强化在岗农民工职业技能培训、创新开展创业培训和新职业新业态培训、优化就业服务与职业技能培训衔接融通、加强职业技能培训载体建设和加强职业技能培训资源建设等方面发力，提升农民工技能水平。

1. 优化培训内容，整合培训资源。围绕产业转型升级，加强对农民工的技能培训，根据产业发展需求和农民工的实际情况，制订个性化的培训方案。增加实践操作课程的比重，让农民工在实际操作中掌握技能。加大对培训师资的培养和引进力度，加大对培训设施设备的投入，建设一批现代化的培训基地。充分利用数字技术改善农民工培训质量，开发数字化教学培训资源，切实提升农民工的技能水平。

2. 广泛实施求学圆梦行动。针对农民工文化基础薄弱问题，启动"求学圆梦行动"，旨在通过教育资源的倾斜，通过成人教育、夜校等方式，帮助农民工提升学历与技能。在缓解经济压力上，工会设立专项助学金，对参与学习的农民工给予资助；与教育机构协商，争取学费优惠。针对教育资源不均问题，工会整合线上线下教育资源，搭建"云

端课堂"，邀请知名专家授课，同时在农民工集中的区域举办线下讲座和培训。

（二）消除城市融入障碍。国务院出台的《深入实施以人为本的新型城镇化战略五年行动计划》提出，以公办学校为主，将随迁子女纳入流入地义务教育保障范围，加大公办学校学位供给力度，持续提高随迁子女在公办学校就读比例；加快将随迁子女纳入流入地中等职业教育、普惠性学前教育保障范围。

1. 围绕农民工相对集中的新就业形态，全国总工会深入开展新就业形态劳动者入会集中行动，组织实施工会驿站双 15 工程和"新双 15 工程"，在全国主要城市和城市重点区域基本实现 15 分钟服务圈交叉覆盖的工会服务体系，为新就业形态劳动者提供暖心服务。

2. 深化户籍制度改革。进一步放开放宽城市落户政策，降低农民工落户门槛。取消不合理的社保缴纳年限、居住年限等限制条件，让更多符合条件的农民工能够在城市落户。

3. 加强社会融合教育。开展针对城市居民和农民工的社会融合教育，消除社会歧视。通过社区活动、宣传教育等方式，增进城市居民和农民工之间的了解和信任。鼓励农民工参与城市社区建设和文化活动，增强他们的归属感和认同感。组织社区志愿者活动，让城市居民和农民工共同参与，促进彼此之间的交流与合作。

（三）强化权益保障，加大公益法律服务惠及农民工力度，保障合法权益，营造浓厚氛围，促进稳定就业。

1. 加强劳动监管执法。加大对企业劳动违法行为的监管力度，建立健全劳动保障监察机制。加强对农民工工资支付、劳动时间、劳动保护等方面的监督检查，严厉打击拖欠农民工工资、超时加班等违法行为。建立农民工工资保证金制度，确保农民工工资按时足额发放。

2. 完善公益法律服务体系。加大公益法律服务的宣传力度，提高农民工对公益法律服务的知晓率。简化公益法律服务申请程序，为农民工提供便捷的法律服务。加强公益法律服务队伍建设，提高服务质量和专业水平。建立法律援助热线，及时为农民工提供法律咨询和法律援助服务。

3. 营造浓厚社会氛围。充分利用主流媒体、自媒体等传播渠道，加大反映产业工人风貌的文化作品的传播力度，营造崇尚劳模、尊重劳动、尊崇工匠的社会氛围。进一步发挥劳模工匠等群体的示范作用，鼓励产业工人中的优秀代表进学校、进企业、进社区、进机关，宣传和弘扬劳模精神、劳动精神、工匠精神，引导更多农民工增强成为高素质现代产业工人的思想自觉和行动自觉。

把农民工培养成高素质现代产业工人，是推动产业转型升级、促进社会公平和谐、提升农民工自身竞争力以及缓解技能人才短缺的关键举措。政府、工会、企业、社会要共同努力，完善技能培训体系，消除城市融入障碍，强化权益保障，提升农民工自身素质和发展能力，培养成适应时代发展需求的高素质现代产业工人。

案例

"解码"中铁四局产业工人"五共"管理模式

——持续推进农民工向新时代建筑产业工人转型

2024 年 09 月 06 日　来源：安徽工人日报

中铁四局是一家大型建筑施工企业，年平均使用产业工人 10 万余人，农民工占了绝大多数。为此，中铁四局不断探索包括农民工在内的产业工人队伍管理新路径。2005 年，中铁四局四公司在合武铁路第四经理部创造性地开展"五同"管理工作，让项目部职工与农民工同学习、同劳动、同参与、同生活、同娱乐。2010 年，在"五同"基础上，中铁四局对农民工管理进行升级，探索出"五自"管理新模式。通过制定一系列制度，组织引导协作队伍进行自我民主管理、自我培训教育、自我竞赛争先、自我权益维护和自我生活娱乐。一份针对这两次农民工管理实践的调研文章这样总结：农民工由此实现了"五个转变"，即从"企业附属型"向"有生力量型"转变，从"体力打拼型"向"知识技能型"转变，从"干活挣钱型"向"创业致富型"转变，从"临时打工型"向"合作双赢型"转变，从"生活单调型"向"文明高雅型"转变。

产业工人社区多元化

建筑企业的一大特点就是产业工人跟着项目走，他们的"家"是移动的、变化的。如何让移动的"家"能够更加温馨，中铁四局积极将城市生活社区理念融入工程项目驻地建设中，建立起产业工人社区，提升他们的幸福感。2022 年 6 月 26 日，中铁四局四公司合肥新桥机场 S1 线合肥西站枢纽先行段项目经理部产业工人社区正式"揭牌"亮相。这不仅是中铁四局对农民工"五共"管理（责任义务共担、安全质量共管、管理效益共赢、文明和谐共建、使命梦想共圆）的具体实践，更是成为合肥市首个为产业工人专门打造集工作、生活、学习为一体的社区。

产业工人社区采取公寓式智慧服务管理，按照居民社区的标准配套生活设施。设置人脸识别门禁系统，实行实名制管理，建立工人食堂、安全积分奖励超市、健康中心、篮球场、阅读室、活动室，满足产业工人日常生活休闲需求。引入市场化运营的物业公司及餐饮企业提供服务，产业工人拎包入住。在社区引入工地物业化管理，为工人们提供专业、科学、规范的后勤管理服务，专门负责生活区的保洁、消杀、通风等日常卫生工作。在社区里，全体产业工人集中入会，吸纳项目党群协理员、优秀产业工人代表、项目综合办负责人、物业公司负责人、项目劳资管理专员等共同成立产业工人民主管理委员会，参与到社区民主管理的事务中来，为产业工人提供健康体检、心理疏导、法律维权、技能提升等服务。目前，中铁四局已在全局建立了206 个产业工人社区。

中铁四局新建沪通铁路站前 VII 标产业工人社区

同时，社区内开办的各类公益讲座也引起了产业工人们的广泛关注。中铁四局二公司沪通铁路 VII 标邀请了有着农民工教育培训丰富经验的张春光老师到产业工人社区，讲授题为《建设心灵 改变命运》的公益讲座。作为农民工出身的"草根教授"和从事农民工队伍管理20余年的资深专家，张老师以自己从一名农民工一步步成长起来的亲身经历，引导产业工人树立职业目标、加强自我管理、提升个人素质。

培养产业工人能挑大梁、当骨干

践行"五共"管理模式不仅仅是让产业工人在工地简简单单地干活挣钱，还要让他们在施工一线能够挑大梁、当骨干，在工作中获得成就感。因此，中铁四局每一个项目部都成立了包括2名产业工人在内的项目部民主管理委员会，让产业工人直接参与项目管理，了解项目施工生产和项目发展情况，保障产业工人知情权。建立健全安全质量管理制度，将协作队伍纳入安全质量共管体系，健全群众安全监督管理员队伍，落实班组长安全质量责任制，让产业工人参与项目施工生产安全质量管理。同时，为了充分发挥产业工人的聪明才智，让他们真正成为工程项目创新创效的参与者和实践者，一项项具体举措在施工现场悄然落地。

中铁四局青岛地铁6号线二期项目部专门为产业工人制定了"金点子"的奖励机制，对于作业班组和产业工人们提出的切实可行的"金点子"，经过实践验证能够有效提高施工效率、保证施工质量、降低施工成本的"金点子"给予重点奖励。同时，在常态化开展的作业班组月度、季度等评比活动中，项目部对作业班组在质量、安全、技能、创新等多个关键方面进行全方位、多角度的深入评定，将作业班组小改小革、工艺创新作为其中重要的考核指标，让贡献出"金点子"的作业班组走上领奖台，既有面子又有里子……自项目部开工以来，4个施工班组已先后提出几十个金点子，按下了地铁建设的"加速键"。项目部还获得了业主颁发的"优秀项目部""青岛地铁安全生产先进单位"等荣誉。

在数百个一线项目相继成立了试验技能、测量技能、焊接技能、机电技能等 9 个技能大师工作室，由技能大师带领产业工人开展新技能新工艺研究，鼓励和支持基层产业工人的"小发明""小创造""小革新"。2023 年 4 月，中铁四局武（汉）宜（昌）铁路汉川东制梁场的产业工人罗聚先参与了"预制箱梁智能张拉台车的研发"，实现了箱梁一键张拉、无人化操作。该技术应用于汉川东制梁场 704 孔箱梁张拉作业，不仅节约施工成本，还节省工期 40 余天。同时，中铁四局制定高技能人才评价实施细则，从产业工人中遴选优秀技能人才，按照一定条件和程序择优录用。截至 2024 年初，已有 9000 余名建筑产业工人通过中铁四局搭建的职业发展通道成为企业认定的技工、技师、技能专家和高级技能专家、首席技能专家。产业工人、全国五一劳动奖章获得者魏大翻，不断刷新班组管片拼装纪录，被誉为"创效带头人"；优秀产业工人代表徐露平获评全国五一劳动奖章、安徽省"最美农民工"，当选为安徽省总工会兼职副主席。

为产业工人赋能赋智

推行"五共"管理模式，最关键的还是要为产业工人赋能赋智，让他们在中铁四局得到成长成才的获得感。2023 年在安徽省各类技能竞赛中，先后已有 82 名中铁四局产业工人获得一、二、三等奖及优秀奖等奖项。依托中铁四局多个重点项目的攻坚任务，产业工人技能大赛、岗位技能比武在工地一线也如火如荼地开展起来。2023 年 3 月，京雄商高铁黄河特大桥工程大干正酣时，中铁四局钢结构建筑公司制造分公司组织举办了第四届焊工技能大赛，来自 6 家协作队伍的 16 名焊接工人参加。

为了帮助更多的建筑产业工人找到成才的道路，中铁四局将开办"工人夜校""工地课堂""工人书屋"等产业工人培训教育阵地纳入到基层项目部的日常管理工作中。定期举办技能教育、职业健康、安全生产等培训课程。"在正式焊接前，要将坡口及其两侧 50—100 毫米范围内的铁锈、熔渣、油垢、水迹等清除干净……"

在培训过程中，结合具体作业案例对技术知识和注意事项进行详细的讲解和分析，力求通俗易懂，便于掌握。"刚开始上手钢筋绑扎的时候，我一直没弄懂操作技巧，在技术课堂上听了你一步步地讲解才明白了正确的绑扎手法！"钢筋工张闵课后跟授课老师交流时兴奋地说道。

为了让产业工人的成才梦更有具体目标，中铁四局还实施了"个性化""定向式""订单式"技能提升活动，提升他们的专业技术水平。推进产业工人队伍"五共"管理模式仍在跋涉的路上。（作者：文良诚　范敏）

‖ 第九章 ‖

合力推进产业工人队伍建设改革

随着全球产业链重构加速和新一轮科技革命深化，我国产业工人队伍面临技能结构滞后、职业发展通道不畅、社会认同不足等挑战。推进产业工人队伍建设改革，需要政府、工会、企业、社会多方协同发力，形成"党委领导、工会牵头、企业主导、社会支撑"的全方位改革格局，才能破解深层次矛盾，打造一支知识型、技能型、创新型劳动者大军。

第一节 发挥党政组织领导作用

在深化新时代产业工人队伍建设改革中，各级党委将产业工人队伍建设改革纳入重要议事日程，定期召开党委会议，专题研究产业工人队伍建设改革中的重大问题，把党的领导贯穿于产业工人队伍建设改革的全过程和各方面。

一、各级党委和政府加强组织领导的重要性

（一）明确改革方向。在产业工人队伍建设改革中，各级党委发挥总揽全局、协调各方的领导核心作用。党委的决策和引导能够确保改革

沿着正确的政治方向前进。产业工人队伍建设改革不仅仅是经济领域的改革，更是涉及社会稳定、工人阶级地位巩固等多方面的综合性改革。在国家大力推进制造强国战略的背景下，党委和政府将产业工人队伍建设改革与国家战略紧密结合，通过深入研究国家战略和地方发展需求，结合产业工人队伍的实际状况，明确改革的长远目标和阶段性任务。各地区党委和政府应立足本地产业结构特色，制定有针对性的改革方向。

（二）凝聚各方力量。产业工人队伍建设改革涉及政府多个部门、企业、工会以及社会各界。党委的组织领导能够有效地凝聚各方力量，形成改革合力。党委可以通过召开联席会议、建立工作协调小组等方式，加强各部门之间的沟通与协作。在协调政府部门关系方面，党委可以促使人力资源和社会保障部门制定有利于产业工人就业和职业发展的政策，财政部门加大对工人培训和技能提升的资金支持，教育部门优化职业教育体系，为产业工人培养提供人才储备。企业是产业工人的主要承载主体，党委和政府通过政策引导、宣传动员等方式，鼓励企业加大对工人培训的投入，建立技能人才培养体系，鼓励企业承担社会责任，为产业工人提供良好的工作环境和发展机会。

（三）提供政策支持。党委和政府通过制定和出台一系列政策文件，为产业工人队伍建设改革提供政策保障。这些政策涵盖了产业工人的培养、使用、评价、激励等多个方面。制定鼓励企业开展技能培训的政策，如给予培训补贴、税收优惠等，能够激发企业的积极性，加大对工人技能培训的投入，促进产业工人技能提升。制定人才培养政策，如设立专项培训资金，支持企业开展技能培训；鼓励职业院校与企业合作办学，培养实用型人才。

二、各级党委和政府在推动产业工人队伍建设改革中的主要路径

《中共中央　国务院关于深化产业工人队伍建设改革的意见》指

出，各级党委和政府要加强对产业工人队伍建设改革的组织领导，强化统筹协调，结合实际抓好本意见贯彻落实。各级党委和政府作为改革的领导者和推动者，肩负着重大的责任。

（一）加强宣传引导。通过全方位、多层次宣传产业工人队伍建设改革的重要意义、目标任务和政策举措，提升社会关注度，营造全社会支持产改的良好氛围。

1. 营造良好舆论氛围。党委和政府应充分利用各类媒体平台，宣传产业工人队伍建设改革的重要意义、政策措施和改革成果。通过开设专题报道、典型案例宣传等方式，提高社会对产业工人的关注度和认同感。同时，深入挖掘产业工人在改革中的典型事迹和成功案例，发挥榜样的示范引领作用。

2. 开展政策解读活动。组织政策宣讲团，深入企业、社区、职业院校，向产业工人、企业管理者和社会公众解读产业工人队伍建设改革相关政策。通过举办政策解读会、发放宣传资料等形式，让政策深入人心，确保政策能够有效落实。如某省组织专家学者和政府官员组成政策宣讲团，深入省内各大产业园区，为企业和产业工人解读技能培训补贴、职业发展规划等政策，解答他们的疑问。

（二）优化资源配置。统筹资金、人才、技术等资源，确保改革顺利推进。

1. 合理分配财政资金。在资金方面，整合财政资金、企业资金和社会资金，形成多元化的投入机制。财政部门要优化资金分配，加大对产业工人队伍建设改革的投入。设立产业工人技能提升专项资金，支持工人培训、技能竞赛等活动；加大对职业教育的投入，改善职业院校办学条件。例如，河南省财政每年安排专项资金用于产业工人技能培训，同时加大对职业院校实训基地建设的投入，提升职业教育质量。

2. 整合教育资源。教育部门要整合职业教育资源，优化职业院校布局和专业设置。推动职业院校与产业需求对接，建立产学研一体化的人才培养模式。

3. 建立人才共享机制。统筹职业院校、企业培训中心和社会培训机构的力量，构建多层次的培训体系。鼓励职业院校与企业开展合作办学，根据企业需求定向培养人才，企业为学生提供实习和就业机会，实现人才培养与企业需求的无缝对接。建立区域间、企业间的产业工人人才共享机制，促进人才合理流动。通过搭建人才共享平台，开展技术合作项目，实现人才信息共享、技术交流合作。

（三）强化监督评估。强化监督主体的多元化，除政府相关部门外，引入第三方专业机构、行业协会以及工人代表参与监督评估，确保评估视角的全面性。

1. 建立监督机制。成立专门的监督小组，对产业工人队伍建设改革政策的执行情况、资金使用情况等进行监督检查。定期对企业开展技能培训、落实工人权益保障等情况进行检查，确保改革措施落到实处。

2. 开展效果评估。制定科学合理的评估指标体系，对产业工人队伍建设改革的效果进行评估。从产业工人技能提升幅度、就业质量改善、职业发展机会增长、薪资待遇改善程度、企业创新能力、企业满意度等多个维度进行评估，根据评估结果及时调整改革策略。

（四）推动制度创新。通过系列制度创新，从培养、评价到发展、保障，构建起完整的产业工人队伍建设生态体系，吸引更多人才加入，为产业持续发展提供坚实的人力支撑。

1. 创新技能评价制度。打破传统的技能评价模式，建立以职业能力为导向、以工作业绩为重点的技能评价制度。开展多元化的技能评价方式，如企业自主评价、第三方评价等，让更多优秀产业工人能够脱颖而出。某省在部分企业试点开展技能人才自主评价，企业根据自身生产实际和岗位需求，制定评价标准和流程，对员工技能进行评价，激发了员工提升技能的积极性。

2. 完善职业发展制度。建立产业工人职业发展通道，拓宽职业发展空间。鼓励产业工人从技能岗位向管理岗位、技术研发岗位等多方向发展，为他们提供更多的职业发展机会。某单位建立了"创客"模式，鼓励产业工人参与技术创新和创业项目，优秀工人可以晋升为项目负责人，实现职业发展的跨越。

案例

发挥"三个作用"　坚持"三个突出"　强化"四个有"凝聚改革合力　高质量推进西夏区产业工人队伍建设改革

2023 年 11 月 20 日　来源：银川市西夏区总工会

2023 年，西夏区委、政府高度重视产业工人队伍建设改革工作，立足实际，切实发挥"三个作用"，强化组织领导、凝聚改革合力，聚焦重点攻坚突破、试点先行，不断夯实产改基础、放大产改成效，实现产业高质量发展，扎实推进产业工人队伍建设改革落地落实。

发挥"三个作用"，汇聚合力助推产业工人队伍建设改革向纵深发展

发挥协调抓总作用，将产改工作纳入深化改革工作要点、纳入效能目标考核、纳入督查工作要点，加强对产业工人队伍建设改革的宏观指导、政策协调和组织推进。召开 2023 年西夏区推进产业工人队伍建设改革协调小组会议，研究解决改革中存在的堵点、难点问题，制定印发《2023 年西夏区产业工人队伍建设改革工作要点和台账》，进一步明确 19 个成员单位职责分工，确保产改工作掷地有声、落实落细。发挥督查指导作用，产改协调小组办公室联合区委督查室、政府督查室召开 2023 年西夏区推进产业工人队伍建设改革工作督查会，全面督查各成员单位及试点企业产改工作，集中把脉会诊解难症，压实责任强担当。同时，结合西夏区实际，因企施策，积极指导试点企业制定"个性化"产改方案和任务清单，指导督促试点企业积极开展薪酬机制改革、技能培训、岗位比武、"名师带徒"等特色活动，积极落实技能人才岗位津补贴等社会保障机制。发挥试点企业示范引领作用，企业主动发挥主体作用，总结可借鉴可复制的产改经验，形成了"五铸五到位"舍弗勒产改试点经验、"四个有"夏进产改试点经验、"五个引领"志辉源石葡萄酒庄葡萄产业产改试点经验，以点带面促进产改工作提质增效，高质量推动产改工作走深走实。

坚持"三个突出"，把牢产业工人的思想政治方向

思想上突出凝心铸魂。以学习宣传贯彻党的二十大精神为主线，发挥各融媒体"线上"宣传矩阵作用，开设理论宣传专栏，全方位深入宣传、解读党的方针政策；制作"亲民类"宣传产品，将党的方针政策与产业工人关切相结合，用"小故事"讲大道理，让党的创新理论走进产业工人心里。构建"1+1+1+N""线下"四级联动宣讲机制，利用辖区新时代文明实践所（站）、区域职工之家、职工书屋等宣传阵地，结合重点节日、重大会议，以产业工人政治理论需求为导向，组织党校名师、优秀基层干部、劳模工匠开展"百人百场"集中宣讲和"千场党课"进基层及"党的二十大精神""班前十分钟思政课""四进"宣讲等主题教育百余场次。

组织上突出党工共建。以党建带工建，工建服务党建为抓手，开展"党工共建双覆盖"活动。强化党建引领，把产改工作纳入党建工作要点，加强对辖区非公企业、两新组织、社会组织、小微企业等的有效覆盖。突出工建引领，以"县级工会加强年"专项工作为契机，聚焦新就业形态劳动者重点群体，在宁阳广场"红色港湾·西夏驿站"开展新就业形态劳动者集中入会行动。加强阵地引领，依托社区、商圈、企业党群服务中心等阵地，新打造区域性职工之家4家、完善3家，打造"红色港湾·西夏驿站"38家。以怀远夜市为中心，建立完善6个暖心驿站、户外劳动者服务站点，为新就业群体提供22项暖心服务，零距离服务产业工人。

荣誉上突出典型树立。以典型引领、劳模引领为抓手，依托宣传阵地，营造"工人伟大、劳动光荣"的社会氛围，大力弘扬劳模精神、劳动精神、工匠精神。强化宣传报道，深化"中国梦·劳动美"主题宣传教育，"线上"在融媒体平台开设"劳模风采展""一句话致敬劳动者"专栏，并推送至主流媒体；"线下"围绕劳模工匠、优秀人物、典型故事等，精心制作图文并茂、声色俱全的新媒体产品。打造特色阵地，打造全区首个以"劳动"为主题的西夏区劳动主题文化园，开幕仪式上为57名劳模颁授金银铜三色"劳模之家"光荣牌；延伸在镇北堡镇昊苑村打造工匠文化园、劳模工匠风采长廊等也广受社会各界好评。

强化"四个有"，有力推动改革发展成果惠及更多产业工人

畅通参政渠道，产业工人政治待遇"有提高"。积极提高产业工人特别是劳模、技术工人在各级党的代表大会代表和委员会委员、人民代表大会代表、政协委员、群团组织代表大会代表和委员会委员中的比例。以西夏区工会第二次代表大会为例，注重向先进人物、技术工人等倾斜，产业工人主人翁的地位得到进一步提高。

强化政策帮扶，产业工人创业就业"有渠道"。打造"创业培训+创业贷款+创业服务"三位一体创业帮扶模式，举办"工会送岗位·真情促就业"线下专场招聘会1期，微信公众号创新推出"'职'等你来"线上微招聘145场次，1000余家企业提供2万余个就业岗位。

实施多措并举，产业工人权益维护"有保障"。充分发挥西夏区劳动争议诉调对接中心多元化解机制作用，及时化解各类矛盾纠纷414案522人次。延伸建立"小三级"劳动争议诉调对接维权服务站点6个，靠前一公里化解矛盾纠纷，从源头维护劳动领域政治安全，保障产业工人权益。开展"尊法守法·携手筑梦"服务职工法治宣传、法律讲座等活动30场次，开展"尊法守法·携手筑梦"法律知识竞赛1场，进一步增强了产业工人的法律维权意识。

擦亮"工"字品牌，产业工人服务"有力度"。以工会特色品牌服务（春送岗位、夏送清凉、金秋助学、冬送温暖）为载体，"两节"送

温暖慰问在档困难职工、低收入边缘户、新就业形态劳动者等 2679 人 65 万元。（编辑：贾志敏）

第二节　发挥工会牵头抓总作用

工会应当会同有关部门、企业深化产业工人队伍建设改革，适应科技和产业发展的需要，提高产业工人队伍整体素质，发挥产业工人骨干作用，维护产业工人合法权益，保障产业工人主人翁地位，造就一支有理想守信念、懂技术会创新、敢担当讲奉献的宏大产业工人队伍。

一、工会在深化产改中牵头抓总的必要性

（一）工会的法定职责使其成为牵头抓总的应然选择。深化产业工人队伍建设改革，是进一步全面深化改革的重要内容，是新修改的工会法赋予工会组织的法定职责。工会作为职工、产业工人的娘家人，是维护职工权益，为广大职工服务的，理应发挥牵头抓总作用。工会有着亲近职工、了解职工的优势，有着独立的经费优势，有着组织劳动和技能竞赛、评选劳模等政策优势，由工会牵头推进产业工人队伍建设改革理所当然，使命所在。《中共中央　国务院关于深化产业工人队伍建设改革的意见》的七个方面都与工会全面履行维护、建设、参与、教育等各项社会职能密不可分。各级工会要切实提高政治站位，增强责任意识，细化推进措施，狠抓督促落实，为造就一支有理想守信念、懂技术会创新、敢担当讲奉献的宏大产业工人队伍作出贡献。

（二）工会的独特优势使其成为牵头抓总的最佳选择。产业工人对工会有着高度的信任感和认同感，愿意积极参与工会组织的各项活动，工会在产业工人中拥有深厚的群众基础。利用这一优势，工会能够充分

调动产业工人的积极性和主动性，引导他们投身到产改工作中，成为产改的参与者和推动者。工会拥有健全的组织体系，从全国总工会到地方各级工会，再到基层企业工会，形成了一张覆盖广泛的组织网络。这一组织网络能够深入产业工人的工作和生活中，及时了解他们的需求和意见，将党的方针政策和产改工作要求准确传达给一线产业工人，同时将产业工人的声音反馈给政府和企业，为产改工作的顺利开展提供有力的组织保障。工会在长期的工作实践中，积累了丰富的劳动法律、劳动关系协调、职业技能培训等方面的专业知识和经验，便于为产业工人提供法律咨询、权益维护、技能培训等全方位的服务。

（三）产改工作的复杂性需要工会统筹协调。产改是一项涉及面广、系统性强的改革工程，涵盖政策制定、资源整合、组织实施等多个环节，需要各方协同配合。工会在其中承担牵头抓总职责，能够有效整合各方资源，形成工作合力。产改需要多部门协同制定政策，人社、教育、财政等部门在产改中都扮演着重要角色，但各部门之间往往存在职责交叉、信息沟通不畅等问题。工会作为连接产业工人与政府部门的桥梁，能够发挥组织协调作用，促进各部门之间的沟通与协作。产改还涉及企业、职业院校、社会培训机构等多方主体的参与，工会通过牵头搭建合作平台，引导各方围绕产改目标，发挥各自优势，共同推进产业工人队伍建设。

二、立足工会组织性质特点深化产改工作

（一）工会完善的组织体系，可以把产业工人最大限度地组织起来，有利于更准确地了解产业工人队伍的现状和制约发展因素，也有利于对产业工人队伍在思想政治引领、职业技能培训、劳动经济权益维护等方面工作进行统一部署和开展。工会组织是凝聚职工群众的阵地，基层工会离产业工人最近，联系产业工人最直接，服务产业工人最具体，是工会工作的基础和关键。基层工会有没有吸引力凝聚力影响力，决定

了工会能否在产业工人队伍建设改革中发挥应有作用。哪里有产业工人，哪里就有工会组织，不断扩大工会工作覆盖面。根据不同区域的经济特征、产业结构调整变化、产业经济和职工集聚程度，灵活合理地设置产业工会，调整健全产业工会组织体系，进一步明确产业工会和地方工会职责定位，做到产业工会和地方工会在大局下协调配合、相互支持，发挥优势、体现作为，形成工作合力。

（二）工会独特的运行机制，可以组织和代表产业工人参与民主管理。工会组织是连接党和职工群众的桥梁和纽带。一方面可以把党的方针政策传达到职工群众中去，推动产业工人积极为党和政府的各项目标任务努力奋斗；另一方面可以把职工群众的现状、困难和诉求传递给党和政府，为党和政府制定惠及产业工人的各项政策提供依据。具体来说，一是组织和代表产业工人参加人大立法协商、执法检查和政协专项视察、民主协商，发挥工会系统人大代表和工会界别政协委员作用，围绕涉及产业工人利益的法规政策，表达产业工人利益诉求和工会主张。二是推动健全协调劳动关系三方机制及政府和工会联席（联系）会议制度，把涉及广大产业工人切身利益和影响劳动关系和谐的热点、难点问题作为重点议题，研究对策办法、提出意见建议。三是依法代表产业工人与企业普遍开展集体协商，加强行业集体协商制度建设，以行业劳动定额、行业劳动标准、行业人工成本、行业工资指导价位等为重点内容，扩大产业工人参与、规范协商程序，细化合同条款、强化履约监督，提升集体协商质量。四是推动企业落实以职工代表大会为基本形式的民主管理制度，推进厂务公开，坚持企业在重大决策上听取产业工人意见，涉及产业工人切身利益的重大问题必须经过职代会审议，坚持和完善职工董事制度、职工监事制度，鼓励产业工人代表有序参与公司治理，维护产业工人的知情权、参与权、表达权、监督权。

（三）工会灵活的活动方式，可以围绕产业工人开展各种活动并为其提供服务。工会是群众组织，必须立足群众组织的特点、立足产业工人实际，通过团结、动员的方式和说服、吸引的方法来开展活动。一是更多关注、关心、关爱一线产业工人，经常同产业工人进行面对面、手拉手、心贴心的零距离接触，把握产业工人急难愁盼，了解产业工人共性需求，从产业工人的意愿和要求出发去想问题、定决策、出措施，使确定的工作重点、采取的工作方式更加符合产业工人的愿望和要求，更为产业工人所喜闻乐见。二是坚持眼睛向下、重心下移，把工作重点放在基层，把更多的人力、物力、财力用在基层和产业工人身上，把服务职工、服务基层落到实处，把基层的生机和活力充分激发出来。三是运用社会化的方式开展工作，创新工作的载体和途径，提升工作信息化水平，善于争取更多的资源和手段，使工会工作融入社会，使社会了解工会、支持工会。工会通过扎实推进品牌化建设，形成了劳动和技能竞赛、劳模创新工作室、职工素质建设工程、职工书屋、"大国工匠"、"两节"送温暖、困难职工帮扶、金秋助学、阳光就业、家政服务、农民工平安返乡等工会工作品牌，得到各级党政充分肯定、广大产业工人广泛欢迎，在服务党和国家工作大局中展示了工会的良好形象，提高了工会的影响力和美誉度。

三、工会在深化产改中发挥牵头抓总的主要路径

《中共中央　国务院关于深化产业工人队伍建设改革的意见》指出，各级工会要牵头抓总，各级产业工人队伍建设改革组织推进机构要加强分类指导，推动形成工作合力。

（一）参与政策制定，加大宣传引导。工会凭借与产业工人紧密联系的优势，深入基层调研，精准把握产业工人的需求与现状，为产改政策的制定提供第一手资料和方向指引。

1. 在政策制定阶段，工会积极参与讨论，将产业工人的诉求融入政策条文，确保政策能够切实解决产业工人面临的实际问题，如技能提升、职业发展、权益保障等方面的困境。

2. 政策出台后，工会肩负起宣传推广的重任。通过多样化的渠道，如工会内部刊物、线上学习平台、企业宣传栏、专题讲座和培训等，向广大产业工人和相关企业详细解读政策内容，使产业工人清楚了解自身权益和发展机遇，也让企业明晰产改的目标与要求，从而激发各方参与产改的积极性和主动性。

（二）有效整合资源，主动搭建平台。产改涉及多方资源，工会充分发挥其组织优势，整合政府、企业、社会机构等各方资源，为产业工人队伍建设提供有力支持。

1. 在技能培训资源方面，工会与职业院校、培训机构合作，根据产业发展需求和工人技能水平，开发针对性强的培训课程，提供多样化的培训方式，包括线上线下相结合、理论与实践融合的培训模式，满足产业工人不同层次的学习需求。

2. 工会积极搭建产业工人职业发展平台。组织开展各类劳动和技能竞赛、技术创新活动，为产业工人提供展示技能和才华的舞台。通过竞赛选拔优秀人才，给予相应的奖励和晋升机会，激发产业工人提升技能的内生动力。工会还致力于搭建产业工人交流合作平台，促进不同企业、不同行业的产业工人之间的经验分享和技术交流，形成良好的产业工人成长生态环境。

（三）强化组织协调，搭建沟通桥梁。工会作为产改的重要推动者，积极协调政府各相关部门，推动企业落实产改主体责任，工会在政府、企业和产业工人之间搭建起沟通桥梁，确保信息畅通无阻。

1. 建立定期沟通协调机制。一方面，协调政府部门之间的工作，推动人社、教育、财政等部门在产改工作中形成合力，确保各项政策措施相互衔接、协同推进。另一方面，工会密切联系企业，推动企业落实产改主体责任。通过与企业管理层的沟通协商，引导企业加大对产业工人培养的投入，改善工作环境，提高薪酬待遇，建立健全产业工人职业发展通道。同时，工会组织产业工人积极参与企业民主管理，促进企业与产业工人之间的良性互动，增强产业工人对企业的归属感和认同感。

2. 工会是连接政府与产业工人的沟通桥梁。及时将政府的产改政策和工作部署传达给产业工人，同时把产业工人在产改过程中的反馈和问题收集整理，反馈给政府部门，为政策的调整和完善提供依据，保障产改工作始终围绕产业工人的实际需求和产业发展的需要进行。

（四）做好权益维护，推动监督评估。维护产业工人的合法权益、竭诚服务产业工人是工会的基本职责，也是产改工作的重要内容。

1. 在产改过程中，工会积极推动企业建立健全劳动法律法规执行监督机制，监督企业依法签订劳动合同、落实劳动保护措施、按时足额发放工资等，确保产业工人的劳动经济权益得到有效保障。同时，工会还关注产业工人的职业健康和安全，推动企业改善工作条件，加强职业危害防护，为产业工人创造安全健康的工作环境。

2. 工会在产改中承担着监督评估的重要职责。建立科学合理的产改工作评估指标体系，对产改政策的实施效果、各项工作任务的完成情况进行定期评估和分析。通过实地调研、问卷调查、数据分析等方式，全面了解产改工作的进展和存在的问题，及时向相关部门反馈评估结果，提出改进建议和措施，推动产改工作不断优化和完善。

综上所述，工会在推动产改中发挥牵头抓总作用，需要从强化政策引领、整合资源、加强组织协调、维护权益和监督评估等方面入手，凝聚各方力量，形成强大的工作合力，推动产业工人队伍建设改革不断取得新成效，为产业转型升级和经济社会高质量发展提供有力的人才保障。

案例

银川经开区工会在深化产业工人队伍建设改革中履行好牵头抓总职责

2024 年 08 月 26 日　来源：银川市总工会

党的二十届三中全会提出，必须深入实施科教兴国战略、人才强国战略、创新驱动发展战略……加快建设国家战略人才力量……着力培养造就卓越工程师、大国工匠、高技能人才……建设一流产业技术工人队伍。2024年，银川经开区工会按照区、市总工会关于深化产业工人队伍建设改革的工作要求，充分履行好工会牵头抓总职责，多措并举，全面推进产改工作持续走深、走实、见成效，为建设一流产业技术工人队伍赋能助力。

一是成立专项工作组提供"点对点"业务指导工作。在自治区总工会"1+N"产改新模式的指导下，经开区工会组建专项工作组，精准锁定103家规模以上企业作为重点指导对象，实施"一人一企"责任制，成效显著。截至2024年8月中旬，已超额完成市总工会下达的任务指标，试点企业数量已扩至50家，实现了自治区为银川市设定总目标（100家企业）的半程突破。其中，11家试点企业将产改成果上墙展示，有效发挥了试点企业的示范引领和辐射带动作用。与此同时，大力推进工会阵地建设，在试点企业中建立了8个功能全面的职工之家和职工书屋，利用职工阵地常态化开展职工教育培训活动，持续巩固和提升产业技术工人队伍思想政治教育成果。

二是搭建"赛训一体化"平台助力产业工人技术技能成才。畅通区、市、经开区三级工会平台，积极组织开展国家级新区经开区高新区班组长管理技能大赛、"五小"技术创新大赛、主题劳动和技能竞赛共计42场次，参与企业72家，参与职工5200人次。同时，深入实施职工教育培训、"益工学堂"、技术技能培训进企业计划，累计开展活动56场次，涵盖10大类78课时的培训项目，直接参与职工达2165人次，惠及职工1.5万人，为产业工人提供了多样化的学习机会和成长路径。

三是创新开展经开区首届"金牌工人"选树宣传活动。启动经开区首届"金牌工人"选树宣传活动，旨在表彰技能卓越、贡献突出的一线产业工人，树立行业新标杆。遵循公正、透明的原则，依据既定标准，通过严谨评选流程，精心选出30名首届"金牌工人"。获选者将获得经开区颁发的荣誉证书，并享受万元奖金、春节慰问金及优先参与评优评先等多重激励，彰显工人卓越贡献与价值，助力工人提升社会地位。(编辑：郭思嬿)

第三节　发挥企业主体作用

企业是产业工人成长的主阵地。通过制度创新、资源投入和文化塑造，实现产业工人发展与企业战略深度融合。在产业工人队伍建设的宏大蓝图中，企业作为直接的参与者和推动者，扮演着举足轻重的角色。企业应当强化和落实培养产业工人的主体责任，提升产业工人技能素质，畅通产业工人发展通道，保障产业工人待遇。

一、发挥企业主体作用的重要意义

（一）推动产业升级转型。一方面，企业尤其是国有企业和大型企业，具备雄厚的资金和技术实力。在产业工人队伍建设中，企业能够投入资源开展技术研发和创新活动，引导产业工人参与其中。产业工人在参与技术创新的过程中，自身技能和知识水平得到极大提升，为产业升级提供了人力支持。另一方面，不同类型企业在产业工人队伍建设方面的协同作用，有助于优化产业结构。国有企业凭借其规模和资源优势，在战略性新兴产业领域率先布局，培养和吸引相关产业工人。民营企业则以其灵活性和创新活力，在细分领域深耕，为产业工人提供多元化的就业和发展机会。如在新能源汽车产业，国有企业在关键技术研发和整车制造方面发挥主导作用，民营企业则在零部件生产和配套服务领域不断创新，二者共同推动新能源汽车产业的快速发展，促进了产业结构的优化调整。

（二）保障产业工人权益与发展。企业是产业工人权益的直接保障者。国有企业强化政治责任，在保障产业工人工资待遇、劳动保护、社会保险等方面发挥示范作用。民营企业履行社会责任，积极改善产业工人的工作环境和生活条件。通过内部培训、岗位晋升、职业规划等措施，帮助产业工人实现自身价值。企业根据产业发展需求和产业工人的个人特点，制订个性化的培训计划，提升他们的技能水平。同时，建立公平公正的晋升机制，让有能力、有业绩的产业工人能够脱颖而出，获得更好的职业发展机会。

（三）形成行业示范与引领。在产业工人队伍建设方面，具有影响力的企业能够制定行业标准和规范，引领整个行业的发展。国有企业和大型企业凭借其在行业中的地位和技术优势，制定产业工人技能标准、培训标准等。这些标准不仅在企业内部实施，还通过行业协会等渠道向整个行业推广。企业之间的经验分享和交流对于推动产业工人队伍建设具有重要意义。对推进产业工人队伍建设改革成效显著的企业，通过发布蓝皮书、举办经验交流会等方式，将成功经验和做法向其他企业推广，为其他企业提供借鉴和参考，促进整个行业在产业工人队伍建设方面的共同进步。

二、发挥企业主体作用的主要路径

《中共中央　国务院关于深化产业工人队伍建设改革的意见》强调，强化国有企业政治责任，充分发挥中央企业和地方大型国有企业带动作用。支持民营企业更好履行社会责任。鼓励企业将产业工人队伍建设改革情况纳入企业社会责任报告、可持续发展报告。发布推进产业工人队伍建设改革蓝皮书。对推进产业工人队伍建设改革成效显著的企业，各级党委和政府以及工会等按规定予以表彰和相应政策支持。

（一）强化国有企业政治责任，发挥示范带动作用

国有企业要深刻认识到产业工人在国家发展中的重要地位，把产业

工人队伍建设改革作为一项重要的政治任务来抓。

1. 在政策落实上，要发挥带头作用。率先贯彻国家关于产业工人队伍建设改革的各项政策，制定具体可行的实施细则。比如在提高产业工人待遇方面，中央企业和地方大型国有企业带头优化薪酬结构，设立技能津贴，为产业工人提供更具吸引力的福利保障，为其他企业树立标杆。

2. 在资源共享方面，充分利用自身优势。国有企业拥有丰富的培训资源和先进的技术设备，可搭建共享平台，加强与地方企业和民营企业的交流合作，通过技术输出、人才培养等方式，带动其他企业共同推进产业工人队伍建设改革。国有企业可以与民营企业开展结对帮扶活动，帮助民营企业提升产业工人队伍建设水平。组织跨企业的技能培训交流活动，邀请企业内的技术骨干和专家，为中小企业的产业工人传授先进的生产技术和管理经验；开放企业的实训基地，让中小企业的产业工人能够接触和使用先进设备，提升实际操作能力。

3. 在推动产业工人职业发展方面，国有企业应建立科学合理的职业晋升体系，为产业工人开辟管理和技能双通道发展路径，形成可复制、可推广的经验和模式。通过树立典型，宣传优秀产业工人的成长故事，激发广大产业工人的积极性和创造性，带动整个行业形成尊重劳动、崇尚技能的良好氛围，推动产业工人队伍建设改革不断深入。

（二）支持民营企业更好履行社会责任

民营企业是吸纳就业的主力军，在产业工人就业方面贡献巨大。在推动产业工人队伍建设改革中，民营企业扮演着不可或缺的角色。

1. 政策引导与激励。政府要出台相关政策，引导民营企业履行社会责任。通过税收优惠、财政补贴、项目支持等方式，激励民营企业加大对产业工人队伍建设的投入。对在产业工人技能培训、权益保障等方面表现突出的民营企业，给予税收减免和财政补贴，提高民营企业参与的积极性。

2. 建立长效机制和平台。帮助民营企业建立健全履行社会责任的长效机制。引导民营企业制定产业工人队伍建设规划，明确企业在产业工人培养、权益保障、职业发展等方面的目标和任务。同时，建立企业社会责任报告制度，要求民营企业定期发布社会责任报告，接受社会监督。例如，政府可以制定民营企业社会责任报告的规范和标准，引导民营企业规范发布报告，展示企业在产业工人队伍建设方面的工作成果。搭建民营企业与产业工人沟通交流的平台，及时了解产业工人的需求和诉求，帮助民营企业更好地改进工作。同时，搭建民营企业与职业院校、科研机构的合作平台，为民营企业开展技能培训、技术创新提供支持。

3. 加强自身建设和社会监督。民营企业自身要树立正确的发展理念，将履行社会责任纳入企业发展战略。建立健全企业内部社会责任管理体系，明确各部门在保障产业工人权益、推动技能培训等方面的职责，定期开展社会责任评估，持续改进工作。同时，发挥媒体、行业协会等社会力量的监督作用，对民营企业履行社会责任的情况进行监督和报道。对表现优秀的民营企业进行宣传表彰，树立榜样；对存在问题的企业进行督促整改，营造良好的社会氛围，引导民营企业积极履行社会责任。

（三）完善激励与评价机制

1. 鼓励纳入"两个报告"。企业社会责任报告是企业非财务信息披露的重要载体，是企业将其履行社会责任的理念、战略、方式方法，其经营活动对经济、环境、社会等领域产生的直接和间接影响、取得的成绩及不足等信息，进行系统的梳理和总结，并向利益相关方进行披露的方式。可持续发展报告是企业向社会公开其可持续发展战略、目标、措施及成效的重要文件，是企业与利益相关方沟通可持续发展绩效的关键工具。与企业社会责任报告相比，可持续发展报告更强调长期战略规划与前瞻性思考。两者都是企业与社会对话的重要窗口。

2. 发布推进产业工人队伍建设改革蓝皮书。蓝皮书是记录和分析产业工人队伍建设改革进程、成果与问题的重要文献资料，具有多维度的价值和丰富内涵。蓝皮书的发布一方面为政府部门制定政策提供数据支撑和实践参考，助力政策的优化和完善，使其更贴合产业工人队伍建设的实际需求；另一方面，为企业提供示范和引导，帮助企业了解改革的成功路径和方法，明确自身在产业工人队伍建设中的责任和方向。

3. 发挥激励导向作用。对推进产业工人队伍建设改革成效显著的企业，各级党委和政府以及工会等按规定予以表彰和相应政策支持。工会组织可以设立专项奖励基金，鼓励企业持续深化改革。荣誉表彰具有强大的精神激励作用。各级党委和政府通过多种荣誉称号的授予，对推进产业工人队伍建设改革成效显著的企业进行公开表彰，在各类媒体平台对获奖企业的先进经验和做法进行广泛宣传报道，进一步提升了企业的社会知名度和美誉度。出台一系列税收、土地优惠、人才引进等政策，对于在工人技能培训、改善劳动条件等方面投入较大的企业，给予一定比例的税收减免、土地供应政策倾斜等。工会组织从职工权益维护、职工福利提升、职业发展支持等方面提供全方位服务保障，有力地推动了经济社会的高质量发展。

案例

"咱们工人有力量"

——新时代非公企业产业工人队伍建设改革的实践

2023 年 10 月 25 日 来源：高密改革

豪迈公司作为全国首批 6 个产改全面试点单位中的唯一一家非公企业，坚持向产改要动力，向创新要活力，以产改之火淬炼新时期高素质产业工人队伍，蹚出了一条红心向党、创新创造、合伙合作、奉献担当的产改新路。

01 强化思想政治引领，"民营企业永远跟党走"

豪迈公司 4 名创始人都是共产党员，始终怀揣产业报国的初心使命。试点以来，公司注重发挥党的政治优势，传承红色基因，弘扬爱国精神，坚定不移感党恩、听党话、跟党走。一是创新思政教育模式。建立"阵地化、场景化、常态化"思政教育体系。二是创新非公党建模式。依托重点项目、技术攻关、市场开拓、订单生产等急难险重任务，组建党组织。三是创新党员与骨干"双培养"模式。发展党员"从骨干中来"，作用发挥"到骨干中去"，深入开展党员先锋岗、示范岗创建，通过岗位练兵、技术比武等活动，把党员培养成公司的技术、管理、经营等各个岗位的骨干和精英，以高质量党员队伍锻造高素质产业工人队伍。

02 创新技能人才发展机制，打通由"工"到"匠"成才通道

公司从打通员工职业发展"天花板"入手，创新职业技能发展模式，倾力打造技能人才队伍，创造更多"出圈出彩"机会。

一是创新工学一体化新型培养机制。一方面，投资 3 亿元建成豪迈职校，改变先学理论、后顶岗实习的传统教学方式，建立校企联合实训基地，实行企校双师联合培养，聘任 150 多名技术骨干兼任职校教师，把培训课堂搬到生产车间，实现理论和实操交叉进行，培训与上岗无缝对接，为企业定向培养实用型、技能型人才 3300 多人；另一方面，与山东技师学院、青岛科技大学等 7 所高等院校建立产教联盟，设立首批"新型学徒制试点班"，以购买服务的方式，聘请专业院校量身定制课程，针对不同层次、不同成长阶段的产业工人，有针对性地提供培训。

二是创新人才培养选拔机制。打出"学练赛用"组合拳，建立培训、练兵、竞赛、晋级、奖励"五位一体"竞选机制，围绕突破关键技术和适应智能制造需求，每年组织各类比武竞赛活动 200 多场，参与者达上万人，点燃职工创新创造热情。

三是创新人才融合发展机制。开通管理、技术、技师三条晋升通

道，为技能人才设置高级技工和技师两个发展序列，每个序列分九级，明确技能等级与管理、技术序列比照关系和互认条件，构建起纵向成长贯通、横向转换顺畅的融合发展机制。公司每年举行内部"小高考"，对所有岗位统一张榜招贤纳士，技能人才既可申请调往不同工种、不同部门，还能从生产一线申请转入编程、研发等岗位。

03 构建"全员创新"体系，激发创新活力和创造潜能

一是变革创新理念。在豪迈公司，"改善即是创新，人人皆可创新"，无论在成本、效率、质量、劳动强度、生产安全等方面，还是在处事公平、厂区或产品美观等方面，只要有改善就是创新。

二是打造创新生态。建立从创新提案收集、评价、推广到激励的"闭环流程"，设立创新改善管理办公室，各部门设有创新改善专员，在车间和办公场所设有创新提案看板，创新专员负责提案收集和论证实施，公司提供创新实验平台，创新成本全部由公司承担。每年设立创新奖励基金，每月发布创新项目，定期评选创新标兵，创新成果记入职工成长档案。

三是提升创新能级。创建"省级重点实验室、劳模创新工作室、技能大师工作室、一线创新团队"四级科研创新体系，瞄准关键技术、核心技术和"卡脖子"难题，积极参与国家重大战略、重大工程、重大项目等技术攻关，始终把企业发展同国家命运紧密相连。

04 探索"合伙合作"治理模式，增强企业发展内生动力

产改的目标是职工，主体是职工，最终受益者也是职工。豪迈把人的发展作为企业发展的最终目的，不断完善以"合伙合作"为核心的公司治理结构和薪酬分配体系，激活企业高质量发展"一池春水"。

一是建立"人合资合"的股权激励机制。公司从创办之初，就致力于促进资本与劳动的有效融合，全面推行优秀骨干员工入股制度，与员工建立"合伙合作"新型劳动关系。定期组织股东资格评议，经过全员推荐、股东小组讨论、事业部评议、董事会审核、股东大会表决等流程，从技能比武、改善创新、业绩突出的优秀员工中筛选出符合条件的入股，根据贡献大小进行奖励，员工持股成为自身价值的"标签"。

二是建立动态调整的工资增长机制。从重实绩、重贡献、差异化三个维度，深化工资分配制度改革，薪酬分配重点向生产、研发等关键岗位员工倾斜。特别在前几年受疫情影响、市场环境承压的情况下，公司作出"不裁员、不下岗、不减薪"承诺，通过战疫情、保生产，一线员工个人最高月收入达 2.6 万元，员工平均工资达到 8000 多元。

三是建立全方位的员工关爱体系。秉持"产、城、人"逻辑，统筹生产、生活、生态空间布局，在 5 个产业园区配套建设 2 所幼儿园、5 处中小学和 2 所职工俱乐部、1 所现代化职工医院以及多处职工公寓，提供自助三餐、节日礼品、员工及家属免费体检等福利，定期举办各类文艺表演、节庆年会、相亲联谊等活动，对困难家庭开展实时救助，广大职工的获得感、幸福感、安全感大大提升。（编辑：王量）

第四节 健全社会支持体系

产业工人成长需要教育、就业、社会保障等社会资源的系统支持。健全产业工人队伍建设改革社会支持体系，不仅关系到产业工人自身的发展与权益保障，更对国家经济的转型升级、社会的和谐稳定有着深远影响，是推动产业工人队伍建设的关键力量。

一、健全社会支持体系的重要意义

（一）促进经济高质量发展。产业工人是先进生产力的代表，是推动制造业等实体经济发展的核心力量。健全的社会支持体系能够为产业工人提供更好的技能培训、职业发展机会，激发他们的创新创造活力。

通过完善的培训体系，产业工人能够掌握先进的生产技术和工艺，提高生产效率和产品质量，从而推动产业升级，助力经济高质量发展。

（二）保障社会公平正义。产业工人是社会的重要群体，他们为国家建设付出了辛勤努力。健全社会支持体系，保障产业工人在劳动权益、收入分配、社会保障等方面的公平待遇，是社会公平正义的体现。当产业工人能够享受到公平的晋升机会、合理的工资待遇和完善的社会保障时，他们会感受到社会的尊重与认可，从而增强对社会的认同感和归属感，促进社会的和谐稳定。

（三）激发人才活力。一个良好的社会支持体系能够吸引更多优秀人才投身产业工人队伍。在当前就业市场多元化的背景下，年轻人对于职业发展的期望越来越高。健全的社会支持体系可以为产业工人提供广阔的职业发展空间、良好的工作环境和社会地位，吸引更多高素质人才加入，为产业工人队伍注入新鲜血液，激发人才活力，推动产业工人队伍整体素质的提升。

二、健全产业工人队伍建设改革社会支持体系的主要路径

《中共中央　国务院关于深化产业工人队伍建设改革的意见》指出，加大对产业工人队伍建设改革的宣传力度，营造浓厚社会氛围。建立产业工人队伍数据统计、调查、监测体系。加强产业工人队伍建设改革课题研究。

（一）加大宣传力度，营造浓厚社会氛围。造就一支有理想守信念、懂技术会创新、敢担当讲奉献的宏大产业工人队伍，不仅要提高产业工人的经济地位，还要在全社会营造尊重工人的良好氛围，给予产业工人更高的社会地位。

1. 拓展宣传渠道。充分利用新媒体平台，如微信公众号、微博、短视频平台等，开展分众化、互动式宣传，变说教为倾听、变号召为引导、变被动为主动。提高宣传内容的趣味性和吸引力，吸引更多年轻群

体关注，让受众爱看爱读、能信能服。加强与行业协会、企业的合作，在企业内部宣传栏、职工活动中心等场所设置宣传展板、播放宣传视频，将宣传工作深入产业工人工作的第一线。

2. 丰富宣传内容。要引导广大文艺工作者创作更多展现产业工人风采的优秀文艺作品，挖掘产业工人中的先进典型事迹，通过拍摄纪录片、撰写人物传记等方式，展现产业工人的奋斗历程和精神风貌。新时代，要把更多的工人形象请回到荧屏和舞台来，展示在文艺作品中。从2013年开始，全国总工会在广大职工中开展"中国梦·劳动美"主题教育，自2016年启动"网聚职工正能量　争做中国好网民"主题活动以来，涌现出一批具有鲜明时代主题、深厚职工情怀、健康生活气息的网络文化精品。

3. 开展宣传活动。组织劳模、工匠进学校、进课堂，推动青少年劳动技术技能培训等，将工业文化、工厂教育作为素质教育重要部分。强化源头滋养，让广大青少年从小树立崇尚劳动、尊重劳动者的理念。大学教育特别是职业教育，应注重在教育教学各个环节融入职业精神、职业素养的培育，邀请技术业务有专长、理论水平高、实践经验丰富的劳模工匠现身说法，潜移默化引导学生树立正确的价值观、就业观。组织劳模、工匠进企业、进班组，因地制宜促进劳模精神、劳动精神、工匠精神融入企业文化、职工文化，激发产业工人爱岗敬业、提升技能的内在动力。组织专家学者进企业、进社区，以通俗易懂的方式向产业工人和公众解读产业工人队伍建设改革的政策措施，解答他们关心的问题。

（二）建立产业工人队伍数据统计、调查、监测体系。定期开展产业工人队伍状况调查，梳理产业工人队伍建设面临的突出问题，及时回应产业工人广泛关注的热点问题，这是深化产业工人队伍建设的基础性工作。自1982年以来，全国总工会每5年开展一次全国职工队伍状况调查，形成一批有价值、高质量的研究报告、专题报告，对深化产改提供了重要参考。

1. 扩大数据收集范围。建立覆盖所有产业工人的统计调查制度，不仅要统计规模以上企业的产业工人，还要将中小企业、个体工商户和灵活就业的产业工人纳入统计范围。通过定期开展问卷调查、实地走访等方式，全面收集产业工人的基本信息、就业状况、技能水平、职业发展需求等数据。利用大数据技术，整合互联网平台、人力资源服务机构等渠道的数据，获取产业工人的就业流动、技能提升等动态信息，补充完善已有统计数据。

2. 提高数据的时效性。建立数据实时更新机制，利用信息化手段，实现数据的快速采集、传输和处理。开发产业工人信息管理系统，引导产业工人通过手机 App 实时更新自己的就业信息、技能培训情况等，确保数据的及时性。定期发布产业工人队伍建设情况报告，及时向社会公布最新的数据和分析结果，为政策制定和社会监督提供依据。

3. 加强数据共享与应用。建立统一的数据标准和共享平台，打破部门之间的数据壁垒。各部门通过共享平台实现数据的互联互通，共同开展数据分析和研究，为产业工人队伍建设改革提供全面、准确的数据支持。利用数据分析结果，为产业工人提供个性化的服务。根据产业工人的技能水平和就业需求，为他们推荐合适的培训课程和就业岗位。

（三）加强产业工人队伍建设改革课题研究。理论是实践的先导，政策是行动的保障。深化产业工人队伍建设改革，必须深化理论政策的研究与创新，发挥其先导先行作用。

1. 整合研究力量。成立产业工人队伍建设改革研究联盟，由高校、科研机构、政府部门和企业等共同参与，加强各研究主体之间的沟通与协作。通过定期召开研讨会、联合开展课题研究等方式，实现研究资源的优化配置，形成研究合力。设立产业工人队伍建设改革专项研究基金，鼓励科研人员开展深入研究，对优秀的研究成果给予奖励，激发科研人员的积极性和创造性。

2. 深化研究内容。加强对产业工人队伍建设改革中的重点、难点问题的研究，如产业工人职业发展通道建设、技能人才评价体系改革、产业工人权益保障机制完善等。通过深入调研、案例分析等方法，提出具有针对性和可操作性的解决方案。开展前瞻性研究，紧跟产业发展趋势和技术变革对产业工人队伍的影响，提前谋划产业工人队伍建设的战略布局，为产业转型升级提供人才支撑。

3. 转化研究成果。加强研究机构与政府部门、企业之间的对接，推动研究成果转化。定期组织召开成果发布会、对接会，将优秀的研究成果推荐给相关部门和企业，推动研究成果转化为政策措施和实践方案。跟踪研究成果的应用效果，及时反馈调整，不断完善，提高其应用价值。在各级党校、行政学院和高等院校开设相关课程，加强有关产业工人问题的教学科研。

健全社会支持体系是深化产业工人队伍建设改革的基础性支撑。通过构建多元化制度保障、整合优质资源要素、营造良好社会环境，系统性提升产业工人队伍整体素质和职业荣誉感，从而有效激发产业工人创新创造活力，推动我国制造业转型升级和实体经济高质量发展。

案例

江苏产改进行时 | 扬州：让产业工人"既有面子又有里子"

2022 年 11 月 09 日　来源：江苏工人报

在黄金位置推出醒目的广告，报纸、电视、广播、网络"四维"全媒体宣传，2022 年扬州市首届产业工人节虽已落下帷幕，所引发的社会效应和产改推动力却持续不减、"后劲"十足，新时代"扬家匠"散发的光彩，伴随着经济建设的脚步，嵌入了维扬古城的记忆中。

什么是明星？平凡岗位上的奋斗者

扬州市首届产业工人节由市总工会发起，市委、市政府主办，市委组织部、教育局、人社局等 10 家单位共同承办。开幕式上，30 名"扬州最美产业工人"身披红色绶带，站在舞台中央，他们绽放的光芒汇成最美的星光。这30名"最美产业工人"，涵盖了扬州经济社会发展及城市建设等众多领域。对于处于创新突破、转型发展关键阶段的扬州来说，实现经济社会高质量发展离不开一支高素质的产业工人队伍。"产业工人节"充分体现了扬州市委、市政府对产业工人队伍建设改革的高度重视，对扬州实施制造强市战略、建设"三个名城"具有十分重要的意义。产业工人节自5月25日开幕，历时一个月，12项节庆活动，可谓是"好戏连台"。成立了一支36人的劳模事迹宣讲团，举办"弘扬劳模精神唱响劳模赞歌"专题宣讲3场，开展"劳模工匠进校园"活动40多场，讲述劳模故事、工匠故事和"最美产业工人"故事。在市民的热门打卡地——宋夹城体育休闲公园，举办了"永远跟党走、建功新时代"劳模工匠风采展，4000张免费观影券发到劳模先进、"最美产业工人"的手中，"文昌之夜——劳动者之歌"文艺会演、职工诵读展演、"五一巾帼风景线"文艺演出等活动，让产业工人当主角，唱响劳动光荣主旋律。

什么是精彩？技术比武"擂台赛"

产业工人从来都是用实力说话，用创新解锁技能。扬州产业工人节发布了江广科创金融中心等13个劳动竞赛项目、农家乐厨艺等20个技能竞赛项目。技能练兵比武项目的设置，紧紧围绕扬州产业科创名城建设，聚焦全市重点产业、重点项目。启动"十百千万"工程，即重点打造十个以上产改阵地，新增百家以上试点企业，选树千个产改先进班组，组织不少于万名职工参加劳动和技能竞赛。市县两级围绕东数西算工程、数字经济产业人才培养重点开展了移动算力网络云网融合、建筑施工BIM技术应用等22项劳动和技能竞赛，让产业工人练有所获、比有所得、学有所为。

什么是奔头？共享产改的红利

作为邗江区首批产改试点企业，迈安德集团强化党工共建，在职党员占员工总数的 10%。举办企业硕士班培养工匠人才，开展岗位技能比武、先进标兵评选激励岗位建功，建立报酬与绩效挂钩的激励机制鼓励职工成长。在发展的道路上，与全体员工实现价值观分享、能力分享、财富分享。邗江区有多家上市公司，区总工会紧扣"智造邗江"的建设要求，充分发挥产改工人主力军作用，鼓励企业开展企业劳模评选活动，设立劳模、工匠等荣誉津贴，建立技术创新奖励制度、工资晋升机制和股权激励机制，树立"多劳者多得、技高者多得"的鲜明导向，畅通产业工人职业晋升发展通道。扬杰电子作为省首批产改企业，积极探索"党建引领、岗位建功、创新示范、人文关怀"的产改"1+3"模式，建立产业工人多通道职业发展体系，推行"员工持股计划"，使公司 500 多名员工成为股东。高邮市建立完善集体协商和集体合同制度，把能级工资纳入集体协商内容，落实产业工人参与分配决定的权利，全市企业职工工资平均增幅保持在 10% 以上。

什么是幸福？暖心安心无后顾之忧

提高产业工人的获得感、幸福感、安全感是产改的出发点，围绕产业工人对美好生活的向往，扬州市总工会面向一线职工集中办好事、做实事，把 10 件"情暖产业工人"实事扎实稳健地推进。"职工大讲堂"和"职工好食堂"两大品牌的创建，让产业工人的"食粮"和"粮食"都丰富起来。"菜单式"开展了职工大讲堂 48 场，组织 300 多名"职工好食堂"厨师进行厨艺培训。新增 6 个劳模职工疗休养基地，组织 2000 多名劳模和产业工人代表疗休养，在繁忙的工作中得以放松身心。举办"职等你来"系列招聘会，向再就业困难人员推送岗位 7000 多个。新建新就业形态劳动者群体工会 24 家，吸收会员 2800 多人，开展 4 场苏工暖"新"——"8+X"综合服务集市扬州专场活动。新建康乃馨服务站 60 家，为女职工送上"7+N"彩色康乃馨服务，为 9200 多名新就业形态、困难群体女职工免费"两癌"筛查。通过"工惠贷""稳岗贷"向职工发放贷款 47 笔，撬动贷款资金 7800 万元。

加快推进产改向基层延伸、向纵深推进，产业工人在哪里，产改就要延伸覆盖到哪里，让越来越多的产业工人看得到待遇提升，感受到地位变化，享受到改革红利。产业工人是实现伟大目标的建设者，也是受益者。让产业工人和光荣、梦想、成就、温暖……这些美好而确定的幸福紧密相连，拥有展现自己人生华彩的星光大道。（记者：洪艳 通讯员：高云）

第五节 加大产业工人队伍建设立法力度

《中共中央 国务院关于深化产业工人队伍建设改革的意见》指出，推动促进产业工人队伍建设方面的立法。进一步拓展法治作用空间，更好发挥法治在排除改革阻力、巩固改革成果中的积极作用。善于运用法治思维和法治方式推进改革，维护法治权威，做到重大改革于法有据。产业工人队伍建设改革也必须在法治的框架下进行，要高度重视运用法治思维和法治方式，发挥法治的引领和推动作用，加强对相关立法工作的协调，确保在法治轨道上推进改革。

一、《工会法》对产业工人队伍建设改革进行顶层设计

新修改的《工会法》在总则部分增加了第八条："工会推动产业工人队伍建设改革，提高产业工人队伍整体素质，发挥产业工人骨干作用，维护产业工人合法权益，保障产业工人主人翁地位，造就一支有理想守信念、懂技术会创新、敢担当讲奉献的宏大产业工人队伍。"产业工人队伍建设改革入法，为稳步推进产业工人队伍建设改革提供了强有力的法治保障。

（一）明确推动产业工人队伍建设改革是工会的法定职责。各级工

会组织均应推动产业工人队伍建设改革，并非意指产业工人队伍建设改革仅是工会的任务。从 2016 年产业工人队伍建设改革制度设计伊始，建立的是一种合力推进改革的工作格局。要求坚持党委统一领导，政府有关部门各司其职，工会、行业协会、企业代表组织充分发挥作用，统筹社会组织的协同力量。

（二）明确工会推动产业工人队伍建设改革的内容。一方面，提高产业工人队伍整体素质，发挥产业工人骨干作用；产业工人骨干作用的发挥依托于产业工人整体素质的提升。另一方面，维护产业工人合法权益，保障产业工人主人翁地位；产业工人主人翁地位的保障有赖于对其合法权益的维护。"提升素质、维护权益"是产业工人队伍建设改革的重要工作举措。就提升素质而言，既包括政治素质，也包括职业技能素质，工会应通过加强和改进产业工人队伍思想政治建设、构建产业工人技能形成体系等，全面提升产业工人素质。就维护权益而言，既包括劳动经济权益，如公平的就业环境、正常增长的工资、健全的社会保险等，也包括民主政治权益，如参与本单位的民主选举、民主协商、民主决策、民主管理和民主监督等。

（三）明确产业工人队伍建设改革的基本目标。造就一支有理想守信念、懂技术会创新、敢担当讲奉献的宏大产业工人队伍，这一目标既包含质的要求，即有理想守信念是思想政治目标，懂技术会创新是职业技能目标，敢担当讲奉献是职业道德目标；还包括量的要求，即宏大产业工人队伍。该宏大产业工人队伍涵盖第一产业的农场、林场，第二产业的采矿业、制造业、建筑业和电力、热气、燃气及水生产和供应业，以及第三产业的交通运输、仓储及邮政业和信息传输、软件和信息技术服务业等行业中从事集体生产劳动，以工资收入为生活来源的工人。从当下来看，既包括传统工业领域的劳动者，也包括农民工和新就业形态劳动者。

《工会法》新增的产业工人队伍建设改革条款绝不只是一个宣示性

规定，而是具有实质内容和实质功能的条款。它立足于党中央的要求、产业工人队伍建设改革的实践、工会工作法治化的趋势，明确了工会推动产业工人队伍建设改革的工作任务、工作内容和工作目标，对推动产业工人队伍建设改革，具有深远意义。

二、加快《产业工人队伍建设法》立法进度

（一）为产业工人队伍建设改革专门立法。为进一步推进产业工人队伍建设改革，在 2023 年召开的十四届全国人大一次会议上，31 位全国人大代表向大会提交联名议案，建议制定《产业工人队伍建设改革促进法》，以法律的形式，明确产业工人队伍建设改革的指导思想、基本原则、目标任务以及改革举措、工作保障等，从根本上解决改革中面临的突出问题，为深化产业工人队伍建设改革提供法治保障。事实上，制定《产业工人队伍建设改革促进法》已经具备一定的制度基础和实践基础。当年 8 月，《产业工人队伍建设法》被列入十四届全国人大常委会立法规划。如今，立法工作正在有序推进中。

对产业工人队伍建设进行立法，意味着什么？怎样让产业工人队伍建设改革的成果更多地惠及广大产业工人，使他们的创新才智充分涌流？工人们的劳动积极性创造性有没有被激发，直接关系到产品的质量好坏，也关系到企业兴衰。让工人脱颖而出的各项劳动和技能竞赛日益丰富，激发工人创新才智的效果立竿见影；技术人才与管理人员的职业发展通道的打通，让更多一线技术人员愿意留在一线；职工创新工作室的大量创建，让一线职工的创新成果孵化转化有了更广阔的平台；开展集体协商、实施技能提升行动、健全产业工人薪酬激励机制、推动构建产业工人技能形成体系等举措，催生更多的高技能人才，产业整体优势明显增强。

（二）产业工人队伍建设改革中的难题。适应新一轮科技革命和产业转型升级需要，亟须培养造就一支宏大的知识型、技能型、创新型产

业工人队伍，为加快发展新质生产力提供强有力的人才支撑。当前在技术技能、素质结构、体制机制等方面还存在一些障碍，如产业工人技能素质提升的路径仍然不够宽广，部门政策联动和工作落实不够平衡，协同推进和工作力度有待加强，企业与院校在人才培养、联合攻关、在职培训等方面供需不匹配等情况都需要进一步改善。在实施产教融合过程中，企业与学校之间责、权、利关系不够明确，影响企业参与产教融合积极性与持续性；产教融合资源适配效率低，缺乏权威的岗位标准、人才供给、产学研需求、社会服务匹配等信息支撑平台。

（三）亟须国家法律层面提供更加强有力的支撑。企业在产业工人队伍建设改革中的主体作用发挥不够充分，尤其在民营企业落地落实难。外资企业、中小微企业、传统低端制造业和"三新"领域企业参与度低，制造业岗位吸引力不够，高技能人才缺乏、年轻人不愿意进工厂等问题突出。一些企业特别是中小企业开展技能培训积极性不高，重挖人、轻培养的现象依然普遍。企业不鼓励青年工人参赛，因为担心工人增长了技能就要求涨薪或干脆跳槽。解决产业工人队伍建设改革中的难题，需要从国家法律层面提供强有力的支撑。有了法律，政策的刚性增强，落地的"最后一公里"有望进一步打通，产业工人对未来发展更有盼头。

三、推动产业工人队伍建设迈入法治化轨道

立法能够为产业工人队伍建设改革提供更加有力的法治保障，确保改革有力有序推进，助力打造一流产业技术工人队伍，推动高质量发展。产业工人队伍建设改革开展以来，党中央、国务院及相关部委先后出台 100 多项制度文件，各地积累了一大批经验做法。在立法时应充分吸收这些行之有效的经验做法。

（一）完善法律法规体系。加快推进《产业工人队伍建设法》的立法工作，将产业工人队伍建设改革的目标、任务、措施等以法律形式固

定下来，为产业工人队伍建设提供明确的法律依据和保障。地方和相关部门应根据国家法律，结合实际情况，制定具体的实施细则和配套法规。做好与《劳动法》《劳动合同法》《工会法》《职业教育法》等相关法律的衔接，形成完整的产业工人权益保障法律体系，确保产业工人在劳动就业、工资报酬、劳动安全卫生、职业技能培训等方面的权益有法可依。

（二）加强法律法规执法监督。"徒法不足以自行。"法律的生命力在于法律的实施、遵守以及法律精神的渗透。加强劳动保障监察、市场监管、安全生产监管等部门的协同配合，建立常态化的联合执法机制，形成执法合力，加大对企业落实产业工人权益保障法律法规情况的监督检查力度。定期开展针对产业工人权益保护的专项执法检查，重点检查企业在劳动合同签订、工资支付、社会保险缴纳、劳动条件改善、职业技能培训等方面的执行情况，及时发现和纠正违法行为。设立12351产业工人维权热线，方便产业工人及时反映问题。对投诉举报案件要及时受理、快速查处，切实维护产业工人的合法权益。

（三）提升法治意识法治思维。通过举办法律讲座、发放宣传资料、开展线上法律知识竞赛等多种渠道，广泛宣传与产业工人相关的法律法规，提高产业工人的法律意识和维权意识。将法治教育纳入产业工人技能培训体系，针对产业工人的特点和需求，开展有针对性的法治培训课程，重点培训劳动法律法规、安全生产法规、职业技能鉴定法规等内容，使产业工人了解自己的权利和义务。在企业和产业园区营造浓厚的法治文化氛围，通过设置法治宣传栏、张贴法治标语、举办法治文艺活动等方式，让产业工人在潜移默化中接受法治文化的熏陶，增强法治观念。

（四）整合各方力量全力推进。一要充分发挥工会作为产业工人代表者和维护者的作用，依法维护产业工人的合法权益。工会要积极参与立法和政策制定，反映产业工人的诉求和意愿；推动企业建立健全民主管理制度，组织产业工人参与企业管理和监督；通过集体协商等方式，为产业工人争取更好的劳动条件和待遇。二要督促企业切实履行主体责任，遵守法律法规，依法保障产业工人的权益。建立健全企业内部的规章制度，加大对产业工人技能培训的投入。三要鼓励和支持法律援助机构等社会力量，参与产业工人队伍建设的法治工作，为符合条件的产业工人提供免费法律援助，帮助依法维权。

产业工人队伍建设是一项系统工程，改革是促进建设的不竭动力，法治是深化产业工人队伍建设改革的重要保障。善于运用法治思维和法治方式推进改革，紧紧围绕产业工人队伍建设目标任务，根植法治思维、用好法治方式、提供法治保障、维护法治权威，为深化产业工人队伍建设提供强有力的法治保障。

案例

这是一部专门为产业工人制定的地方法规

2024 年 01 月 19 日　来源：工人日报

日前，江苏省十四届人大常委会第七次会议批准了《宿迁市产业工人服务条例》（以下简称《条例》），《条例》将于 2024 年 3 月 1 日起施行。

《条例》的制定基于两个背景，一是为了贯彻落实习近平总书记关于产业工人队伍建设改革的重要指示精神和党中央决策部署，巩固宿迁市"产改"取得的成效和积累的经验，推动"产改"走深走实，破解难点，从而更好地保障产业工人的合法权益，促进经济社会高质量发展；二是服务地方中心工作，为实现宿迁市建设长三角先进制造业基地的目标，培育一支高素质的产业工人队伍。据悉，这是全国首部产业工人服务地方法规。

《条例》共分为五章四十条，分别对职业发展、服务保障、权益维护等内容作出具体规定，涉及强化产业工人民主参与权利、健全产业工人技能培养体系、完善产业工人职业发展体系、加强产业工人权益维护服务保障等方面。《条例》的制度设计主要有以下12个方面。

专项资金保障制度：各级人民政府应当统筹使用就业创业专项资金、高技能人才队伍建设经费等财政资金，支持产业工人服务工作。

产业工人培训制度：有关部门应当根据本区域产业发展规划制订和实施产业工人培训计划，采取鼓励产业工人参加各类培训和继续教育学习的激励措施。

产教融合、校企合作制度：鼓励、支持普通高等学校、职业学校和职业培训机构与企业联合开展职业教育和技能培训，促进产教深度融合，企业可以和普通高等学校、公办职业学校合作办学或者建立产教融合学院。

职业技能评价制度：具备评价能力和条件的企业和第三方机构，可以对产业工人的职业技能等级进行评价，企业可以对本单位的产业工人职业技能等级进行评价激励，获得职业技能等级的产业工人可以按照本单位规定享受相应的工资福利待遇。

技能职级与技术职务互通互认制度：获得相应职业技能等级的产业工人，分别比照助理工程师、工程师、高级工程师职称享受同等待遇。

技能竞赛促进制度：人力资源和社会保障部门、总工会应当会同相关部门组织开展职业技能竞赛和劳动竞赛，鼓励企业开展内部职业技能竞赛和劳动竞赛。

就业服务制度：人力资源和社会保障部门应当根据本级政府的产业发展规划和实施情况，定期在政府服务平台上发布、更新用工需求、紧缺型职业（工种）等信息，畅通产业工人流动渠道。

产业人才保障制度：各级人民政府应当支持企业培养、引进高素质产业人才，按照规定对符合条件的产业工人和企业发放产业人才岗位补贴、能力提升培训补贴、技能工作室补助，为高技能产业工人在健康管理、子女上学、研修交流、休假疗养等方面提供服务。

技术创新促进制度：鼓励产业工人参与设备改造、技术创新和工艺创新等活动,有关部门和公办职业学校应当为产业工人开展创新活动给予必要的技术和资金支持。

民主权利保障制度:注重从产业工人队伍中推荐各级人大代表候选人、政协委员人选;注重推荐优秀产业工人代表,在工会、共产主义青年团、妇女联合会等人民团体中挂职或者兼职。

劳动权利保障制度:在本市工作的产业工人依法享有取得劳动报酬、参加各项社会保险、休息休假等权益,有关部门及总工会应当依法予以保障,企业应当依法为产业工人提供安全的生产条件。

基本公共服务保障制度:在本市就业的产业工人,可以根据法律、法规和政策规定,在就业地享有子女教育、社会救助、社会保障、文化体育、基本医疗卫生等公共服务的权利。

这是一部专门为产业工人制定的地方法规,为全省乃至全国立法先行探了路。(记者:王伟)

参考资料及说明

[1]《中华人民共和国宪法》（根据 2018 年 3 月 11 日第十三届全国人民代表大会第一次会议通过的《中华人民共和国宪法修正案》修正）本书中简称宪法

[2]《中华人民共和国公司法》（根据 2023 年 12 月 29 日第十四届全国人民代表大会常务委员会第七次会议第二次修订）本书中简称公司法

[3]《中华人民共和国职业教育法》（2022 年 4 月 20 日第十三届全国人民代表大会常务委员会第三十四次会议修订）本书中简称职业教育法

[4]《中华人民共和国工会法》（根据 2021 年 12 月 24 日第十三届全国人民代表大会常务委员会第三十二次会议《关于修改〈中华人民共和国工会法〉的决定》第三次修正）本书中简称工会法

[5]《中华人民共和国劳动法》（根据 2018 年 12 月 29 日第十三届全国人民代表大会常务委员会第七次会议《关于修改〈中华人民共和国劳动法〉等七部法律的决定》第二次修正）本书中简称劳动法

[6]《中华人民共和国劳动合同法》（根据 2012 年 12 月 28 日第十一届全国人民代表大会常务委员会第三十次会议《关于修改〈中华人民共和国劳动合同法〉的决定》修正）本书中简称劳动合同法

[7]《中华人民共和国社会保险法》（根据 2018 年 12 月 29 日第十三届全国人民代表大会常务委员会第七次会议《关于修改〈中华人民共和国社会保险法〉的决定》修正）本书中简称社会保险法

[8]《中华人民共和国劳动争议调解仲裁法》（2007 年 12 月 29 日第十届全国人民代表大会常务委员会第三十一次会议通过）本书中简称劳动争议调解仲裁法

[9]《工资集体协商试行办法》（中华人民共和国劳动和社会保障部令第 9 号）